Experimente mit Luft und Wasser
Seite 2 - 64

Experimente mit Chemie im Haus
Seite 65 - 128

Experimente mit Elektronik
Seite 129 - 192

Alan Ward Mary Johnson J. G. McPherson

Spaß mit Experimenten

Illustrationen von Colin King

Otto Maier Verlag Ravensburg

Inhalt

4 Wie ein Wissenschaftler arbeitet
6 Schwerkraft und Luftwiderstand
8 Fallschirme
10 Papierhubschrauber
14 Senkrechtstart-Hubschrauber
18 Wie ein Hubschrauber abhebt
20 Laß Papier fliegen
22 Gleitflug-Versuche
24 Gleiter „Mark 2"
28 Supergleiter
32 Anheben durch Luft
34 Wie Flugzeuge fliegen
36 Schwimmtests
38 Schwimmende „Nichtschwimmer"
40 Auf die Form kommt es an
42 Schwimmen in Salzwasser
44 Versuche mit Salzwasser
46 Teich-Rätsel
47 Frachtschiffe
48 Eiertrick
50 Besondere „Schwimmer"
52 Ein Taucher
54 So funktioniert ein U-Boot
56 Schwimmende Lebensretter
58 Gewicht und Schwerelosigkeit
60 Eiswürfel-Rätsel
61 Rätsel-Auflösungen
62 Muster für Gleiter „Mark 2"
64 Register

Autor dieses Teils ist Alan Ward.

Titel der Originalausgabe: The Usborne Book of Science Fun.
Aus dem Englischen übersetzt von R. Nolden und Peter M. Rother (Luft und Wasser, Chemie) sowie Cornelius Siegel (Elektronik).
Wissenschaftliche Beratung: Dr. M. P. Hollins und M. Owen.
Umschlaggestaltung: Graphisches Atelier Otto Maier Verlag unter Verwendung von Illustrationen der Originalausgabe.

Der Inhalt dieses Buches ist auch als Ravensburger Taschenbuch lieferbar:

Wir experimentieren und entdecken: Chemie im Haus Band 755
Wir experimentieren und entdecken: Elektronik Band 756
Wir experimentieren und entdecken: Luft und Wasser Band 757

Printed in Spain

5 4 3 2 1 86 85 84 83 82

ISBN 3 473 35541 0

GRAFICAS REUNIDAS, S. A.
Av. de Aragón, 56 — Madrid-27.

Wir danken John Murray (Publishers) Ltd., London, für die Erlaubnis, die Gleiter auf S 28-31 aus dem Buch Barnaby: „How to make and fly paper aircraft" zu übernehmen.

Experimente mit Luft und Wasser

Dieser Teil enthält eine Menge Versuche, mit denen du herausfinden kannst, wie etwas fliegt oder schwimmt. Außerdem gibt es viele Modelle, die du bauen kannst, und Vorschläge, diese zu testen, um herauszufinden, wie sie funktionieren. Der erste Abschnitt behandelt das Fliegen, der zweite das Schwimmen.

Jedem Modell oder Versuch ist eine Erklärung beigefügt, die dir sagt, wie es funktioniert. Außerdem kannst du lernen, wie das ganze im Großen funktioniert, z. B. bei einem U-Boot oder Hubschrauber.

Auf der nächsten Seite findest du eine Liste mit den wichtigsten Dingen, die du für deine Versuche brauchst sowie Hinweise, worauf du achten solltest.

Es gibt viele Aufgaben, die du durch Experimentieren lösen kannst. Deine Ergebnisse kannst du mit den Antworten auf Seite 61 vergleichen.

Wie ein Wissenschaftler arbeitet

Willst du ein Modell bauen oder ein Experiment machen, mußt du so genau arbeiten wie ein richtiger Wissenschaftler. Auf den nächsten beiden Seiten wirst du etwas über seine Arbeitsweise erfahren. Befolgst du die Hinweise, müßten deine Versuche gelingen – wenn du sie auch vielleicht wiederholen mußt. Auch richtige Wissenschaftler müssen das manchmal.

Suche dir zunächst das Arbeitsmaterial zusammen. Die meisten Dinge kannst du im Haus finden. Sammle sie in einem Pappkarton. Vielleicht kannst du dir irgendwo zu Hause ein Labor einrichten.

Bevor du anfängst, suche alles Nötige zusammen. Kannst du etwas nicht bekommen, dann überlege dir etwas anderes.

Beim Modellbau mußt du genau ausmessen und die Linien sorgfältig ziehen. Besonders Knicke müssen gleichmäßig sein.

Was du bei einem Versuch beachten mußt

Bereite die Versuche gut vor: Bedingungen im Raum können die Ergebnisse beeinflussen. Bei Flugtests darf kein Luftzug stören; bei Schwimmversuchen muß das Wasser tief genug sein.

Bevor du einen Versuch beginnst, überlege dir, was passieren wird, ohne vorher die Erklärungen durchzulesen. Dann führe das Experiment durch und überpüfe deine Überlegungen.

Beobachte die Versuche genau. Oft läuft alles sehr schnell ab, also paß genau auf. Wiederhole einen Versuch mehrmals, um sicher zu gehen, daß das Ergebnis kein Zufallstreffer ist

Stimmen deine Ergebnisse nicht mit denen im Buch überein, müssen sie trotzdem nicht falsch sein. Finde heraus, was passiert ist, und mache noch einige Versuche zur Kontrolle.

Weitere Entdeckungen

Wenn du die Modelle in diesem Buch nachgebaut hast, wirst du dir genau vorstellen können, wie etwas fliegt oder schwimmt. Dadurch wirst du begreifen, wie zum Beispiel Flugzeuge oder U-Boote funktionieren. Vielleicht kannst du noch andere Modelle erfinden, wie Drachen und Drachensegler.

Schwerkraft und Luftwiderstand

Auf dieser Seite geht es um Fallversuche. Dinge fallen, weil sie durch die sogenannte „Schwerkraft" von der Erde angezogen werden.

Durch den Versuch rechts kannst du mehr über die Schwerkraft herausfinden.

1 Was fällt schneller?

Zerknülle ein Blatt Papier und suche einen Stein. Laß beide gleichzeitig aus der gleichen Höhe fallen und beobachte, wann sie den Boden berühren.

2

Obwohl der Papierball leichter ist, trifft er zur gleichen Zeit wie der Stein auf den Boden. Die Schwerkraft wirkt auf alle Dinge gleich, egal wie schwer sie sind.

Eine andere Art des Falls

Hast du aber schon einmal beobachtet, wie Blätter und Kastanien von einem Baum fallen?

Die Kastanien fallen sofort zu Boden, aber die Blätter schweben langsam herunter. Warum?

Versuch

Nimm zwei Blätter Papier und zerknülle eins – wie eben – zu einem Ball.

Laß beide gleichzeitig aus derselben Höhe fallen und beobachte, wann sie landen.

Versuche es mehrmals. Warum wohl fällt das unzerknüllte Papier langsamer herunter?

Erklärung

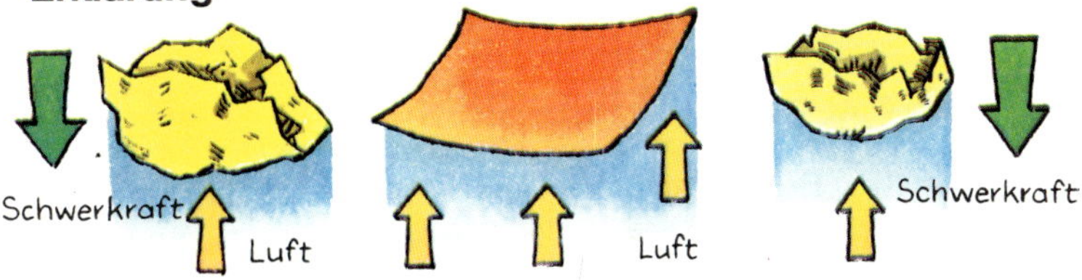

Beim Fall staut sich die Luft unter dem Papier. Dadurch bildet sie einen Widerstand und verhindert, daß das Papier schnell herunterfällt. Der unzerknüllte Bogen fällt langsamer als der zerknüllte, weil er eine größere Fläche hat und sich mehr Luft unter ihm staut. Deshalb fallen die flachen Blätter langsamer herunter als die Kastanien.

Wie du deine Freunde hereinlegen kannst

Nimm zwei Blätter Papier und schreibe auf eins das Wort „SCHWER“. Stell deinen Freunden folgende Frage: Wie läßt man beide Blätter gleichzeitig aus gleicher Höhe fallen, so daß das „SCHWERE“ zuerst unten ankommt? (Antwort: Zerknülle das „SCHWERE“, so daß sein Luftwiderstand geringer ist.)

Fallschirme

Der Fallschirm wurde 1797 von André-Jacques Garnerin erfunden. Mit seinem Fallschirm sprang er aus einem Heißluftballon und schwebte sicher zur Erde. Seine Tochter Eliza war die erste weibliche Fallschirmspringerin.
Um Papierfallschirme herzustellen, brauchst du Papiertaschentücher oder Küchen-Wischtücher, Klebestreifen, Bindfäden und Büroklammern.

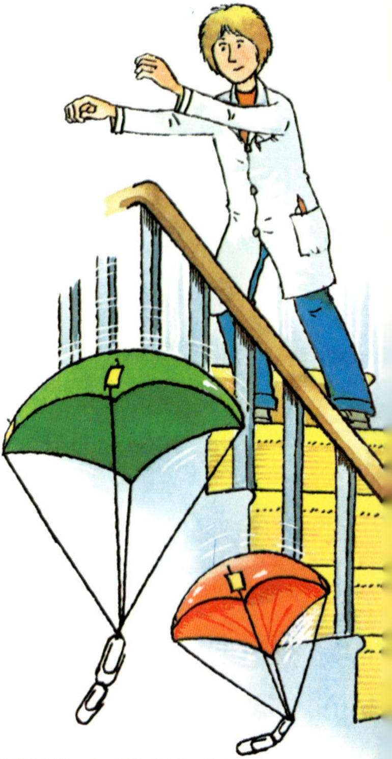

Um zwei Fallschirme zu basteln, von denen einer etwas größer ist als der andere, schneide aus dem Papier zwei Quadrate, eins 30 x 30 cm, das andere 20 x 20 cm.

Klebe 15 cm lange Bindfäden an die Ecken der beiden Papierquadrate.

Binde die Fäden so zusammen, daß die beklebten Enden nach außen zeigen.

Hänge zwei Büroklammern als Gewichte an jeden Fallschirm.

So funktionieren Fallschirme

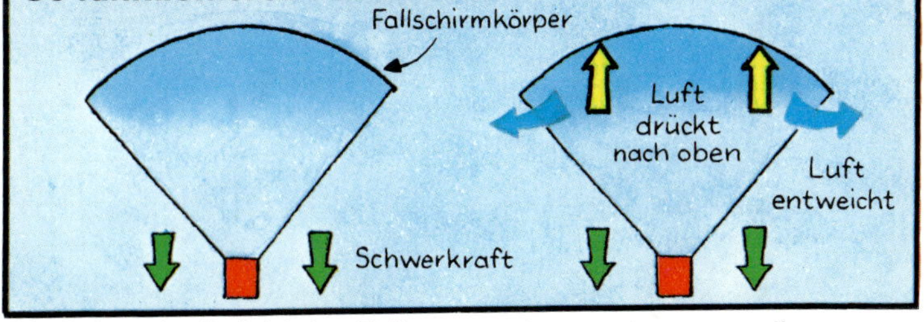

Die Schwerkraft zieht den Fallschirm nach unten. Beim Fallen fängt sich Luft unter dem Fallschirmkörper, die gestaut wird und von unten gegen ihn drückt, so daß der Fallschirm langsam fällt.

5

Jetzt stell dich auf die oberste Stufe der Treppe oder auf einen Stuhl und laß die Fallschirme fallen. Warum fällt einer der Fallschirme langsamer? Was passiert, wenn du mehr Büroklammern anhängst?

Versuch

Die gestaute Luft entweicht ungleichmäßig unter dem Fallschirmkörper. Dadurch taumelt der Fallschirm. Hört das Taumeln auf, wenn du ein Loch in die Spitze schneidest?

Garnerins Fallschirm

Garnerins Fallschirm taumelte sehr, weil die gestaute Luft von allen Seiten des Fallschirmkörpers entwich. Weil ihm davon übel wurde, schnitt er ein Loch in die Spitze, damit die Luft gleichmäßiger entweichen konnte. Alle modernen Fallschirme haben oben ein solches Loch.

Papierhubschrauber

Diese beiden Seiten beschreiben, wie du einen Papierhubschrauber machen kannst. Auf den nächsten Seiten werden Hubschrauberversuche und ein Spiel gezeigt.

Schneide ein Stück Papier mit den Maßen 20 x 7 cm zu und schneide es dreimal ein (siehe Bild).

Falte den unteren Teil so zusammen, daß ein dünner Streifen entsteht. Knicke das Ende um.

Falte die zwei oberen Streifen auseinander. So entstehen die Rotoren, die den Hubschrauber zum Kreisen bringen.

Flugversuch

Stell dich auf einen Stuhl und laß den Hubschrauber fallen. Es dauert einige Sekunden, bis er anfängt, sich zu drehen.

Denkaufgaben

1. Kannst du aus einem Stück Papier mit den gleichen Maßen einen Hubschrauber machen, der schneller fällt? Was mußt du an dem Modell ändern? (Antwort auf Seite 61)

2. Was mußt du ändern, damit der Hubschrauber sich in die andere Richtung dreht? Die Erklärung findest du auf der nächsten Seite, aber überlege erst einmal selbst.

Warum sich der Hubschrauber dreht

Wenn der Papierhubschrauber fällt, fängt sich Luft unter den Rotoren. Der Luftdruck drückt die Rotoren schräg nach oben.

In dieser Stellung drückt die Luft unter dem einen Rotor in eine, die unter dem anderen in die entgegengesetzte Richtung.

Wenn der Hubschrauber fällt, bringen ihn diese beiden Kräfte zum Drehen.

Biege die Rotoren in entgegengesetzter Richtung zurück. Paß auf, was passiert.

Die Luft drückt von der anderen Seite. Der Hubschrauber dreht sich andersherum.

Wirkung des Kreisens

Durch das Kreisen wird der Hubschrauber aufrecht gehalten und kippt beim Fallen nicht um.

Versuche mit Papierhubschraubern

Laß einen Papierhubschrauber kopfüber fallen. Dreht er sich wieder richtig herum?

Was passiert, wenn du einen der Rotoren zur Hälfte abschneidest?

Jetzt schneide einen Rotor ganz ab. Wird der Hubschrauber noch fliegen?

Beobachte, wie er fällt. Luft drückt gegen die Rotorbasis. So wirken immer noch zwei Kräfte: der Hubschrauber dreht sich.

Was geschieht, wenn du auch die Basis des Rotors abschneidest? Vielleicht fallen dir noch andere Versuche ein.

Ahorn-„Hubschrauber"

Der Samen der Ahornfrucht hat nur einen Flügel und dreht sich wie ein Hubschrauber mit einem Rotor. Die Luft drückt auf der einen Seite gegen den Flügel, auf der anderen gegen den Samen. Beim Fallen kreisen beide Enden. Ein Versuch beweist es.

Male einen weißen Punkt auf jedes Ende einer Ahornfrucht und laß sie fallen.

Zwei weiße Kreise werden sichtbar, die zeigen, daß beide Enden der Frucht kreisen.

Hubschrauberspiel

Für dieses Spiel brauchst du eine Zielscheibe und ein paar Hubschrauber. Laß die Spieler nacheinander auf die Scheibe zielen. Verwende eigene Regeln oder die folgende: Ein Treffer in die Mitte = zwei Punkte; ein Treffer in den Kreis um die Mitte = ein Punkt; wenn du gar nicht triffst, ziehe einen Punkt ab.

Hinweis

Wenn keiner die Mitte trifft, beschwere jeden Hubschrauber mit etwas Knetmasse.

Herstellung der Zielscheibe

Lege einen großen Teller auf ein Stück Papier und ziehe einen Kreis darum.

Für die Mitte stelle eine Tasse in den Kreis hinein.

Bastle für jeden Spieler drei Hubschrauber.

Senkrechtstart-Hubschrauber

Diesen Hubschrauber kannst du wie von einer Abschußrampe starten.

Du brauchst ein 20 x 20 cm großes Stück Pappe (z. B. eine Corn Flakes-Packung), Pergamentpapier, Stift, Lineal, Büroklammern und eine dünne Garnrolle.

Als Abschußrampe brauchst du einen Stock, der so dünn sein muß, daß er in die Garnrolle paßt (z. B. einen Pinsel), und etwas Bindfaden.

Bastelanleitung

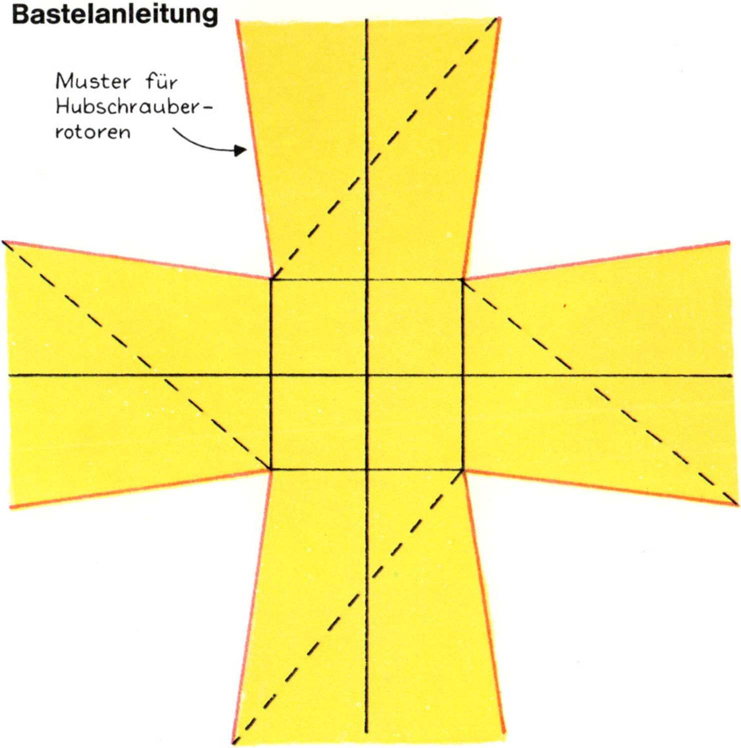

Um dieses Muster zu übertragen, pause es ab. Leg das Pergamentpapier auf die Pappe und stich mit einer Stecknadel an den Kreuzungspunkten ein. Zieh dann auf der Pappe die Linien nach.

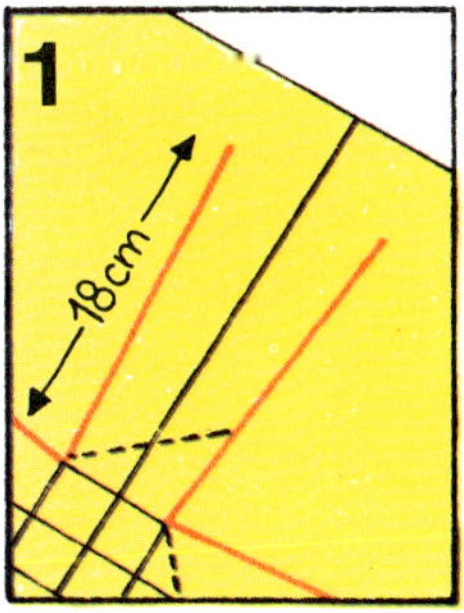

Verlängere die roten Linien auf 18 cm.

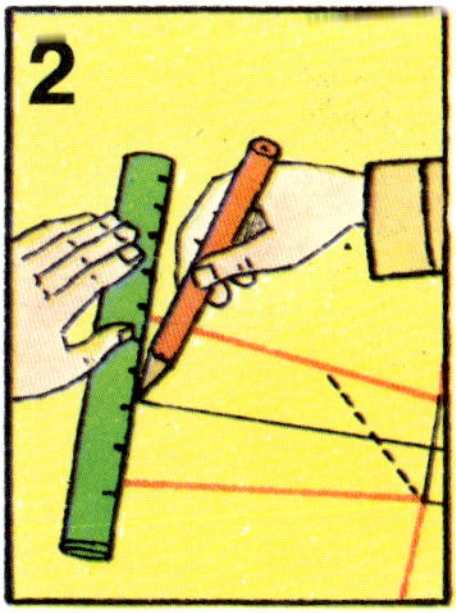

Verbinde die Enden der roten Linien.

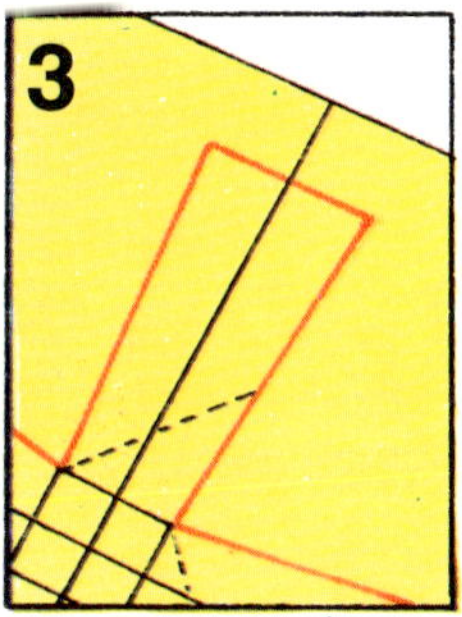

Jetzt sollte jeder Rotor so aussehen.

Schneide die Rotoren sorgfältig den Linien entlang aus.

Dreh die Pappe um und klebe das Garnröllchen in die Mitte. Benutze einen starken Alleskleber und laß ihn einige Stunden trocknen, damit es fest klebt.

Knick die Rotoren leicht an den gestrichelten Linien. Das ist sehr wichtig, denn dadurch stehen die Rotoren schräg, so daß eine Kante tiefer liegt als die andere. Die Pappe darf nicht brechen!

Klebe Büroklammern an die Enden zweier gegenüberliegender Rotoren.

Wickle den Faden um die Garnrolle. Fang von unten an und wickle das Ende mit ein, indem du es an der Rolle entlang hältst.

Achte darauf, daß du den Faden von unten nach oben aufwickelst (15 Windungen).

Start

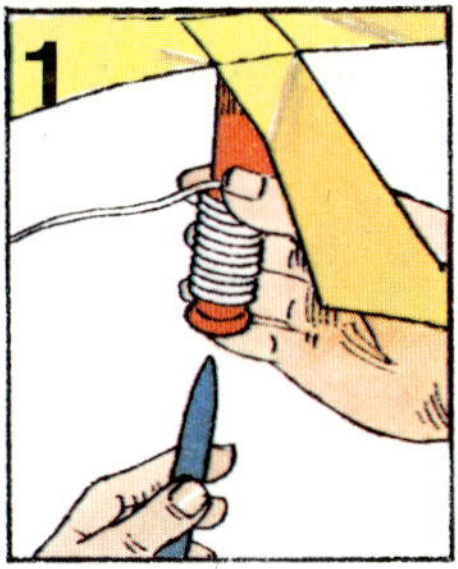

Halt den Faden fest und steck die Garnrolle auf den Stock.

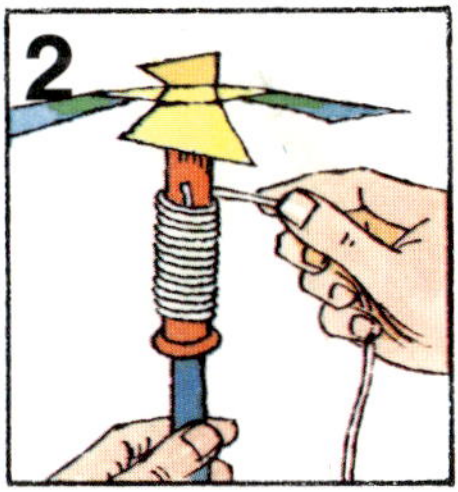

Halt den Stock in einer Hand und das Ende des Fadens in der anderen.

3

Nun zieh fest und gleichmäßig am Faden, bis er abgewickelt ist. Der Hubschrauber sollte sich jetzt in die Luft erheben. Die Erklärung findest du auf der nächsten Seite.

Tips für den Start

Überprüfe, ob du den Faden von unten nach oben aufgewickelt hast.

Sind die Rotoren auch richtig nach unten gebogen?

Halt den Stock etwas schräg und reiß nicht zu heftig am Faden.

Wie ein Hubschrauber abhebt

Dein Modell hebt ganz ähnlich ab wie ein richtiger Hubschrauber. Bei beiden hebt sich der Hubschrauber in die Luft, weil sich die Rotoren drehen. Beim richtigen Hubschrauber werden die Rotoren von einem Motor angetrieben. Bei dem Modell drehen sie sich dadurch, daß du am Faden ziehst.

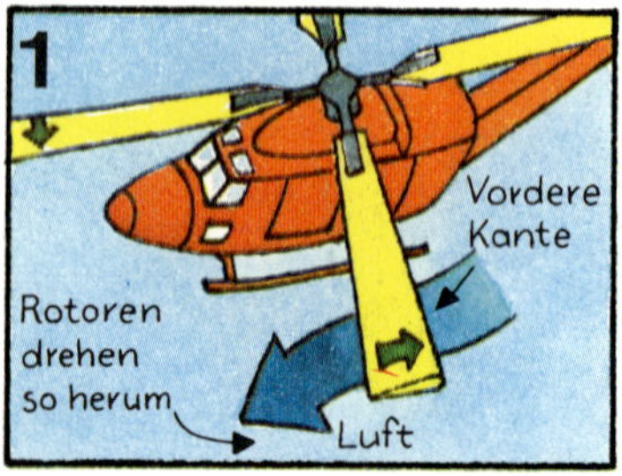

Die Rotoren stehen schräg. Die vordere Kante ist höher als die hintere. Sie schneidet beim Drehen die Luft und drängt sie gegen die Hinterkante.

Je schneller die Rotoren sich drehen, desto mehr Luft wird nach unten gedrückt. Der Luftdruck unter den Rotoren drückt den Hubschrauber nach oben.

Steuerung

Wenn ein Pilot rückwärts, vorwärts oder seitwärts steuern will, muß er die Rotoren entsprechend kippen.

Kannst du dein Modell seitwärts oder rückwärts fliegen lassen, wenn du es schräg hältst?

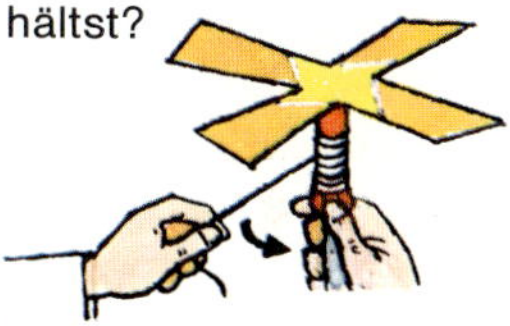

Ändert sich der Flug deines Modells, wenn du den Faden andersherum aufwickelst?

Die Rotoren des Modells sind gebogen; sie arbeiten also genauso. Luft wird nach unten gedrängt, und drückt das Modell nach oben.

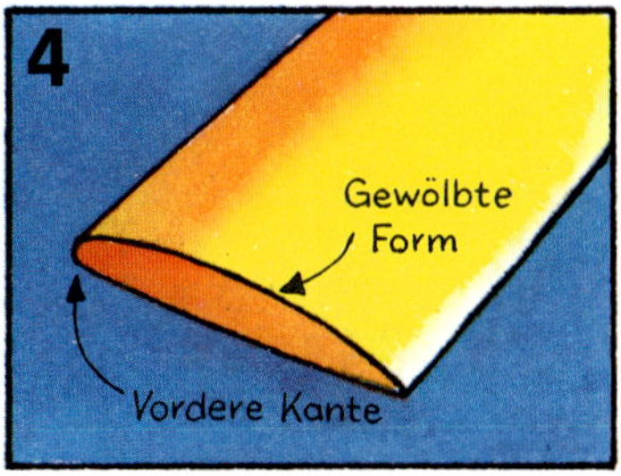

Hubschrauberrotoren haben eine besondere, gewölbte Form, die dazu beiträgt, daß der Hubschrauber fliegt. Mehr darüber auf Seite 34.

Laß Papier fliegen

Wie du aus einem Stück Papier einen einfachen Gleiter basteln kannst, findest du auf diesen zwei Seiten. Du brauchst dazu ein 20 x 25 cm großes Stück Papier.

Beobachte zuerst, was passiert, wenn du das Papier flach wie oben fallen läßt. Es schwingt von einer Seite zur anderen und könnte sogar umschlagen. Wie könnte es aber sanft vorwärts gleiten?

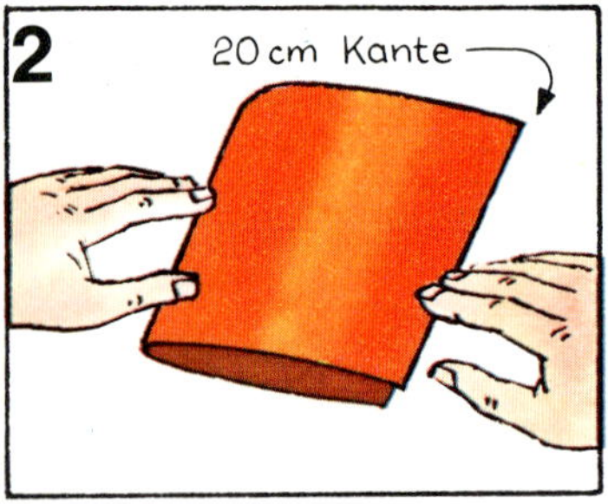

Falte das Papier zur Hälfte und dann wieder auseinander. Laß es noch einmal fallen. Die Falte sollte das Schwingen verhindern.

Damit es vorwärts fliegt, mach ein Ende schwerer. Knick eine Längsseite etwa 1,5 cm um. Laß das Papier noch einmal fallen.

Knick die Kante weiter um jeweils 1,5 cm um und teste den Flug immer wieder, bis die Vorderkante schwer genug ist, damit das Papier vorwärts gleitet.

Was geschieht?

Wenn du den Bogen Papier fallen läßt, fängt sich unter ihm Luft, die schubweise entweicht. Durch den unterschiedlichen Luftdruck taumelt das Papier unberechenbar hin und her.

Bei einem gefalteten Stück Papier ist der Luftdruck auf beiden Seiten der Falte gleich groß. So erhält das Papier Gleichgewicht und taumelt nicht mehr.

Indem du ein Ende faltest und dadurch schwerer machst, neigt sich der Gleiter nach vorne und schneidet sich einen Weg durch die Luft.

Wenn du das Papier zu oft faltest, geht der Gleiter zu steil hinunter, weil der vordere Teil zu schwer ist. Faltest du es nicht oft genug, torkelt der Gleiter auf und nieder. Probiere es so lange, bis das Gewicht stimmt und das Papier sanft gleitet.

Gleitflug-Versuche

Mit den folgenden Versuchen kannst du herausfinden, wie du den Flug des Gleiters von Seite 20 noch besser kontrollieren kannst. Du brauchst dazu Klappen am hinteren Teil, die man Ruderklappen nennt. Wie man das macht, wird unten beschrieben.

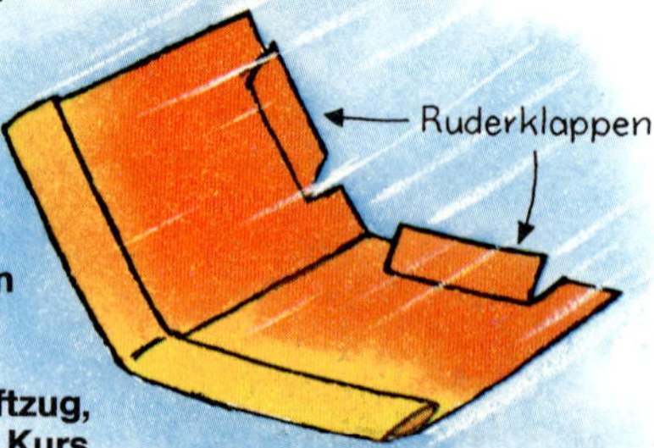

Am besten vermeidest du Luftzug, weil dadurch der Gleiter vom Kurs abgebracht wird. Schließ Türen und Fenster und bleibe Heizkörpern fern, denn diese können Luftströme erzeugen. Schaff Platz, damit der Gleiter nirgendwo anstößt.

So macht man Ruderklappen

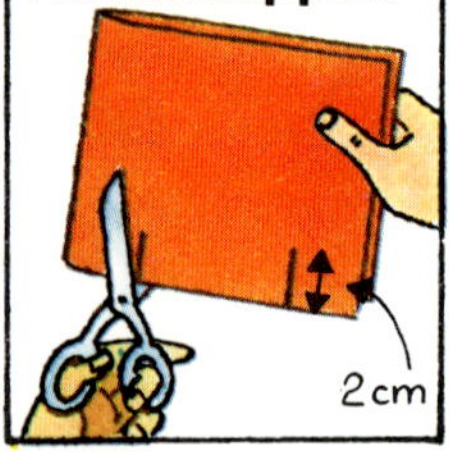

Schneide den gefalteten Bogen zweimal ein – 2 cm tief und 5 cm auseinander.

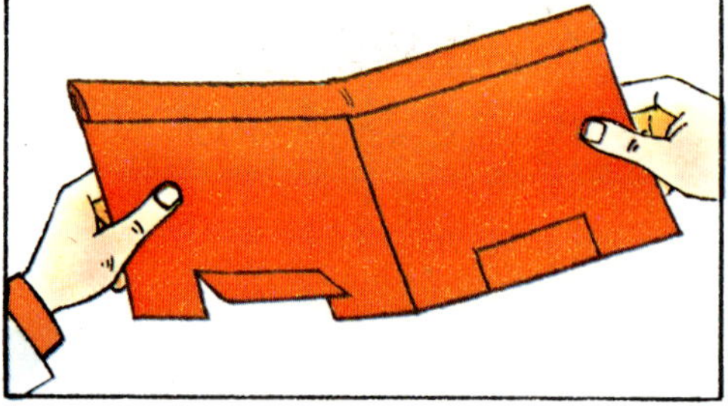

Falte den Gleiter auseinander und klapp ein Ruder hoch. Halt den Gleiter mit beiden Händen fest und laß ihn fallen. Knick dann das andere Ruder um.

So funktionieren die Ruderklappen

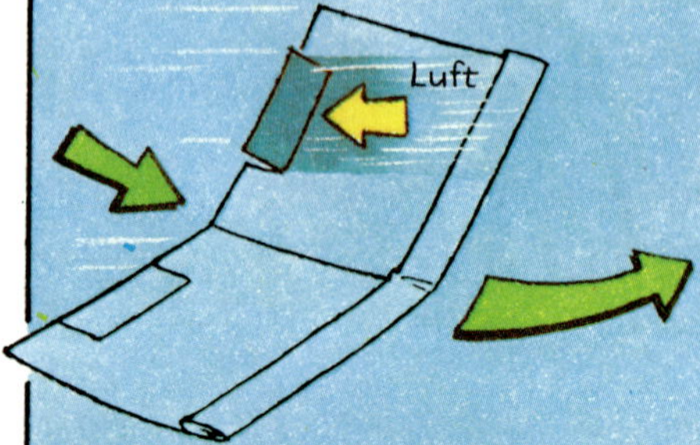

Luft strömt gleichmäßig über den Gleiter, bis sie auf die hochstehende Ruderklappe trifft. Die Luft drückt gegen sie, wodurch dieser Flügel abgebremst wird. Ein Flügel bewegt sich jetzt schneller als der andere, und der ganze Gleiter wird dadurch herumgezogen.

Flugversuch

Probier aus, in wie viele Richtungen der Gleiter fliegen kann. Er fliegt am besten, wenn du ihm Schwung gibst, statt ihn nur fallen zu lassen. So wird es gemacht.

So hältst du den Gleiter

Für einen sanften Start ist es wichtig, daß du den Gleiter richtig hältst. Nimm den hinteren Teil ähnlich wie einen Stift lose zwischen Daumen und Finger.

Das Starten

Halt den Gleiter in Schulterhöhe und laß ihn mit einem leichten Stoß nach unten fliegen. Wenn das zuerst noch nicht so klappt, war der Stoß wahrscheinlich zu stark.

Kunstflugaufgaben

Der Flug des Gleiters kann durch das Verstellen der Ruderklappen oder durch verschiedene Abflugwinkel verändert werden.
Was mußt du tun, damit er

1. einen Looping dreht;
2. sich im Sturzflug auf den Rücken dreht;
3. scharf nach links oder rechts fliegt?

(Antworten auf Seite 61)

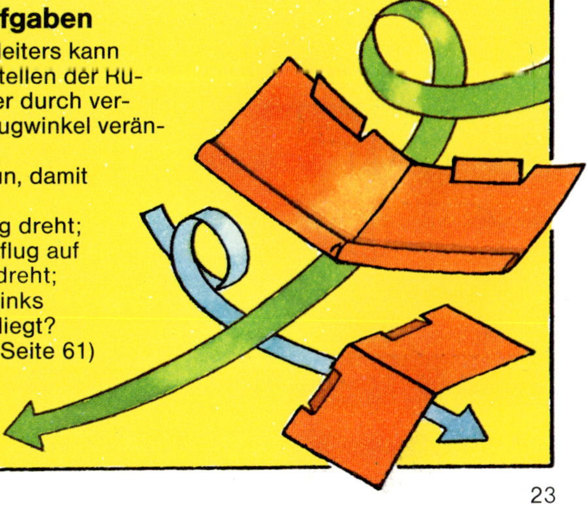

Gleiter „Mark 2“

Hier ein anderer Gleiter. Er hat Flügel und ein Heck wie ein Flugzeug. An den Flügeln und am Heck sind je zwei Klappen angebracht, die die Aufgabe der Ruderklappen erfüllen, aber auf eine etwas andere Weise.

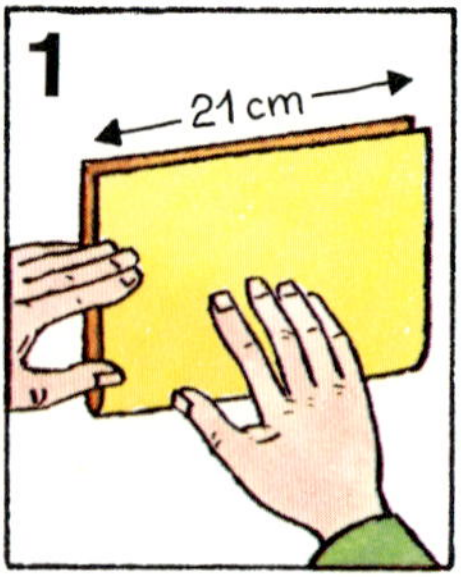

Falte einen mindestens 21 x 30 cm großen Bogen Papier in der Mitte.

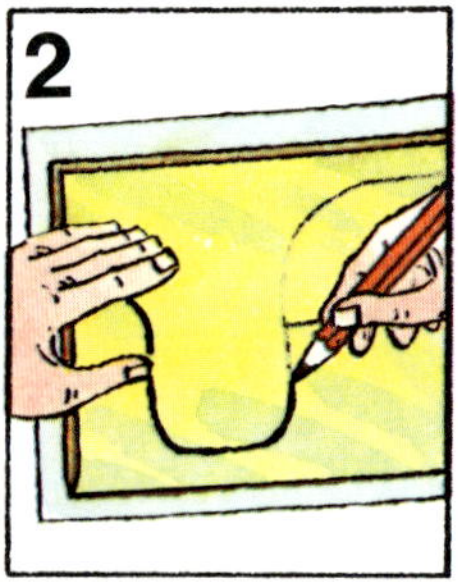

Pause das Muster von Seite 62 auf eine Hälfte des gefalteten Papiers.

Schneide das Muster durch beide Lagen hindurch aus und schneide auch die Schlitze ein.

Falte das Papier auseinander und knick die Vorderkante 1,5 cm um. Wiederhol dies so oft, bis der Gleiter ruhig fliegt.

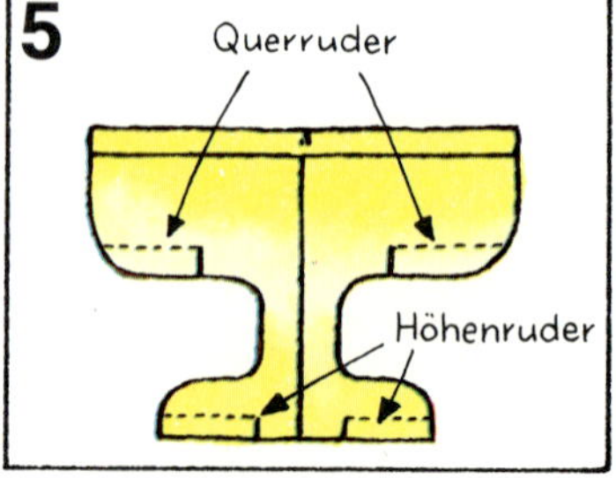

Falte die Flügel- und Heckkanten zu Klappen um. Die Flügelklappen sind Quer-, die Heckklappen Höhenruder.

Steuerung des Gleiters

Querruder bewirken, daß der Gleiter nach links oder rechts fliegt. Was passiert, wenn du das linke nach oben und das rechte nach unten knickst und umgekehrt?

Auf- und Absteigen

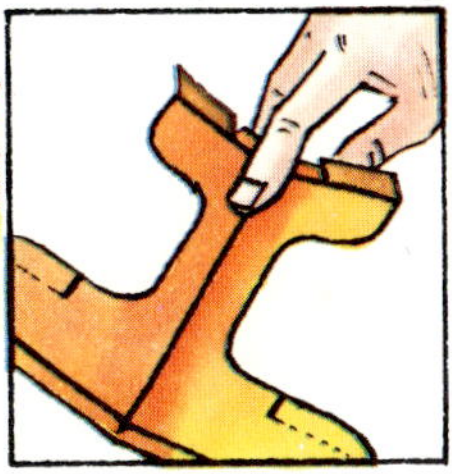

Höhenruder bewirken, daß der Gleiter auf- oder absteigt. Biege beide hoch. Laß ihn mit der Nase nach unten fallen.

Dann biege beide Höhenruder nach unten und laß den Gleiter waagerecht fliegen.

Auf der nächsten Seite wird die Flugsteuerung erklärt.

Wie die Höhenruder funktionieren

Wenn beide Höhenruder aufgestellt sind, drückt die vor ihnen gestaute Luft das Heck nach unten. Dadurch geht der Gleiter vorne hoch und steigt auf.

Sind die Höhenruder unten, den Schwanz hochdrücken.
Der Gleiter sinkt.

Wie die Querruder funktionieren

Beide Querruder zusammen bewirken, daß der Gleiter abdreht. Die gestaute Luft drückt den Flügel mit aufgestellter Klappe nach unten und den anderen nach oben. Dadurch kippt der Gleiter und dreht ab. Ist die linke Klappe aufgestellt, dreht er nach links und umgekehrt.

Wie Flugzeuge gelenkt werden

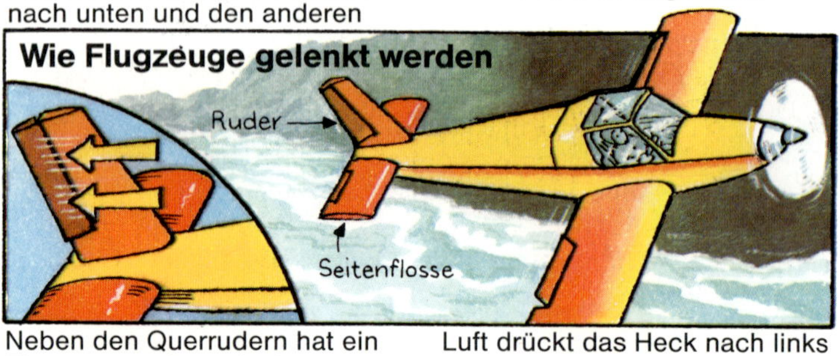

Neben den Querrudern hat ein Flugzeug auch noch eine Schwanzklappe, die Steuerruder genannt wird. Um nach rechts zu fliegen, wird das Ruder nach rechts gestellt. Die Luft drückt das Heck nach links und dadurch das Flugzeug nach rechts. Die Querruder bewirken, daß das Flugzeug beim Abdrehen kippt, das heißt in eine „Schräglage“ kommt.

Steuerung bei Überschall-Düsenflugzeugen

Flugzeuge, die für Überschall-Geschwindigkeiten gebaut sind, wie die „Concorde“, haben eine besondere dreieckige Flügelform. Sie heißen Delta-Flügel nach dem griechischen Buchstaben „Delta“, der so geschrieben wird: △.

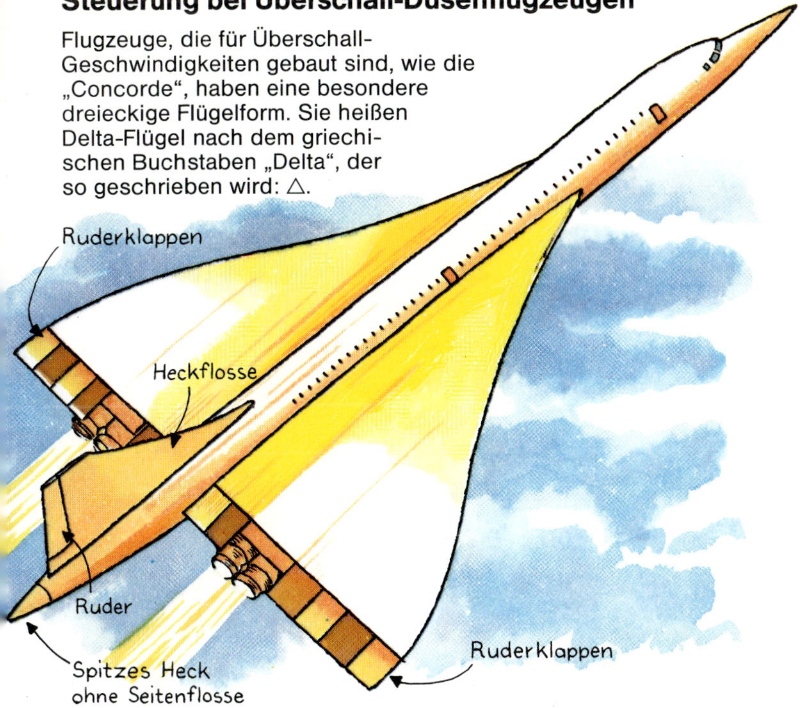

Solche Flugzeuge haben nur Klappen an den Flügeln und daher keine getrennten Quer- und Höhenruder. Stattdessen haben sie Ruderklappen, die wie bei dem Gleiter auf S. 22 beide Funktionen übernehmen. Die Concorde hat an jedem Flügel drei.

Funktion der Ruderklappen

Um ein Flugzeug durch Schräglage zu steuern, werden die Ruderklappen auf einer Seite hoch, auf der anderen runtergestellt.

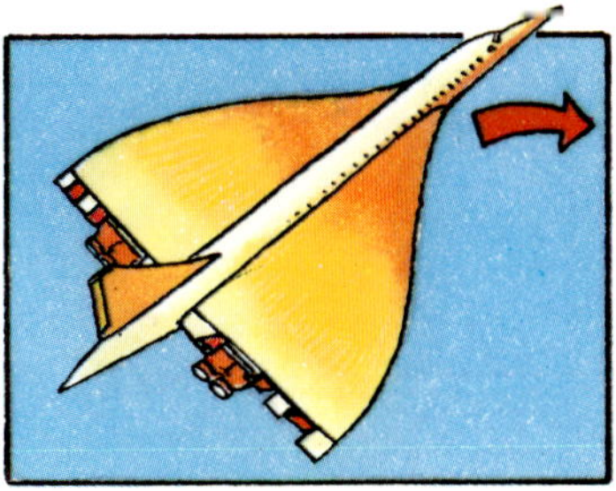

Um mit einer Rechtsdrehung aufzusteigen, wird das Ruder nach rechts gedreht und die rechten Ruderklappen aufgestellt.

Supergleiter

1967 fand in Amerika ein großer internationaler Papierflugzeug-Wettkampf statt. Ralph Barnabys Gleiter zählte zu den Gewinnern. Während seiner Ballonfahrten in den 20er Jahren bastelte er Papiergleiter und ließ sie aus seinem Ballon heruntergleiten. Häufig konnte er ihren Flug bis zu 20 Minuten lang verfolgen. Und so kannst du dir Barnabys Gewinnermodell selber basteln.

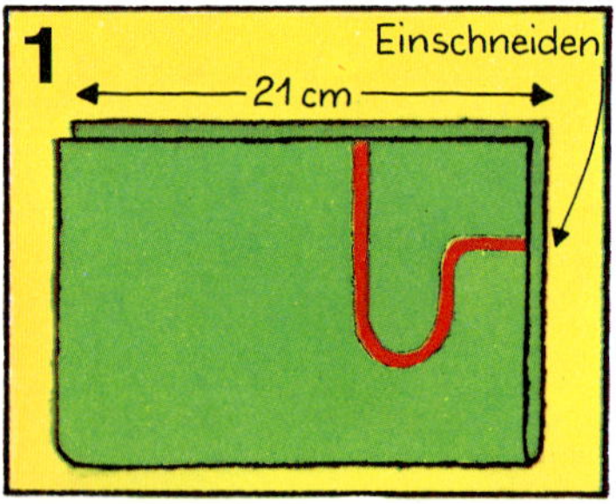

Du mußt dafür einen 21 x 30 cm großen Papierbogen in der Mitte falten. Zeichne darauf das Muster und schneide es aus.

Leg ein Lineal von der vorderen Ecke aus quer über das Heck und zeichne eine Linie auf das Heck.(Siehe Bild)

Falte nun an der Linie entlang eine Seite des Hecks nach außen.

Mach das gleiche mit der anderen Seite. Richte dich nach dem ersten Knick.

Falte den Gleiter auseinander und knick dann die vordere Seite so oft um, bis die Flügel nur noch halb so groß sind wie vorher.

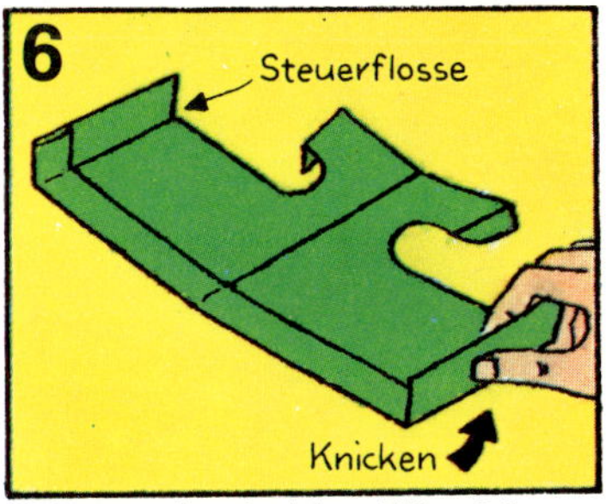

Falte an den beiden Flügelrändern je 2 cm nach oben um. So entstehen Steuerflossen, die den Gleiter auf geradem Kurs halten.

Teste deinen Gleiter, indem du ihn so fliegen läßt, wie auf Seite 23 gezeigt.

Falls er nicht gut fliegt, findest du Verbesserungsvorschläge auf der nächsten Seite.

So kannst du den Supergleiter verbessern

Hier einige Verbesserungsmöglichkeiten, falls der Gleiter nicht gut fliegt.

1. Fällt der Gleiter zu steil, schneide Höhenruder* in das Heck und biege sie nach oben.

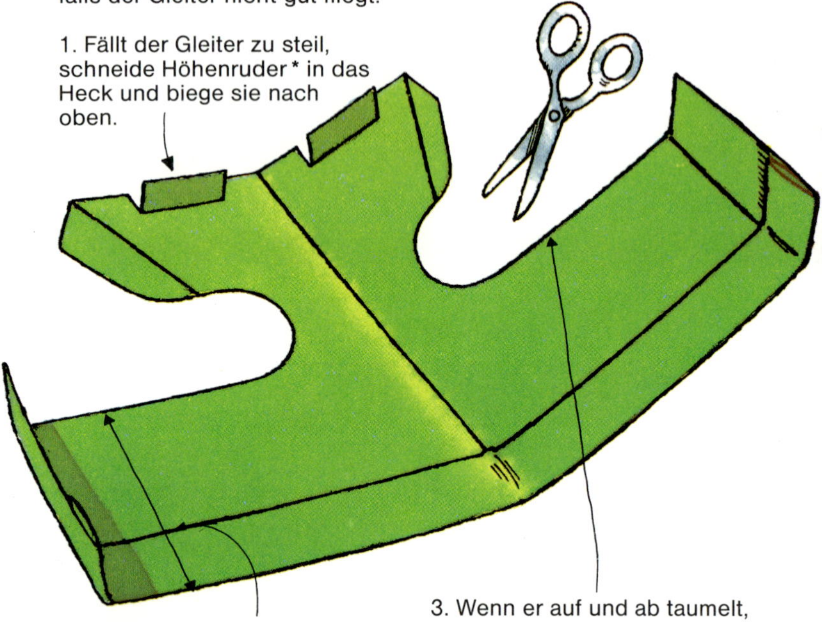

2. Fällt er immer noch zu steil, ist das Vorderteil zu schwer. Falte die Vorderkante wieder etwas auseinander. Du kannst auch einen Gleiter mit breiteren Flügeln basteln.

3. Wenn er auf und ab taumelt, schneide von der hinteren Flügelkante schmale Streifen ab. Falte ihn und stutze beide Flügel zusammen, so daß sie gleich sind. Stutze den Gleiter so lange, bis er wirklich gut fliegt.

Balanciere den Gleiter aus

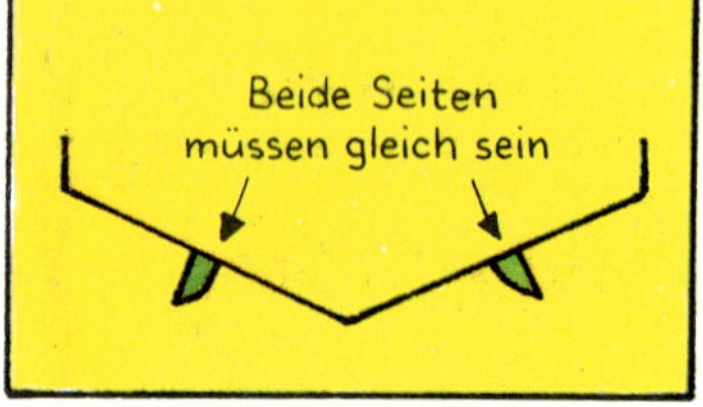

Bricht der Gleiter seitlich aus, ist er vielleicht nicht ganz im Gleichgewicht. Bring die Flügel in die gleiche Lage.

Hilft das nicht, knick eine der Steuerflossen mehr ein als die andere. Reguliere sie so lange, bis der Gleiter geradeaus fliegt.

Über Höhenruder kannst du auf den Seiten 24-26 etwas erfahren.

Schnellstart

So kannst du deinen Gleiter besonders schnell fliegen lassen. Faß den vorderen Knick mit Finger und Daumen, so daß deine Hand unter dem Gleiter ist. Dann laß deine Hand nach vorne schnellen. Laß den Gleiter fast gleichzeitig los und nimm deine Hand aus dem Weg.

Wenn du den Gleiter so startest und ihn dabei steil in die Luft wirfst, dreht er einen Looping. Dazu braucht man Übung.

Ein Fliegerwettkampf

Kannst du andere Gleitermodelle erfinden? Veranstalte einen Wettkampf, um zu sehen, wessen Gleiter am weitesten fliegt oder die besten Loopings dreht.
Achte darauf, daß alle aus derselben Höhe gestartet werden.

Hinweise für Modellbauer

Jeder Gleiter braucht für das Gleichgewicht einen Falz in der Mitte. Auch sollte er vorne schwerer sein.

Anheben durch Luft

Auf diesen Seiten gibt es eine Reihe von Tricks, durch die man Dinge hochheben und in der Luft schweben lassen kann. Sie beruhen auf einer Entdeckung, die der Schweizer Wissenschaftler Bernoulli 1738 machte. Er fand heraus, daß ein Luftstrom weniger Druck hat als die stehende Luft. Dies nennt man das Bernoulli-Prinzip.

Nimm einen Streifen Papier und halte ihn an dein Kinn, genau unter deiner Unterlippe. Dann blase geradeaus.

Sowie das Papier in den Luftstrom deines Atems gerät, hebt es sich hoch und flattert.

Der Luftstrom deines Atems hat weniger Druck als die stehende Luft unter dem Papier.

Die stehende Luft drängt nach oben in die Zone mit niedrigerem Druck und hebt das Papier an.

Das Bernoulli-Prinzip erklärt auch, wie Flugzeuge fliegen. Mehr darüber kannst du auf der übernächsten Seite erfahren.

Die springende Münze

Stell eine Untertasse etwa 10 cm vom Tischrand entfernt und leg eine kleine Münze davor.

Leg deine Unterlippe an den Tischrand und blase über die Münze hinweg.
Die unter der Münze

eingeschlossene Luft hat einen größeren Druck als der Luftstrom und hebt die Münze an.

1 Der schwebende Tischtennisball

Klebe etwas Knetmasse an das eine Ende einer Garnrolle (laß das Loch frei); steck vier Nägel in die Knetmasse. Dann steck einen dicken Strohhalm in das

2

Loch am anderen Ende. Leg den Ball auf das Röllchen und blase durch den Strohhalm. Der Ball schwebt jetzt genau über dem Garnröllchen.

3 Erklärung

Wenn du bläst, hebt dein Atem den Ball in die Höhe und strömt um ihn herum. Der Luftstrom wird mit dem Ball von der stehenden Luft in dieser Position gehalten.

Papiertrick

Wie könnte man wohl mit Hilfe des Bernoulli-Prinzips dieses Stück Papier glätten? Die Antwort ist auf Seite 61.

Wie Flugzeuge fliegen

Einer der Hauptgründe dafür, daß Flugzeuge fliegen können, wird durch das Bernoulli-Prinzip * erklärt, dem zufolge ein Luftstrom einen geringeren Druck hat als die Luft um ihn herum. An dem folgenden Modell eines Flügels kannst du sehen, wie das Bernoulli-Prinzip funktioniert.

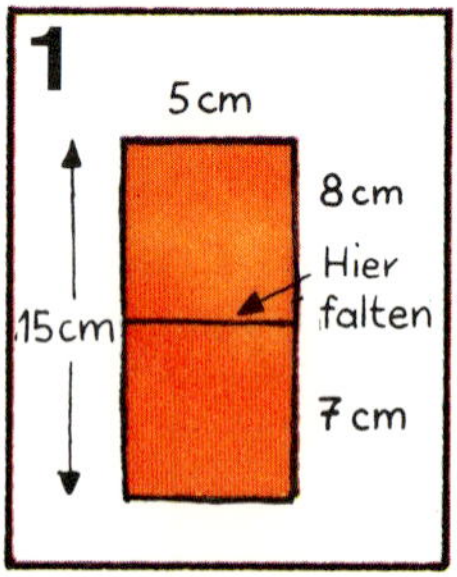

Nimm einen 15 x 5 cm großen Streifen Pappe und falte ihn 8 cm vom Rand entfernt.

Wickle den längeren Teil gleichmäßig um einen Stift. So erhält er eine Wölbung.

Klebe die Enden so zusammen, daß die obere Seite des Modells gewölbt, die untere flach ist. Diese Form haben Tragflächen.

Die Flügel- und Heckflossen eines Flugzeugs haben diese besondere Form, wie auch die Rotoren von Hubschraubern.

Teste das Modell

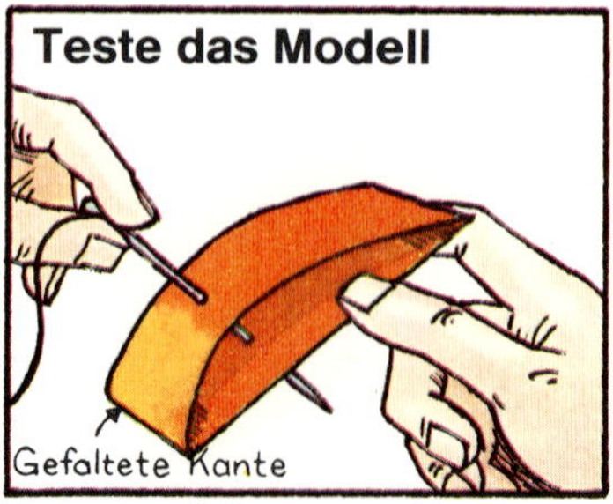

Zieh etwa 2,5 cm vom Knick entfernt einen ca. 40 cm langen Faden durch das Modell. Wenn du den Faden spannst

und genau auf den Knick bläst, müßte sich das Modell am Faden entlang nach oben bewegen.

* *Siehe Seite 32.*

So funktionieren Tragflächen

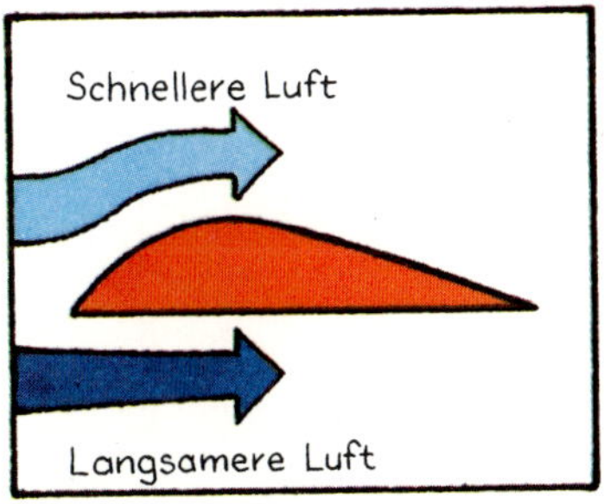

Die Luft, die über die Tragfläche strömt, legt einen weiteren Weg zurück und ist schneller als die Luft darunter, darum hat sie einen geringeren Druck.

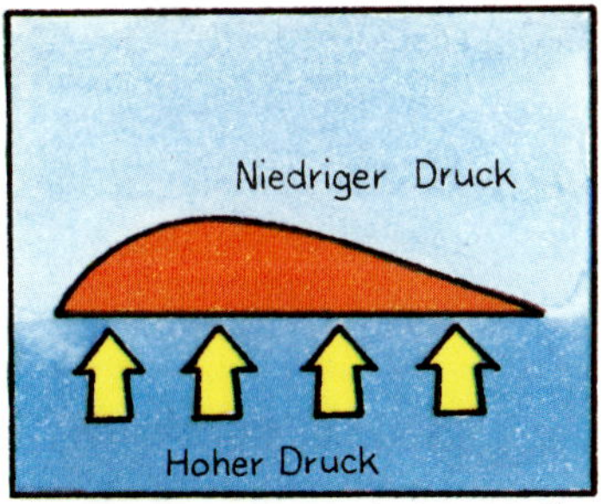

Der höhere Luftdruck drückt die Tragflächen nach oben. Ein Flugzeug wird hauptsächlich durch diesen „Auftrieb" in der Luft gehalten.

So startet ein Flugzeug

Bei einem Flugzeugstart wirken folgende Kräfte:

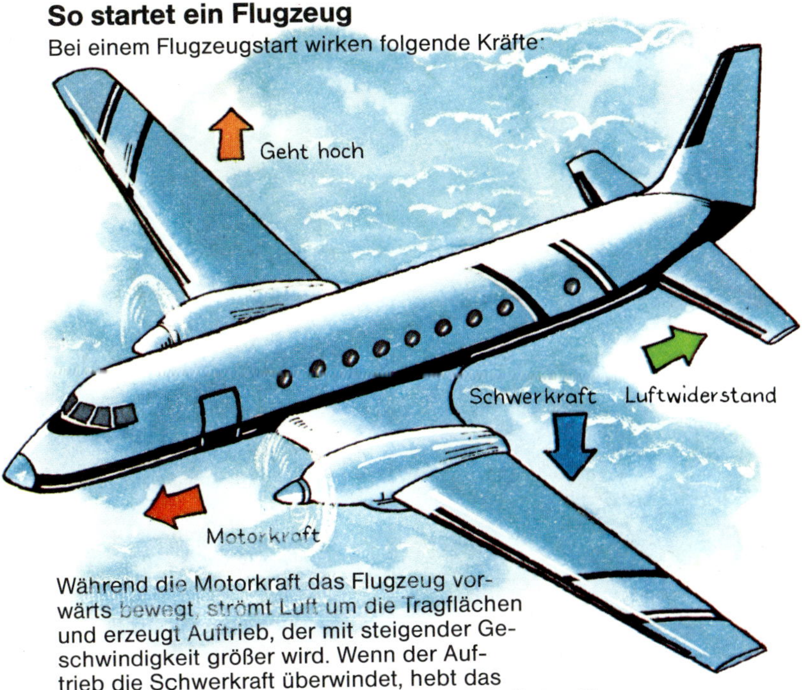

Während die Motorkraft das Flugzeug vorwärts bewegt, strömt Luft um die Tragflächen und erzeugt Auftrieb, der mit steigender Geschwindigkeit größer wird. Wenn der Auftrieb die Schwerkraft überwindet, hebt das Flugzeug ab. Dabei wird die Geschwindigkeit des Flugzeugs jedoch ständig durch den Luftwiderstand gedrosselt, der durch die Motorkraft überwunden werden muß.

Schwimmtests

In diesem Teil des Buches sind Experimente beschrieben, mit denen du untersuchen kannst, wie etwas schwimmt. Dafür brauchst du einen großen Behälter mit Wasser – Waschschüssel oder Badewanne – und Marmeladengläser. Untersuche zunächst, welche Gegenstände schwimmen. Die Liste unten gibt dir einige Anregungen, doch teste alles, was du finden kannst. Dann mache eine Liste „schwimmt" und eine „sinkt".

Testvorschläge

Tischtennisball
Murmel
Radiergummi
leeres Glas mit Deckel
Stück Holz
Kerze
Knetmasse
Nagel
Stück Plastik
Bimsstein
Plastikbecher (z. B. Joghurtbecher)
Nadel

Zum Nachdenken

Luftgefüllte Gegenstände schwimmen gewöhnlich gut, z. B. eine Luftmatratze oder ein Glas mit Deckel.

Nimm den Deckel vom Glas. Es füllt sich mit Wasser und sinkt. Die Luft scheint es über Wasser gehalten zu haben.

Wenn du alles getestet hast, dann prüfe deine Liste. Haben die Gegenstände, die schwimmen, etwas gemeinsam?

Feste Gegenstände wie Kerzen und Holz schwimmen jedoch auch. Es muß also einen anderen Grund dafür geben.

Ein besonders guter „Schwimmer“

Besorge dir ein Styropor-Brettchen (wie die, auf denen man in Supermärkten Fleisch verkauft), und laß es schwimmen.

Warum schwimmt es wohl so gut und sinkt kaum in das Wasser ein? Nicht nur, weil es leicht ist – eine Nadel ist auch leicht, aber sie geht unter.

Belade das Styropor-Brettchen mit Münzen und beobachte, wie es immer mehr sinkt. Bei welchem Gewicht geht es unter?

Schwimmende „Nichtschwimmer“

Einige Materialien wie z. B. Holz schwimmen von Natur aus, während andere wie z. B. Knetmasse nicht schwimmen. Es ist jedoch möglich, auch solche Dinge schwimmen zu lassen, und zwar so:

Nimm einen Klumpen Knetmasse von der Größe eines Tischtennisballs und einige Murmeln. Forme aus der Knetmasse eine Schale. Paß auf, daß sie keine Risse hat.

Nun laß sie schwimmen. Wenn sie untergeht, dann mach die Ränder höher und versuch es weiter, bis sie schwimmt. Dann probiere aus, wie viele Murmeln sie tragen kann.*

Ein Boot

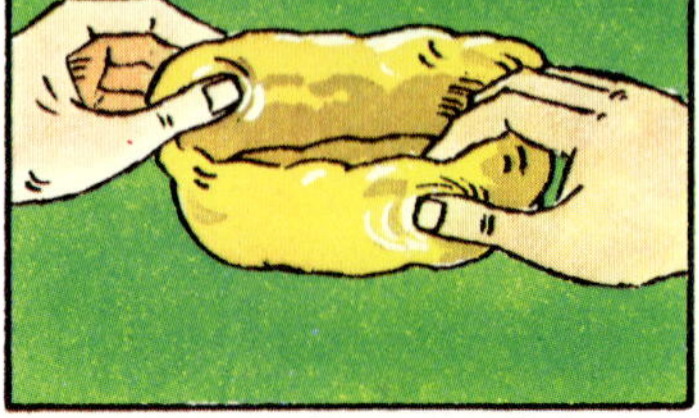

Verändere die Form der Schale so, daß sie noch mehr Murmeln trägt. Mach den Boden flacher und die Seiten höher.

Wettspiel

Gib jedem Mitspieler eine gleiche Menge Knetmasse. Wessen Boot kann am meisten Murmeln tragen?

**Warum die Schale schwimmt, erfährst du auf Seite 40.*

Schiffe aus Holz und Eisen

Früher dachte man, daß man Schiffe nur aus natürlichen Schwimmaterialien bauen könne wie z. B. Holz. Man war daher erstaunt, als Ingenieure sagten, daß man auch aus Eisen Schiffe bauen kann. Wie der Knetmasse muß man auch dem Eisen eine schalenähnliche Form geben, damit es schwimmt.

Eisen ist für den Schiffsbau besser geeignet als Holz, weil es langlebiger ist und weil daraus sehr viel größere Schiffe gebaut werden können. 1858 baute der Ingenieur Brunel ein 211 m langes Schiff, das zu seiner Zeit das bei weitem längste Schiff der Welt war.

Kerzen-Rätsel

Wenn du eine Kerze im Wasser schwimmen läßt (s. Bild), wie weit kann sie wohl herunterbrennen, bevor sie ausgeht? Schneide einen etwa 3 cm langen Kerzenstumpf ab und beschwere ihn unten mit einem Nagel. Nimm einen leichteren Nagel, wenn die Kerze sinkt, einen schwereren, wenn sie auf der Seite schwimmt. Steck den Docht an und warte ab, was passiert. (Antwort auf Seite 61)

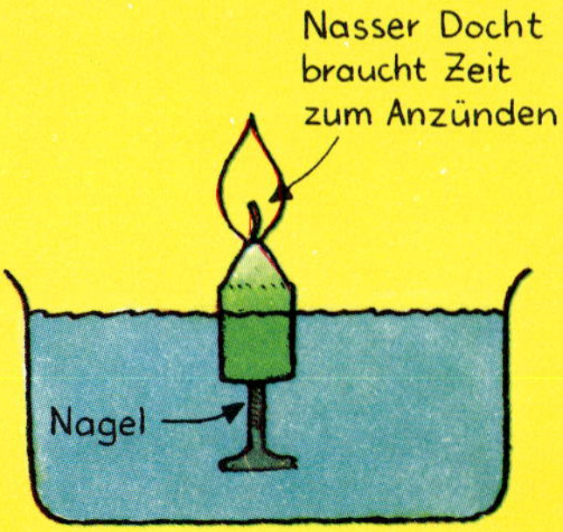

Auf die Form kommt es an

Der folgende Versuch zeigt dir, warum ein Klumpen Knetmasse sinkt, Knetmasse in Form einer Schale jedoch nicht. Für diesen Versuch brauchst du ein großes Glas mit einer weiten Öffnung.

Füll Wasser in das Glas und markiere den Wasserspiegel mit verschiedenfarbigen Filzstiften, bevor und nachdem du einen Klumpen Knetmasse hineingelegt hast.

Der Wasserspiegel steigt, weil der Klumpen Wasser verdrängt, um für sich selbst Raum zu schaffen.

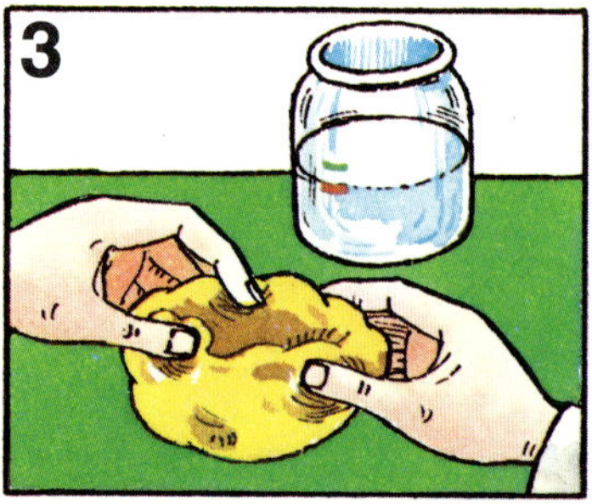

Nun forme aus dem Klumpen eine Schale und laß sie auf dem Wasser schwimmen. Markiere den Wasserspiegel.

Der Wasserspiegel ist noch höher. Die Schale verdrängt also noch mehr Wasser als der Klumpen.

Steck deine Hand in einer Plastiktüte ins Wasser. Du kannst fühlen, wie das verdrängte Wasser dagegendrückt. Der griechische Wissenschaftler Archimedes entdeckte, daß es diese Kraft ist, die Dinge schwimmen läßt.

Die Entdeckung des Archimedes

Archimedes lebte etwa vor 2000 Jahren in Griechenland. Eines Tages füllte er zuviel Wasser in seine Wanne, so daß sie überfloß. Er machte Versuche, um herauszufinden, wieviel Wasser überfloß. Dabei stellte er fest, daß die verdrängte Wassermenge dem Volumen des Gegenstandes entspricht, der ins Wasser gesetzt wird.

Später fand er heraus, daß die Kraft, die gegen einen Gegenstand drückt, von der Wassermenge abhängt, die er verdrängt. Wenn ein Gegenstand genug Wasser verdrängt, um eine Kraft zu erzeugen, die stark genug ist, sein Gewicht zu tragen, dann schwimmt er.

Warum die Schale schwimmt

Die Schale aus Knetmasse wiegt soviel wie der Klumpen, doch verdrängt sie mehr Wasser, weil sie ein größeres Volumen hat. Also drückt eine stärkere Kraft gegen die Schale. Deshalb kann sie schwimmen. Füllst du die Schale mit Murmeln, so muß sie mehr Wasser verdrängen, um das zusätzliche Gewicht zu tragen.

Schwimmen in Salzwasser

Es ist leicht, im Toten Meer zu schwimmen, das zwischen Israel und Jordanien liegt. Man sinkt fast gar nicht ins Wasser ein, weil es so salzig ist – siebenmal salziger als Meerwasser normalerweise ist. Bastle den unten beschriebenen Schwimmer, mit dem du messen kannst, wie Dinge in normalem Wasser und in Salzwasser schwimmen.

Herstellung von Salzwasser

Gieße warmes Wasser in einen Topf und gib unter ständigem Rühren Salz hinzu, bis sich kein Salz mehr auflöst, sondern am Boden absetzt.

Laß es einige Stunden stehen, bis die Flüssigkeit klar ist. Bildet sich eine Kruste, drück sie auf den Grund. Gieß das Salzwasser in ein beschriftetes Glas.

1 Ein besonderer Schwimmer

Um das Salzwasser zu testen, stell aus einem Trinkhalm und Knetmasse einen besonderen Schwimmer her.

2

Schneide von dem Trinkhalm etwa 6 cm ab und steck einen kleinen Klumpen Knetmasse auf ein Ende.

Laß es in einem Glas, das mindestens 12 cm hoch Wasser enthält, schwimmen.

Wenn es zur Seite kippt, dann nimm einen größeren Klumpen Knetmasse.

Sinkt es auf den Grund, ist der Klumpen zu schwer. Nimm einen kleineren.

Der Schwimmer muß aufrecht schwimmen, ein Teil des Strohhalms muß aus dem Wasser ragen.

Nimm ihn heraus und trockne den Halm ab. Markiere ihn mit Hilfe eines Lineals und verschiedenfarbiger Stifte jeweils im Abstand von einem Zentimeter. Mach deutliche Markierungen.

Wasser und Salzwasser

Nun kannst du vergleichen, wie Dinge in Wasser und in Salzwasser schwimmen. Beobachte zunächst, wie tief der Schwimmer in das Wasser eintaucht, indem du dir diejenige Markierung merkst, welcher der Wasserspiegel am nächsten kommt. Dann beobachte, wie weit der Schwimmer in das Salzwasser eintaucht. Auf Seite 44 findest du die Erklärung für die unterschiedlichen Ergebnisse.

Versuche mit Salzwasser

In Salzwasser schwimmen Dinge besser als in Wasser, weil sie nicht so tief eintauchen müssen. Der nächste Versuch erklärt, warum. Du kannst dafür Salzwasser von einem früheren Versuch benutzen oder neues zubereiten, wie auf Seite 42 beschrieben. Außerdem brauchst du etwas Wasser, ein Marmeladenglas, einen Filzstift und eine Küchenwaage.

Füll das Glas fast voll mit Salzwasser und markiere den Wasserspiegel. Wiege das Glas und schreib dir das Gewicht auf.

Gieß das Salzwasser aus und füll das Glas bis zur Marke mit Wasser. Wiege es und vergleiche die Ergebnisse.

Leichte und schwere Flüssigkeiten

Alle Stoffe bestehen aus kleinen Teilchen. Im Salzwasser sind sie enger beisammen als im Wasser, so daß mehr Teilchen auf gleichem Raum sind. Wenn du also genausoviel Salzwasser wie Wasser hast, ist Salzwasser schwerer. Man sagt, es ist dichter als Wasser.

Der Versuch hat gezeigt, daß Salzwasser schwerer ist als Wasser. Deshalb bietet es schwimmenden Dingen mehr Widerstand. Um zu schwimmen, brauchen Dinge nicht soviel Salzwasser wie Wasser zu verdrängen.

Deshalb tauchen sie in Salzwasser nicht so tief ein. Ein besonderer Schwimmer, wie auf S. 42 – 43 beschrieben, heißt Hydrometer. Er mißt, wie Dinge in verschiedenen Flüssigkeiten schwimmen.

Der Gebrauch von Hydrometern

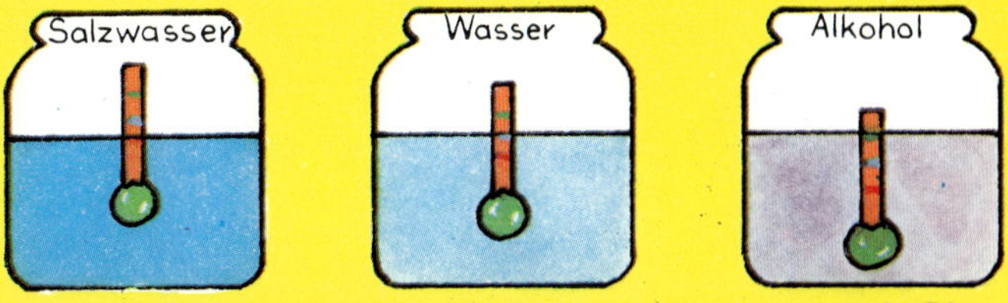

Wissenschaftler benutzen Hydrometer, um zu messen, wie Dinge in verschiedenen Flüssigkeiten schwimmen. Daran können sie die Dichte der Flüssigkeiten erkennen. So sinkt ein Hydrometer in Alkohol tiefer als in Wasser. Das beweist, daß Alkohol keine so große Dichte wie Wasser hat.

Teich-Rätsel

Die Theorie des Archimedes (siehe S. 41) kann dir helfen, dieses Rätsel zu lösen; du kannst auch den Versuch unten auf der Seite machen.

Ein Schiffer belädt sein Boot mit Eisenstangen und rudert auf einen kleinen Teich hinaus. Dann wirft er die Stangen über Bord. Steigt der Wasserspiegel des Teiches, fällt er, oder bleibt er gleich?

Versuch

Laß einen Joghurtbecher mit Nägeln in einem Glas schwimmen. Markiere den Wasserspiegel.

Wirf die Nägel ins Wasser und laß den leeren Becher schwimmen. Ändert sich der Wasserspiegel?

Antwort auf Seite 61.

Frachtschiffe

Frachtschiffe müssen sorgfältig konstruiert sein, damit die Ladung bei rauher See nicht verrutscht. Um zu sehen, was einem Schiff mit rutschender Ladung passieren kann, bastle ein Papierschiff, belade es mit Murmeln und laß es schwimmen.

Wie kannst du es verhindern, daß die Murmeln in eine Ecke rollen? Der folgende Abschnitt über Tanker wird es dir zeigen.

Bau ein Papierschiff

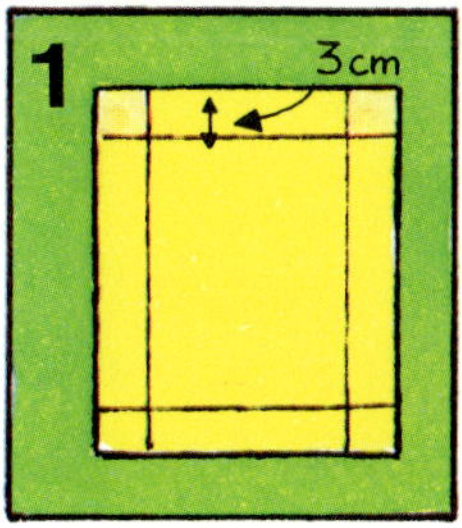

Zeichne auf ein Blatt Papier Linien 3 cm vom Rand entfernt. Falte entlang der Linien.

Mach an jeder Ecke entlang der roten Linien Einschnitte, um Laschen zu erhalten.

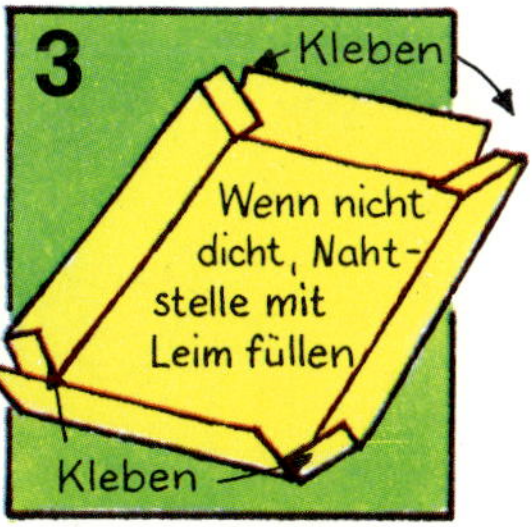

Knick die Seiten nach oben und klebe die Laschen mit wasserfestem Leim fest.

Tanker

Tanker sind Spezialkonstruktionen mit großen Laderäumen für den Transport z. B. von Öl oder Chemikalien.

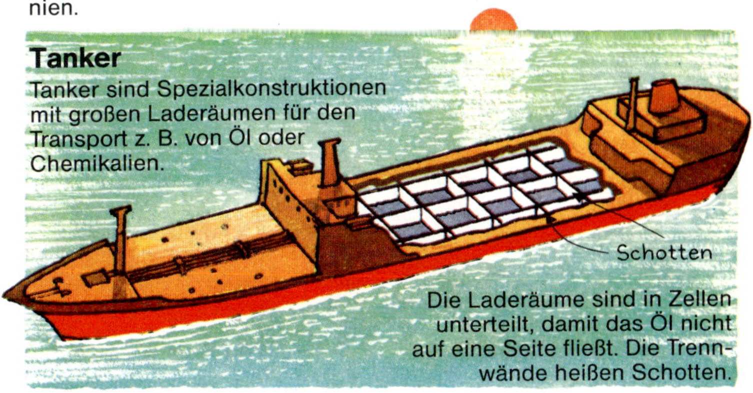

Die Laderäume sind in Zellen unterteilt, damit das Öl nicht auf eine Seite fließt. Die Trennwände heißen Schotten.

Eiertrick

Wirfst du ein Ei ins Wasser, sinkt es auf den Boden. Kannst du es auf halber Höhe im Glas schwimmen lassen, wie hier gezeigt? Hier kannst du herausfinden, wie es gemacht wird. Versuche, ob deine Freunde auf die Lösung kommen.

Bereite etwas Salzwasser, indem du Salz in warmes Wasser einrührst wie auf Seite 42. Wenn es sich gesetzt hat, gieß das Salzwasser ab.

Füll ein großes Glas bis zur Hälfte mit Salzwasser und leg ein rohes Ei hinein. Selbst wenn du es untertauchst, schwimmt es.

Neige das Glas und füll es sehr vorsichtig mit Wasser. Jetzt sollte das Ei in der Mitte des Glases schwimmen.

Erklärung

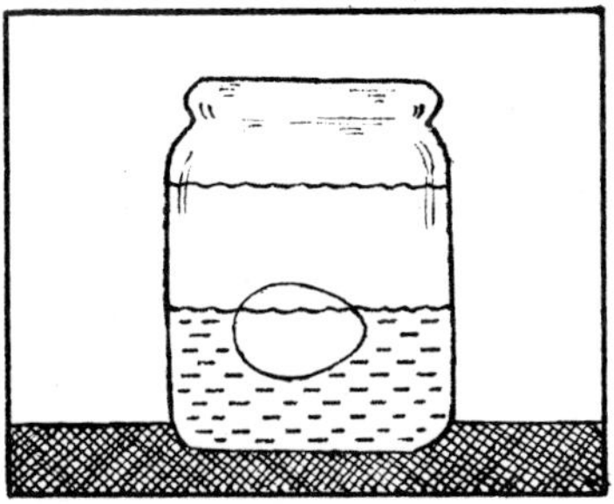

Das Ei schwimmt in Salzwasser, aber nicht in Wasser, weil Salzwasser dichter ist als Wasser und darum das Ei tragen kann.

Auch das Wasser hat eine geringere Dichte, und so schwimmt tatsächlich sowohl das Ei als auch das Wasser auf dem Salzwasser.

Beweis

Färbe Wasser mit etwas Tinte. Dann gieß es vorsichtig auf das Salzwasser im Glas. Neige dabei das Glas und gieß nicht zu heftig, damit sich das Salzwasser nicht mit dem Wasser vermischt.

Hast du das gewußt?

Ein Schiff hat unterschiedlichen Tiefgang, je nach Ladung und Art des Wassers, durch das es gerade fährt. Im Flußwasser liegt es tiefer als im salzigen Meerwasser. Dasselbe gilt auch für warmes Wasser, weil es eine geringere Dichte hat als kaltes.

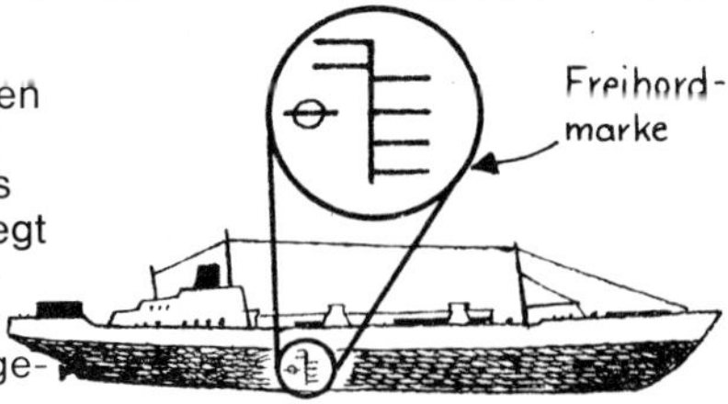

Jedes Schiff hat eine besondere Markierung an der Seite, an der man erkennt, wie tief das voll beladene Schiff in den verschiedenen Wasserarten schwimmen darf.

Diese Markierung nennt man Freibordmarke; Samuel Plimsoll führte sie 1885 ein. Sie soll verhindern, daß durch Überladung Schiff und Mannschaft in Gefahr gebracht werden.

Besondere „Schwimmer“

Wenn du eine Nadel ins Wasser wirfst, sinkt sie. Sie kann nicht genügend Wasser verdrängen, das ihr Gewicht tragen könnte. Es ist trotzdem möglich, eine Nadel auf dem Wasser schwimmen zu lassen. Kannst du dieses Problem lösen?

So wird es gemacht

Gieß Wasser in eine saubere Schüssel. Die Nadel muß trocken sein. Leg sie quer über eine Gabel. Tauch sie langsam ins Wasser und ziehe die Gabel vorsichtig heraus.

Erklärung

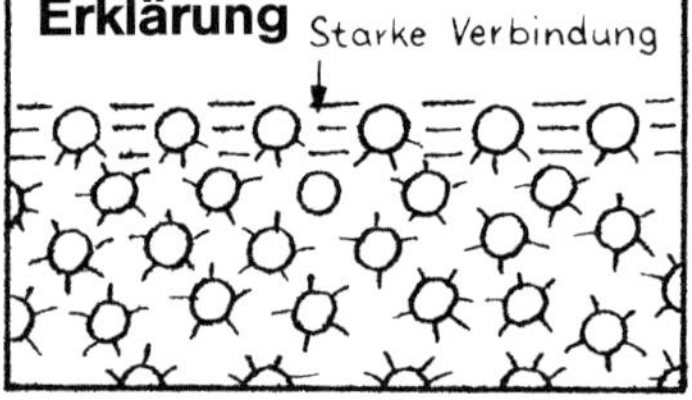

Wasser besteht, wie alles andere, aus Teilchen, die man Moleküle nennt. Diese sind an der Oberfläche stärker verbunden als weiter unten und bilden so eine Art Haut. Das nennt man Oberflächenspannung.

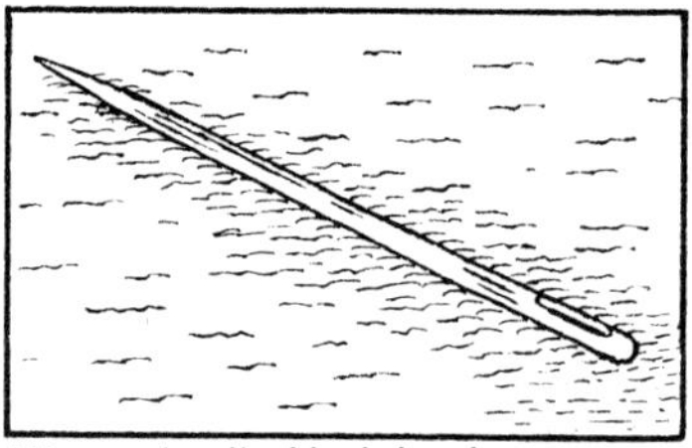

Wenn du die Nadel sehr vorsichtig auf das Wasser legst, bleibt sie auf der Oberfläche liegen. Vielleicht kannst du dort, wo die Nadel liegt, eine Vertiefung in der Wasseroberfläche erkennen.

Laufen auf dem Wasser

Hast du schon einmal ein Insekt über einen Teich laufen gesehen? Wie die Nadel wird es von der Oberflächenspannung des Wassers getragen. Wo die Füße des Insekts auf der Wasseroberfläche liegen, kannst du runde Vertiefungen erkennen.

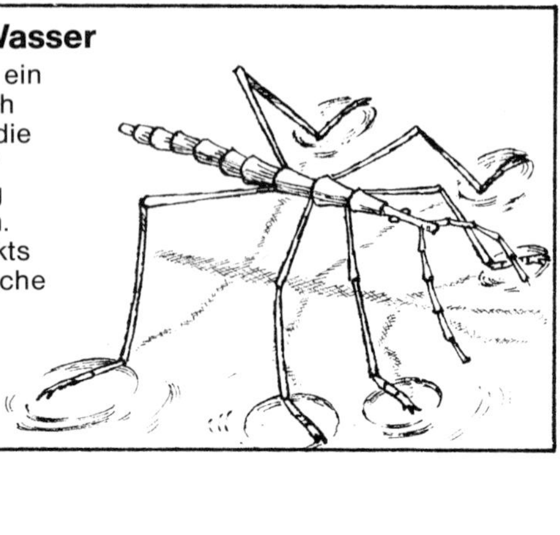

Ein Rennboot ohne Motor

Um dieses einfache Boot zu basteln, das über die Wasseroberfläche flitzt, brauchst du Pappe und Spülmittel.

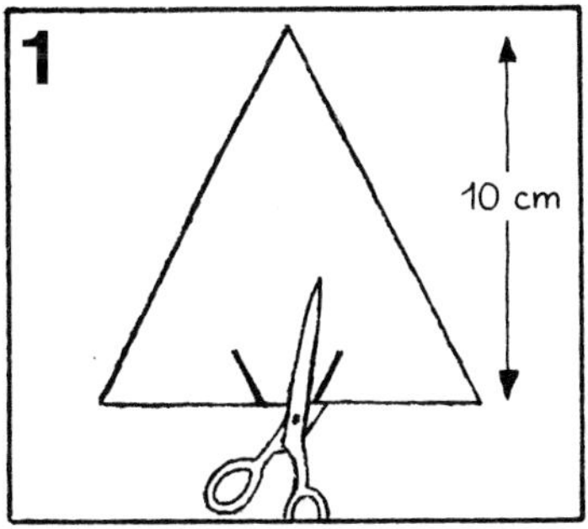

Schneide aus der Pappe ein Dreieck, etwa 10 cm lang, und mach unten zwei kleine Einschnitte.

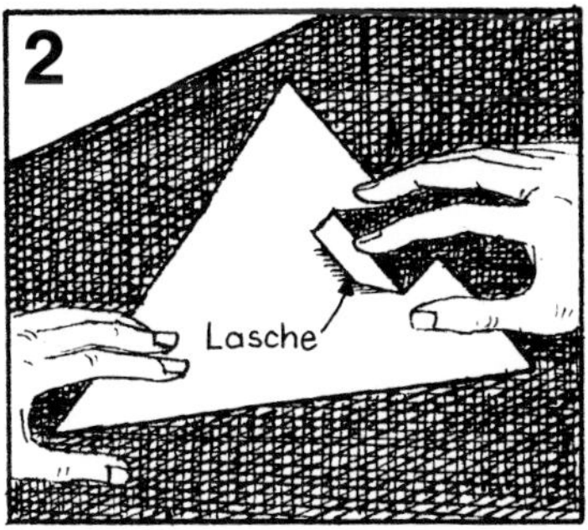

Knick die Lasche zwischen den Einschnitten hoch und laß das Boot in sauberem, flachem Wasser schwimmen.

Nimm einen Tropfen Spülmittel auf den Finger und berühre das Wasser in dem Ausschnitt am Ende des Bootes. Das Boot sollte jetzt vorwärts schießen.

Erklärung

Spülmittel vermindert die Oberflächenspannung des Wassers, weil es den engen Zusammenhalt der Moleküle aufhebt.
Das Boot liegt auf der Wasseroberfläche, und durch das Spülmittel wird die Spannung dort, wo du den Finger eintauchst, verringert. Das Boot wird durch die stärkere Spannung an seiner Spitze nach vorne gezogen.

Ein Taucher

So kannst du eine Federhalterkappe wie ein U-Boot in einer Flasche unter- und wieder auftauchen lassen. Dazu brauchst du eine Federhalterkappe aus Plastik, Büroklammern, eine Kerze und eine Plastikflasche mit Schraubverschluß.

Biege eine Büroklammer auseinander und erhitze ein Ende an der Kerze. Bohr mit dem heißen Draht ein Loch in die Plastikkappe.

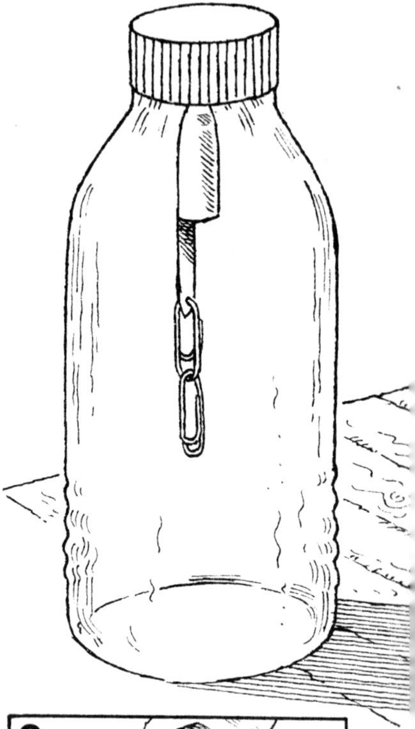

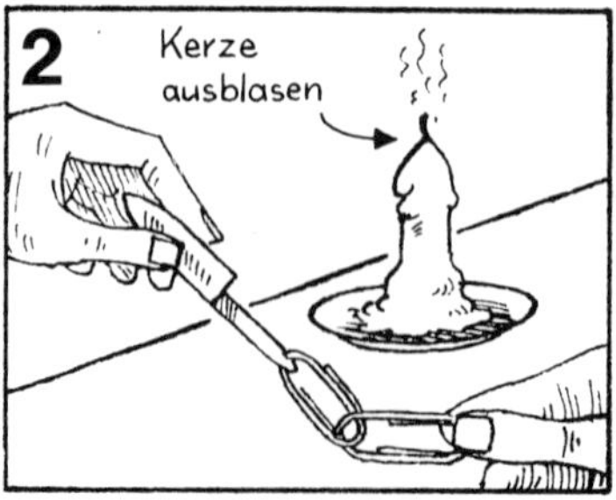

Steck eine neue Büroklammer durch das Loch in der Kappe und hake eine weitere Büroklammer ein.

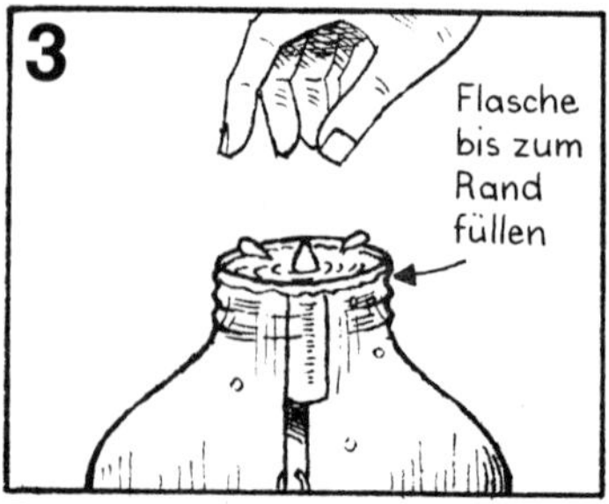

Füll die Flasche mit Wasser und wirf die Kappe hinein. Nur die Spitze sollte herausschauen. Sinkt sie, nimm eine kleinere Klammer.

Erklärung

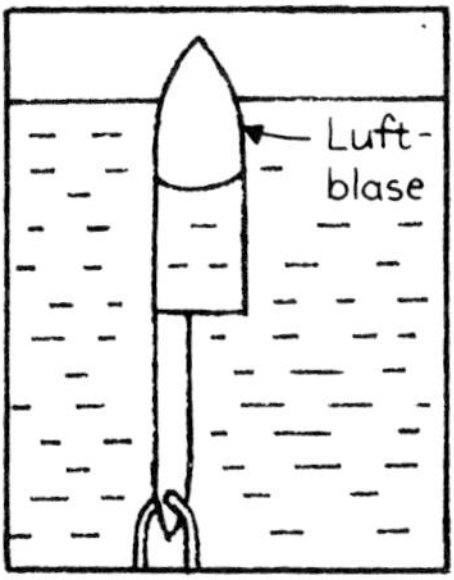

Wenn du die Kappe ins Wasser legst, bildet sich in ihr eine Luftblase.

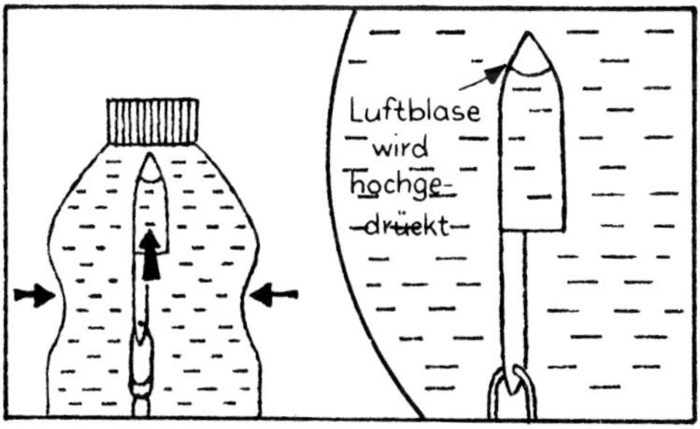

Die Flasche ist bis zum Rand voll. Wenn du sie zusammendrückst, kann das Wasser nicht ausweichen. Es wird in die Kappe gepreßt und drückt die Luftblase zusammen.

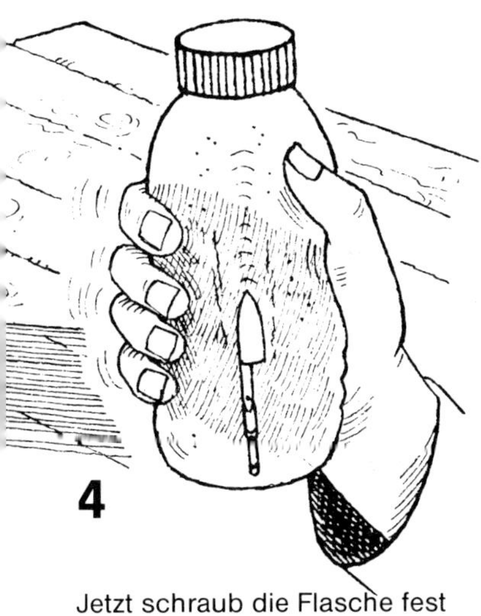

4

Jetzt schraub die Flasche fest zu und drück sie. Der „Taucher“ sollte sofort zum Boden sinken und wieder auftauchen, wenn du aufhörst zu drücken.
Sollte es nicht klappen, nimm noch eine Büroklammer, damit die Kappe nicht so gut schwimmt. Achte darauf, daß die Flasche immer bis zum Rand gefüllt ist.

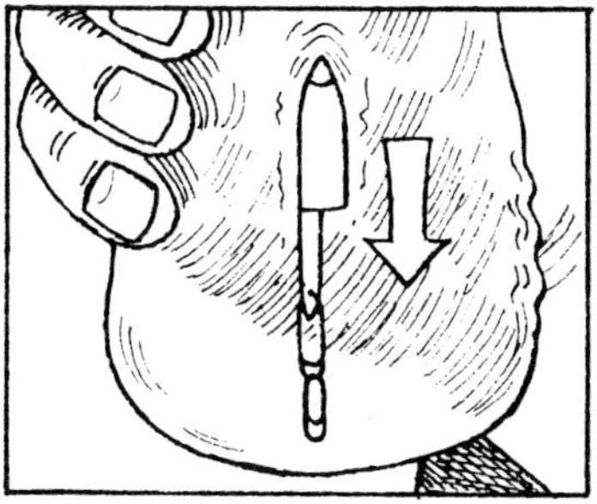

Da jetzt mehr Wasser in der Kappe ist, ist sie schwerer, also zu schwer zum Schwimmen. Deshalb sinkt sie nach unten.

Wenn du den Druck verringerst, dehnt sich die Luftblase aus und verdrängt das zusätzliche Wasser aus der Kappe. So wird sie leichter und taucht wieder auf.

So funktioniert ein U-Boot

Ein U-Boot kann unter- und wieder auftauchen, indem es sein Gewicht verändert. Dazu verfügt es über sogenannte Ballasttanks: Hohlräume, die sich füllen und leeren lassen. Wie sie funktionieren, kannst du hier erfahren.

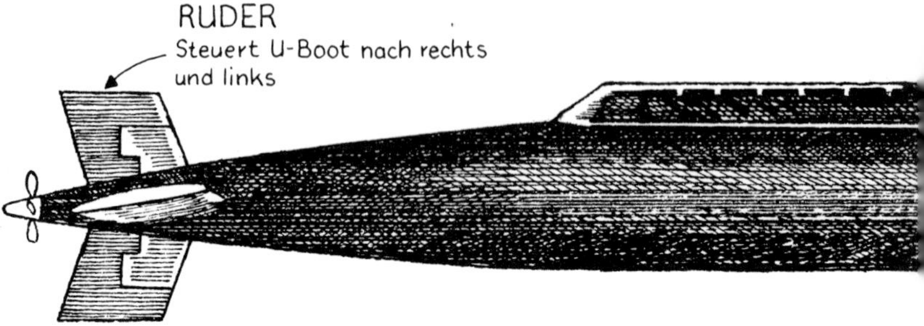

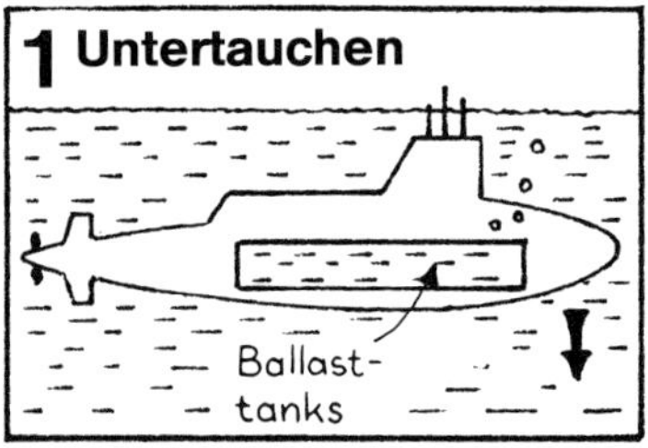

Die Ballasttanks werden durch Schleusen mit Wasser gefüllt, wobei die Luft herausgepreßt wird. Dadurch wird das U-Boot schwerer und sinkt.

Um den Tauchvorgang zu beenden, wird wieder Luft in die Tanks gepumpt. Dadurch wird ein Teil des Wassers wieder herausgedrückt und das U-Boot wird leichter.

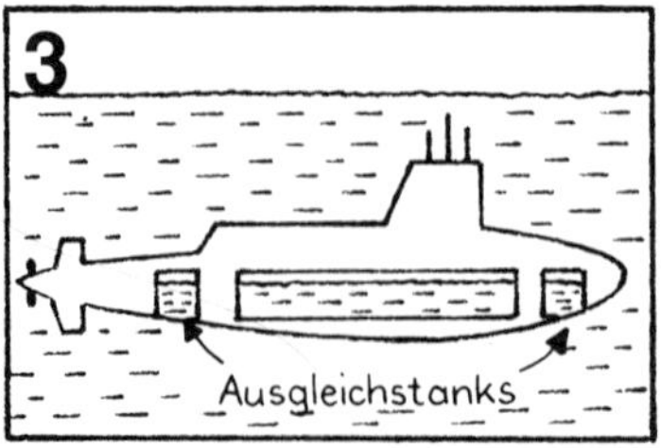

Indem das U-Boot Treibstoff und Vorräte aufbraucht, wird es leichter. Um diesen Unterschied auszugleichen, hat es Tanks, die nach und nach mit Wasser gefüllt werden und so das fehlende Gewicht ersetzen.

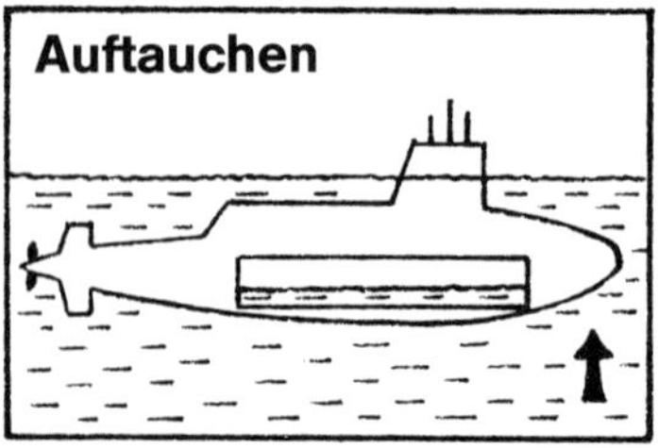

Soll das U-Boot wieder auftauchen, wird Luft in die Ballasttanks gepumpt und das meiste Wasser herausgedrückt. Dadurch wird das U-Boot leicht genug, um schwimmen zu können und steigt nach oben.

So funktionieren Tiefenruder

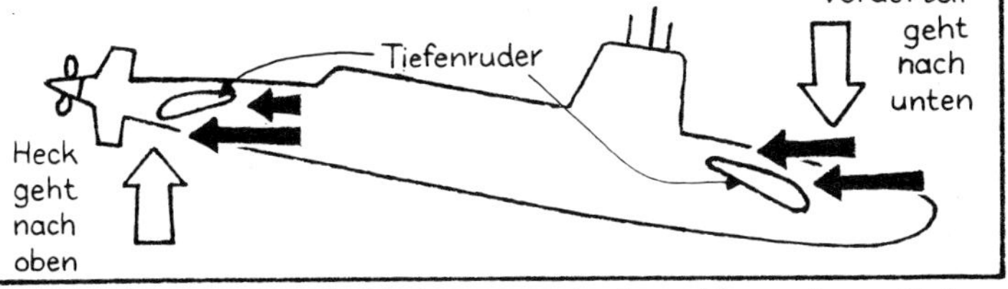

Zum Tauchen werden die hinteren Tiefenruder nach oben gestellt. Wasser strömt von unten dagegen und drückt das Heck nach oben. Die vorderen Tiefenruder werden geneigt, so daß das Wasser darauf drückt – die Spitze geht nach unten.

Heißluftballons funktionieren wie U-Boote

Ein Heißluftballon ist wie ein U Boot, das in einem Meer von Luft schwimmt.

Der Ballon ist mit heißer Luft gefüllt, die eine geringere Dichte und damit ein geringeres Gewicht hat als die ihn umgebende kältere Luft. Dadurch steigt der Ballon. Kühlt die Luft im Ballon ab, wird er schwerer und sinkt – wie ein U-Boot mit gefüllten Ballasttanks.

Schwimmende Lebensretter

Bei einem Unfall kann es lebensrettend sein zu wissen, wie man sich am besten über Wasser hält. Wenn man Angst vor dem Ertrinken hat, gerät man meistens in Panik und schlägt mit den Armen um sich. Das macht es nur noch schwieriger, sich über Wasser zu halten. Warum das so ist, kannst du mit Hilfe einer „Puppe“ feststellen. Mach den Versuch mit verschiedenen Armstellungen. Du brauchst ein Metallröhrchen mit Verschluß, eine Wäscheklammer aus Holz, Knetmasse und ein Gummiband.

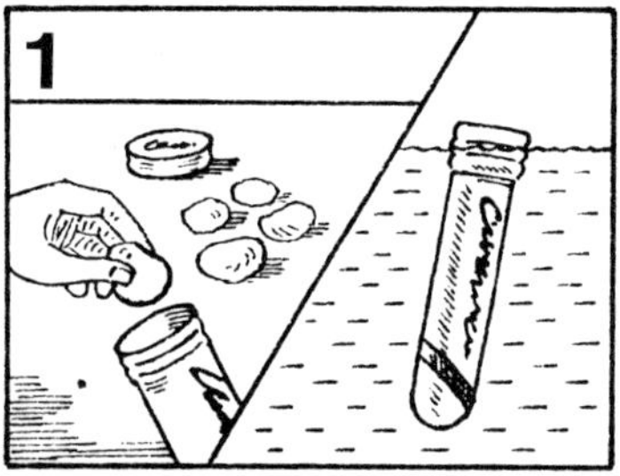

Steck etwas Knete in die Röhre, schraub den Verschluß zu und laß sie schwimmen. Nimm soviel Knete, daß die Spitze noch gerade aus dem Wasser ragt.

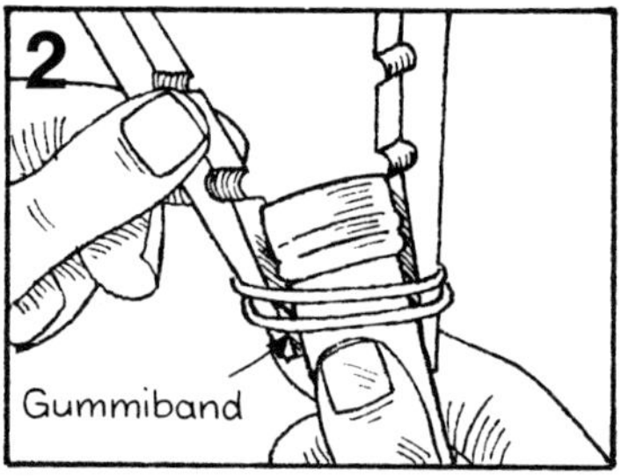

Für die „Arme“ leg ein Gummiband um die Spitze der Röhre und schieb die Hälften der Wäscheklammer so darunter, daß sie nach oben zeigen.

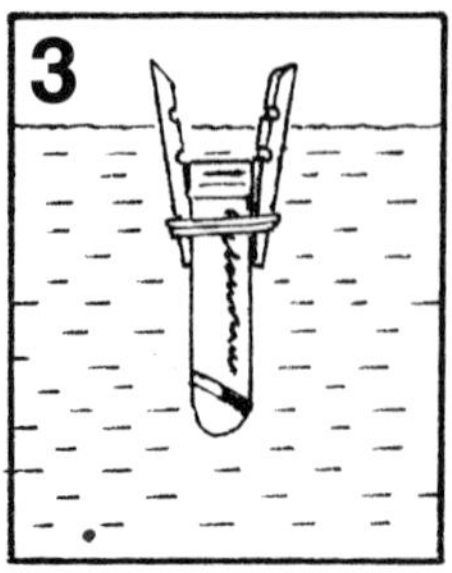

Laß die „Puppe“ in dieser Stellung treiben. Die Spitze taucht unter.

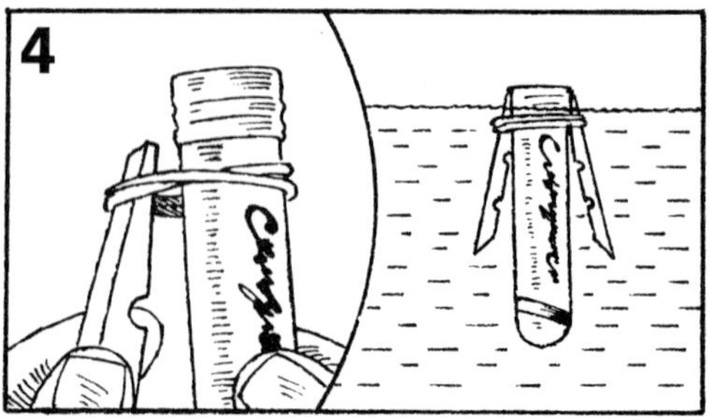

Befestige die Klammern andersherum. Die „Arme“ sind jetzt unter Wasser, wodurch die „Puppe“ mehr Wasser verdrängt und – wie in Wirklichkeit – besser schwimmt.

Lebensrettungs-Rätsel

Welche Gegenstände auf diesem Bild könnten einen Ertrinkenden retten?

Eine Familie macht am Ufer eines Sees Rast, um eine Reifenpanne zu beheben. Eines der Kinder fährt mit einem Boot auf den See hinaus, lehnt sich zu weit über und fällt ins Wasser. Das Wasser ist tief und der Junge könnte ertrinken. Niemand kann schwimmen. Wie viele Gegenstände siehst du auf dem Bild, die ihm das Leben retten könnten? (Antwort auf Seite 61)

Atmen und Schwimmen

Tiefes Einatmen hilft dir, dich über Wasser zu halten. Versuch es im Schwimmbad oder auch in der Badewanne. Laß dich auf dem Rücken treiben, strecke deine Arme wenn möglich nach hinten und atme ein. Jetzt wirst du ein wenig höher im Wasser treiben. Beim Einatmen weiten sich nämlich deine Lungen, so daß dein Körper mehr Raum einnimmt und du mehr Wasser verdrängst.

Gewicht und Schwerelosigkeit

Mit dem nächsten Versuch kannst du beweisen, daß fallende Gegenstände schwerelos sind.
Was du als Gewicht empfindest, wenn du einen Sack Kartoffeln hebst, ist die Kraft, die du brauchst, um die Schwerkraft zu überwinden, die auf den Sack wirkt. Läßt du den Sack fallen, widersetzt er sich der Schwerkraft nicht länger und wird schwerelos. So ist auch ein Fallschirmspringer beim Sprung aus dem Flugzeug schwerelos.

Er ist so lange schwerelos, bis sich sein Fallschirm öffnet und der Schwerkraft Widerstand leistet.

1 Versuch

Leg einen Ziegelstein oder ein schweres Buch auf eine Badezimmerwaage und notiere das Gewicht. Halte beides über ein weiches Bett.

2

Behalte die Gewichtsanzeige im Auge, während die Waage mit dem Buch auf das Bett fällt. Was passiert mit dem Gewicht?

Erklärung

Während die Waage auf das Bett fällt, geht die Anzeige unter Null zurück. Das Buch ist schwerelos geworden, weil es fällt und der Schwerkraft keinen Widerstand entgegensetzt. Sobald beides auf das Bett trifft, wird der Schwerkraft wieder ein Widerstand entgegengesetzt und das Buch wiegt soviel wie vorher.

Wie Astronauten ihr Gewicht verlieren

Hier erfährst du, warum Astronauten in einer Raumkapsel in ihrer Kabine schweben.

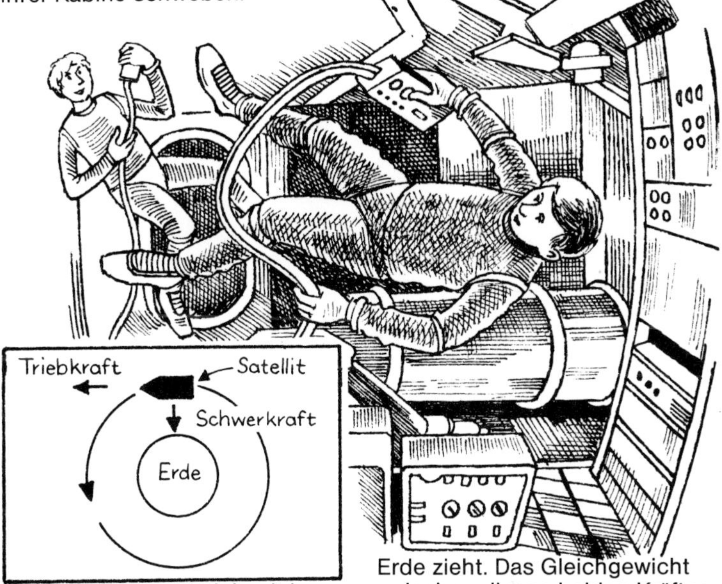

Ein Satellit bewegt sich mit konstanter Geschwindigkeit, weil es keine Luft gibt, die ihn abbremst. Diese Bewegung nennt man Triebkraft. Sie treibt den Satelliten vorwärts, während ihn die Schwerkraft beständig zur Erde zieht. Das Gleichgewicht zwischen diesen beiden Kräften hält den Satelliten in der Umlaufbahn um die Erde. Der Satellit und die Astronauten setzen der Schwerkraft keinen Widerstand entgegen. Sie fallen frei und sind schwerelos.

Aufzug-Rätsel

Stell dir vor, du stehst in einem Aufzug auf einer Waage. Wie reagiert der Gewichtsanzeiger, wenn der Aufzug nach unten fährt? Der Versuch auf der gegenüberliegenden Seite kann dir bei der Lösung helfen. Die Antwort findest du auf Seite 61.

Eiswürfel

Dieser Eiswürfel schwimmt in einem Glas voll Wasser. Was passiert wohl, wenn der Eiswürfel schmilzt? Wird das Glas überfließen?
Ehe du die Antwort auf der nächsten Seite anschaust, mach den folgenden Versuch. Er gibt dir einen Hinweis.

Gieß Wasser in einen Plastikbecher und markiere den Wasserstand mit einem Filzstift. Dann stell den Becher ins Eisfach und warte einige Stunden.

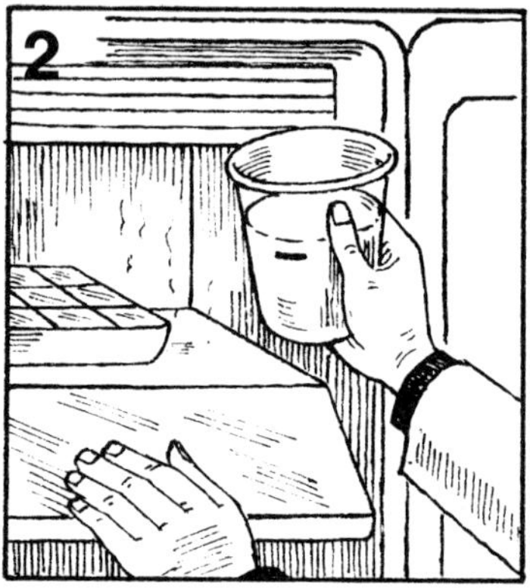

Wenn es gefroren ist, überprüfe den Wasserspiegel. Er wird jetzt höher sein, denn Wasser dehnt sich aus, wenn es gefriert. Was passiert, wenn das Eis schmilzt?

Eisberge

Nur etwa ein Zehntel eines Eisbergs ragt aus dem Wasser. Das liegt daran, daß Wasser, wenn es gefriert und zu Eis wird, etwa ein Zehntel mehr Raum benötigt.
Der nicht sichtbare Teil eines Eisbergs kann für Schiffe sehr gefährlich sein. Sie können nämlich von den zerklüfteten Spitzen, die unter dem Wasser liegen, aufgerissen werden.

Rätsel-Auflösungen

Papierhubschrauber
(Seite 10)

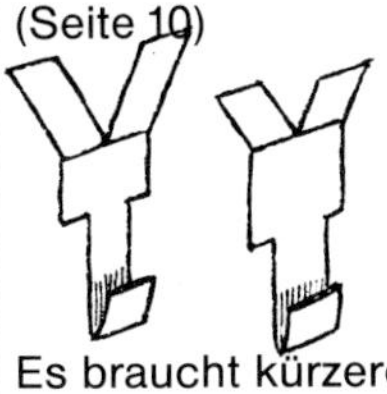

Es braucht kürzere Rotoren, um weniger Luft zu stauen.

Papiertrick
(Seite 33)
Blas durch den Bogen. Der höhere Druck darüber drückt ihn hinunter.

Teich-Rätsel
(Seite 46)
Mit den Eisenstangen als Ladung verdrängt das Boot eine Menge Wasser. Die Stangen selbst verdrängen nur wenig Wasser. Deshalb sinkt der Wasserspiegel, wenn sie in den See geworfen werden. Hat dein Test das gezeigt?

Kerzen-Rätsel
(Seite 39)
Die Kerze kann ganz abbrennen, weil sie leichter wird. Dadurch schwimmt sie höher auf dem Wasser und die Flamme wird nicht naß.

Kunstflug-Aufgaben (Seite 23)

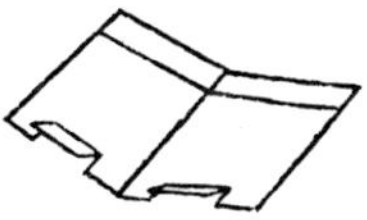

◀ Um ein Looping zu drehen, biege beide Ruderklappen leicht hoch und starte steil nach oben.

Damit er sich im Sturzflug auf den Rücken dreht, biege beide Ruderklappen ganz runter und starte steil nach unten. ▶

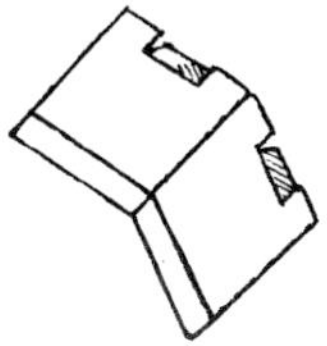

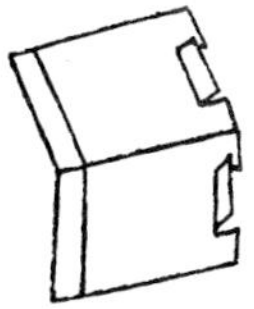

◀ Damit er eine scharfe Kurve fliegt, biege eine Ruderklappe halb und die andere ein Viertel nach oben. Starte leicht abwärts.

Lebensrettungs-Rätsel
(Seite 57)
Die Baumstämme, die leere Saftflasche mit Verschluß, das Reserverad, die Schuppentür, der Wasserball oder die leere Motorradtasche aus Plastik kann man zur Rettung ins Wasser werfen. Der Junge kann sich auch am Boot festhalten (es treibt, weil sich eine Luftblase im Bootskörper befindet). Mit Seil oder Warnschild kann man ihn herausziehen

Aufzug-Rätsel
(Seite 59)
Fährt der Aufzug abwärts, geht die Gewichtsanzeige zurück. Je schneller der Aufzug fährt, desto weniger widersetzt er sich der Schwerkraft und desto weiter geht die Gewichtsanzeige zurück.

Eiswürfel-Rätsel
(Seite 60)
Wenn der Eiswürfel schmilzt, bleibt der Wasserspiegel etwa gleich, weil das geschmolzene Wasser weniger Raum einnimmt als das Eis selbst.

Muster für Gleiter „Mark 2“

Hier ist das Muster für den Gleiter auf Seite 24. Falte das Papier, das du benutzt, um den Gleiter so zu basteln, wie es auf Seite 24 beschrieben ist. Übertrage alle Linien dieses Musters auf das Papier. Achte darauf, daß die untere Linie entlang der Falte verläuft.

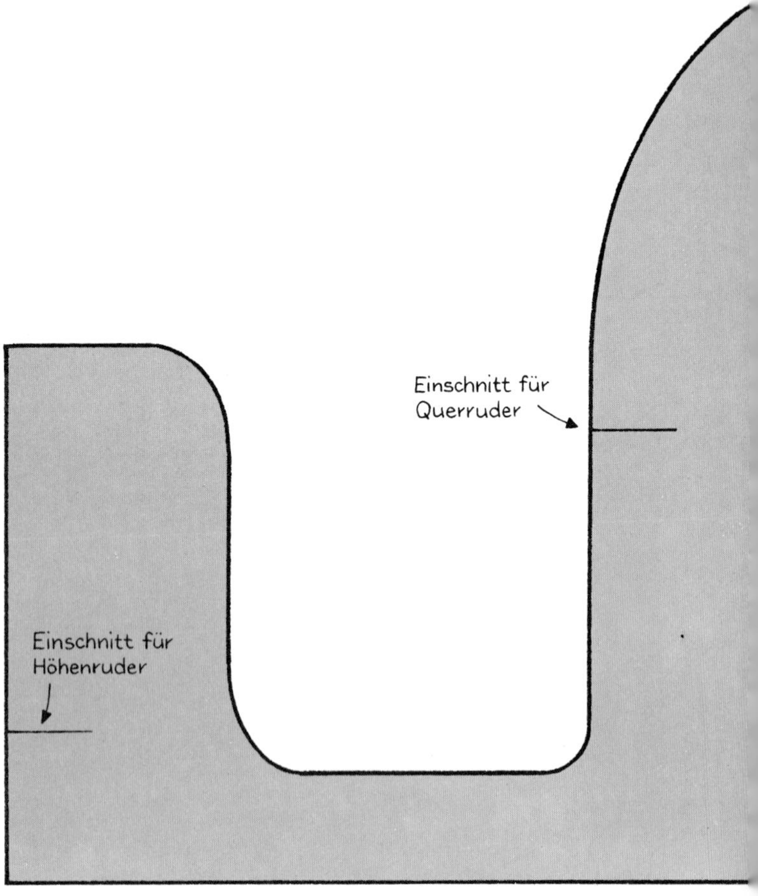

Halte diese Linie genau
an gefaltete Papierkante

Register

Ahornfrucht 12
Archimedes 40, 41, 46
Auftrieb 35
Aufzug 59
Ausgleichstank 54

Ballasttank 54, 55
Ballon 28, 55
Barnaby, R. 28
Bernoulli, D. 32
Bernoulli-Prinzip 32 – 34
Boote 38 – 41, 46, 51
Brunel, I. K. 39

Concorde 27

Delta-Flügel 27
Dichte 44, 45, 49, 55
Drehen (beim Fall) 11, 26, 27

Ei 48, 49
Eis 60
Eisberg 60

Fallschirm 8, 9, 58
Flügel 22, 24, 26, 27, 29, 30 34, 35
Flügelklappe 24
Flugzeuge 26, 27, 32, 34, 35, 58
Frachtschiff 47
Freibordmarke 49

Garnerin, A.-J. u. E. 8, 9
Gewicht 41, 44, 54, 58, 59
Geschwindigkeit 59
Gleiter 20 – 25, 62, 63

Heck 24, 26, 28, 30, 55
Heckflosse 27, 34
Heckklappe 24
Heißluftballon 8, 55
Höhenruder 24 – 27, 30
Hubschrauber 10 – 19, 34
Hydrometer 45

Kreisen 11, 12
Kunstflug 23, 31

Looping 23, 31
Luftblase 53
Luftdruck 11, 18, 21, 32 – 35
Luftstrom 22, 32, 33
Luftwiderstand 7, 35

Moleküle 50, 51

Oberflächenspannung 50, 51

Plimsoll, S. 49

Querruder 24 – 27

Rennboot 51
Rotor 10 – 12, 15 – 19, 34
Ruder 22 – 27, 30, 54
Ruderklappe 22 – 24, 27

Salzwasser 42 – 45, 48, 49
Satellit 59
Schiffe 39, 47, 49, 60
Schotten 47
Schräglage 26, 27
Schwanzklappe 26
Schwerelosigkeit 58, 59
Schwerkraft 6, 7, 9, 35, 58, 59
Schwimmer 42, 43, 45, 50
Seitenflosse 26, 27
Spezifisches Gewicht 44, 49
Steuerflosse 29, 30
Steuern 25 – 27, 54, 55
Steuerruder 26
Sturzflug 23

Tanker 47
Taucher 52, 53
Tiefenruder 55
Tiefgang 49
Tragfläche 34, 35
Triebkraft 59

Unterseeboot 52, 54, 55

Volumen 41

Wasserspiegel 40, 43, 44, 46, 60
Wasserverdrängung 40, 41, 45, 50, 56, 57

Experimente mit

Chemie im Haus

Inhalt

68 So arbeitet ein Chemiker
70 Wie man Versuche macht
74 Säuren, die du zu Hause finden kannst
76 Säuretests
78 Wie man Säuren verschwinden läßt
80 Versuche mit Wasser
84 Wie man Badesalz herstellt
86 Seifentest
88 Das „Seife-frißt-Ei"-Experiment
90 Versuch mit Nahrungsmitteln
94 Was ist ein Gas?
95 So macht man ein Gas
98 Weitere Versuche zur Gasherstellung
100 Wie man Brause macht
102 Chemisches Verwirrspiel
104 Versuche mit Tinte und Farbe
106 So entdeckt man Fälschungen
107 Versuche mit unsichtbarer Tinte
110 So wird Wasser gespalten
112 Was sind Elemente?
114 Gruppierung der Elemente
118 Ein Schlüssel wird verkupfert
120 Geräte für die Versuche
124 Wo gibt es die Chemikalien?
125 Wo gibt es die Gerätschaften?
126 Zubehörliste
128 Register

Autor dieses Teils ist Mary Johnson.

Dieser Teil enthält viele ungefährliche und einfache Versuche. Die dafür nötigen Geräte und Chemikalien kannst du zu Hause finden. Du kannst ein Gas herstellen, Wasser trennen und einen Schlüssel verkupfern; du kannst herausfinden, warum sprudelnde Getränke sprudeln. Es werden auch Versuche mit Süßigkeiten und Waschpulver gezeigt und auch, wie man Badesalz und unsichtbare Tinte herstellt und wie diese funktioniert.

Auf der nächsten Seite gibt es Tips für angehende Chemiker und eine Liste mit nützlichen Dingen für dein Labor. Auf den Seiten 126 – 127 sind alle Ausrüstungsgegenstände aufgeführt, die du für jeden Versuch benötigst.

Bevor du überhaupt mit den Versuchen beginnst, lies die Anleitungen und Sicherheitshinweise auf den Seiten 70 – 73. Wenn du diese sorgfältig befolgst, werden deine Versuche um so erfolgreicher.

So arbeitet ein Chemiker

Alles um uns herum besteht aus Chemikalien. Das Untersuchen der Chemikalien und wie sie sich verhalten, wenn man sie mischt, sie erhitzt, sie abkühlt usw., nennt man Chemie. Die Art, wie sich Chemikalien verhalten, nennt man chemische Reaktionen. Diese ereignen sich ständig: zum Beispiel, wenn man Essen kocht, wenn ein Fahrrad rostet und wenn Kohle brennt.

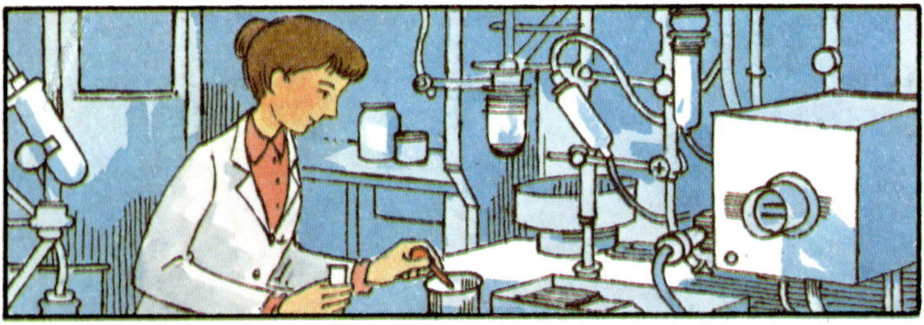

Chemiker machen Versuche, um zu untersuchen, wie Chemikalien reagieren und um mehr über sie zu erfahren. Oft können sie sich schon vor dem Versuch ausrechnen, was passieren wird, weil sie die besonderen Eigenschaften der verschiedenen Chemikalien kennen. Durch die Versuche wollen sie ihre Theorien überprüfen. Sie können neue Stoffe schaffen, wie verschiedene Arten von Plastik und Kunstfasern, und sie können chemische Reaktionen entdecken, die in der Medizin und der Industrie nützlich sind.

Dieses Buch zeigt dir, wie du einfache Versuche durchführen kannst mit Chemikalien wie Zitronensaft, Soda und Salz.

Durch diese Versuche kannst du – wie ein richtiger Chemiker – die Eigenschaften und Reaktionen der Chemikalien herausfinden.

Dein Labor

Zunächst brauchst du eine Arbeitsfläche, auf der du deine Versuche durchführen kannst, und einige Regale oder einen Schrank für deine Ausrüstung. Es ist auch praktisch, ein Waschbecken in der Nähe zu haben. Experimentiere nie in der Nähe von Nahrungsmitteln! Räume deine Chemikalien immer weg, und zwar so, daß kleinere Kinder sie nicht erreichen.

Nützliche Dinge

Marmeladengläser mit Deckel
Flaschen mit Verschluß
Aufklebeschildchen
Bleistift oder Kugelschreiber
Strohhalme
Rolle Küchenpapier
ein altes, stumpfes Messer
ein alter Eßlöffel
Plastikteelöffel
Lineal
Schreibblock
ein Lappen und eine alte Zahnbürste als Reinigungsinstrumente.

Diese Dinge brauchst du in deinem Labor. Die meisten Versuche kann man in Marmeladengläsern machen, aber für einige brauchst du Reagenzgläser. Wo du diese und andere nützliche Dinge kaufen kannst, findest du auf Seite 125. Welche Ausrüstung du selbst machen kannst, wird auf Seite 120 – 123 beschrieben.

Die meisten Chemikalien, die du brauchst, findest du zu Hause. Bewahre kleine Mengen davon in beschrifteten Gläsern auf.

Wo du seltenere Chemikalien und Dinge, die du nicht zu Hause hast, kaufen kannst, findest du auf Seite 124.

Wie man Versuche macht

Auf den nächsten Seiten findest du Hinweise und Anleitungen, die dir helfen sollen, daß deine Versuche gelingen. Vielleicht gelingen deine Experimente trotzdem nicht immer beim ersten Mal. Chemiker müssen manchmal Versuche mehrmals durchführen. Wenn einmal ein Experiment nicht klappt, dann lies die Beschreibungen noch einmal durch und versuche herauszufinden, woran es lag. Beachte die folgenden Punkte:

1 Bevor du einen Versuch beginnst, lies die Anleitungen durch und vergewissere dich, daß du alles Notwendige bereit hast.

2 Deine Ausrüstung muß sauber und trocken sein. Wenn sie naß oder schmutzig ist, kann es sein, daß der Versuch mißlingt.

3 Miß die Mengen der Chemikalien genau ab. Wie man das macht, wird auf der übernächsten Seite beschrieben.

4 Klebe Schildchen auf alle Gläser und Reagenzgläser, damit du weißt, was sie enthalten.

5 Benutze zum Abmessen und Rühren der verschiedenen Chemikalien immer saubere und trockene Löffel.

6 Beobachte genau, was bei einem Experiment passiert. Notiere alle Veränderungen der Farbe, Blasenbildung oder andere Reaktionen.

7 Wenn ein Experiment mißlingt, reinige die Ausrüstung und beginne von neuem. Wenn es auch weiterhin nicht klappt, wiederhole den Versuch mit einer vollständig neuen Ausrüstung.*

** Es mag sein, daß irgend etwas an den Gläsern haftet, das sich nicht abwaschen läßt.*

Das Reinigen deiner Ausrüstung

Wenn du ein Experiment beendet hast*, wasche deine Ausrüstung in warmem Seifenwasser, spüle alles gut nach und trockne es mit einem Küchentuch. Wenn du das nicht immer sofort tust, läßt es sich schwer reinigen.

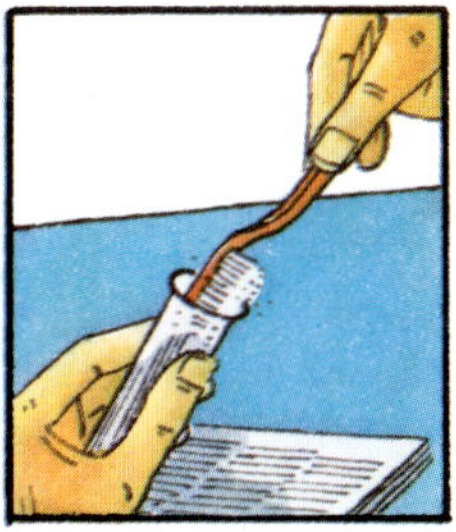

Zum Säubern der Reagenzgläser, vor allem der Ringe im Glas, kannst du eine alte Zahnbürste verwenden.

1 Beschriften

Du solltest die Gläser oder Reagenzgläser mit den Chemikalien, die du für einen Versuch brauchst, immer beschriften. Auch wenn es nur zwei verschiedene sind, vergißt man beim Versuch leicht, welches welches war.

2

Du kannst Schilder aus Papier und Klebstreifen machen oder fertige Klebeschilder kaufen.

3

Beschrifte die Schilder mit Blei- oder Buntstift, damit sie nicht verwischen.

4

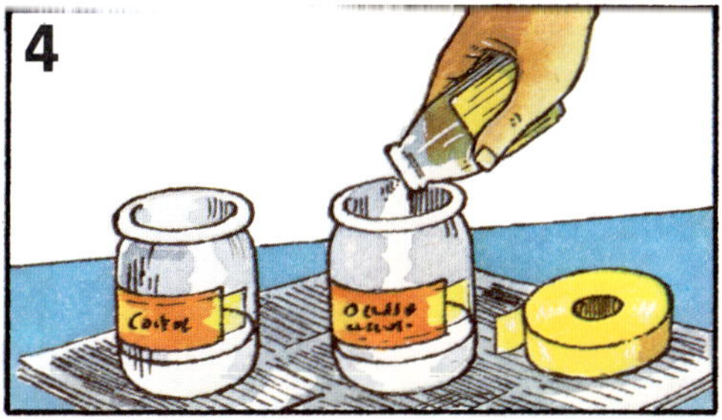

Es ist leichter, die Schilder zu beschriften, bevor du sie aufklebst. Beklebe die Gläser, bevor du die Chemikalien einfüllst, damit du nichts verschüttest.

* *Gieße Chemikalien immer ins Spülbecken oder in die Toilette (siehe auch die „Sicherheitshinweise“ auf Seite 73).*

Abmessen

Es ist sehr wichtig, Chemikalien sorgfältig abzumessen und genau die Mengen zu nehmen, die in der Anleitung angegeben sind; sonst könnte das Experiment mißlingen. Wenn du ein Experiment mit zwei verschiedenen Stoffen machst, um sie zu vergleichen, verwende die gleichen Mengen der Stoffe, damit der Ausgangspunkt der gleiche ist. Hier findest du verschiedene Möglichkeiten, Chemikalien abzumessen.

Für viele Experimente kannst du die Chemikalien in Teelöffeln abmessen. Ein Teelöffel mit einem trockenen Stoff sollte „voll", aber nicht „gehäuft" sein.

Benutze ein Glas, wenn du gleiche Mengen von Flüssigkeiten abmessen willst. Markiere es mit einem Filzstift und fülle es jedes Mal bis zu der Markierung.

Bei einigen Experimenten mußt du die Höhe des Flüssigkeitsspiegels abmessen. Es ist dabei egal, wie breit dein Glas ist.

Auflösen

Um einen Stoff in einer Flüssigkeit aufzulösen, mußt du einige Minuten umrühren; laß ihn eine Weile stehen und rühr noch einmal um.

Wenn sich ein Stoff auflöst, verschwindet er und wird Teil der Flüssigkeit. Es gibt aber auch Stoffe, die sich nie ganz auflösen.

Sicherheitshinweise

Alle Experimente in diesem Buch sind eigentlich sicher, und die meisten der Chemikalien sind ungefährlich. Aber auch ungefährliche Stoffe können gefährlich sein, wenn du sie falsch mischst. Sei also immer sehr vorsichtig und befolge die Anleitungen. Hier sind einige Punkte, die du immer beachten solltest.

Erfinde nie eigene Experimente, und spiele nie mit Chemikalien. Befolge immer genau die Anleitungen.

Beschrifte alle Chemikalien deutlich und bewahre sie auf einem hohen Regal oder in einem verschließbaren Schrank auf, so daß kleine Kinder sie nicht erreichen können. Sei besonders vorsichtig mit Chemikalien, die, wie Kupfersulfat, giftig sind. Schreibe groß „GEFÄHRLICH“ auf das Schild.

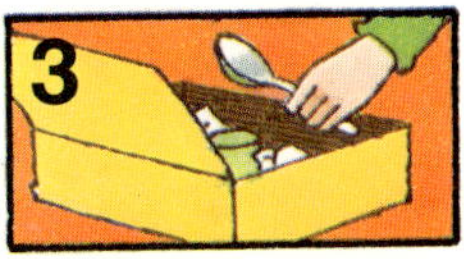

Benutze Ausrüstungsgegenstände wie Messer und Löffel nur für deine Experimente. Wenn du keine alten bekommen kannst, solltest du dir extra für diesen Zweck welche kaufen.

Probiere und iß niemals Chemikalien! Experimentiere nie in der Nähe von Lebensmitteln! Reibe während der Versuche nicht deine Augen und kaue nicht an den Fingernägeln.

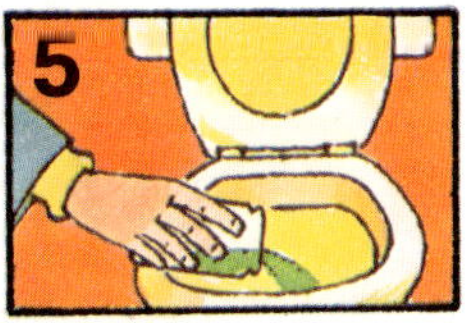

Wenn du ein Experiment beendet hast, spüle die Chemikalien mit viel Wasser im Waschbecken hinunter. Wenn es gefährliche sind, gieße sie in die Toilette. Danach wasche deine Hände.

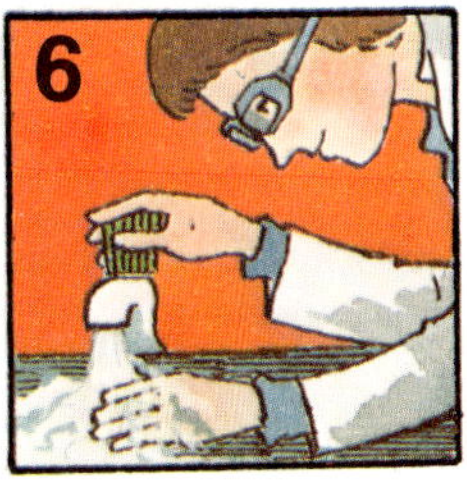

Manchmal tragen Chemiker Schutzbrillen, um zu verhindern, daß Chemikalien in die Augen kommen. Wenn einmal Chemikalien ins Auge oder auf Hände und Kleidung kommen, wasch sie mit reichlich Wasser ab. Wenn doch einmal etwas passiert, suche sofort einen Arzt auf und nenne ihm den Namen der betreffenden Chemikalie.

Säuren, die du zu Hause finden kannst

„Säure“ ist die Bezeichnung für eine Gruppe von Chemikalien mit besonderen gemeinsamen Eigenschaften. Viele Stoffe, die du im Küchenschrank findest, sind Säuren. Einige ihrer Eigenschaften wirst du herausfinden, wenn du die auf den nächsten Seiten beschriebenen Experimente machst.
Welche Stoffe Säuren sind, kannst du mit einer Flüssigkeit testen, die man Indikator nennt.

Wie man einen Indikator herstellt

Aus Rotkohl kannst du einen Indikator herstellen.* Zerkleinere ein Viertel eines Rotkohls.

Gieße soviel kochendes Wasser über die Stücke in einem Topf, daß sie gerade bedeckt sind.

Rühre die Mischung um und laß die Rotkohlstücke mindestens fünfzehn Minuten lang ziehen.

Nun trenne die Flüssigkeit vom Kohl, indem du sie, wie auf der nächsten Seite beschrieben, filterst.

Bewahre die Flüssigkeit in einer verschließbaren Flasche auf und beschrifte sie. Du wirst den Indikator für viele Versuche brauchen.

** Wenn du keinen Rotkohl bekommen kannst, nimm Rosenblätter (keine weißen oder gelben) oder Brombeeren.*

Wie man filtert

1

Filtern bedeutet, eine Flüssigkeit zu sieben, so daß alle festen Bestandteile daraus entfernt werden, auch sehr kleine Teile.

2

Um einen Filter herzustellen, brauchst du ein Stück Küchenpapier und einen Trichter. Falte das Papier zweimal, so wie es auf dem Bild gezeigt ist.

3

Halte drei Ecken des Papiers zusammen und ziehe die vierte weg, wie gezeigt. So wird das Papier kegelförmig und paßt in den Filter.

4

Stecke den Trichter in eine Flasche und gieße die Flüssigkeit in das Papier. Die festen Stücke bleiben im Papier, die reine Flüssigkeit tropft in die Flasche.

Säuretest

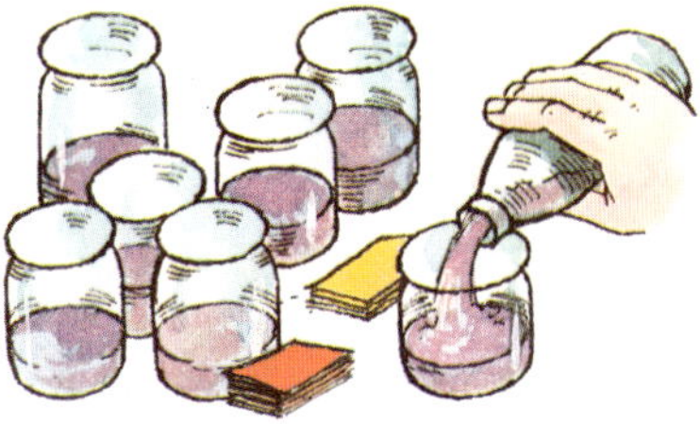

Für den Säuretest gieße etwas Indikatorflüssigkeit in mehrere Gläser und klebe auf jedes ein Schildchen.

Schreibe auf eins der Schildchen „KONTROLLE“. Wie man den Test durchführt, wird auf der nächsten Seite beschrieben.

Säuretests

Nun kannst du den Indikator benutzen, um herauszufinden, wie viele Säuren du zu Hause hast. Hier ist eine Liste mit Dingen, die du testen kannst:

Zitronensaft
Natron
Backpulver
Essig
Cola-Getränk
Bonbon
Spülmittel
Soda
Flüssiger Allesreiniger
Orangensaft
Saure Milch
Verdauungstabletten
Schwarzer Tee
Magnesia

Durchführung des Tests

Gib ein paar Tropfen (oder Stücke) eines jeden Stoffs in je eins der Gläser mit Indikatorflüssigkeit, doch nichts in das „KONTROLL"-Glas. Schreibe den Namen eines jeden Stoffes auf das entsprechende Glas.

Nun vergleiche die Farbe der verschiedenen Flüssigkeiten mit der Farbe des Indikators im „KONTROLL"-Glas. Wenn sich die Flüssigkeit rosa färbt, ist der getestete Stoff eine Säure.

Färbt sich die Flüssigkeit blau oder grün, so gehört der Stoff zur Gruppe der „Basen".* Manchmal kann es ein oder zwei Stunden dauern, bis sich die Farbe ändert.

**Der Indikator aus Blütenblättern wird gelb, der aus Brombeeren blau oder grün.*

Säuren und Basen

Säuren und Basen sind zwei unterschiedliche Gruppen von Chemikalien. Die meisten Säuren sind sauer, wie z. B. Zitronensaft und Essig. Starke Säuren, wie z. B. Schwefelsäure sind ätzend, das heißt sie greifen andere Stoffe an. Auch einige Basen sind ätzend und können genauso gefährlich wie Säuren sein.

Wußtest du, daß das Gift eines Bienenstichs eine Säure, das eines Wespenstichs dagegen eine Base ist?

Es ist hilfreich aufzuschreiben, welche Stoffe Säuren und welche Basen sind. Konntest du Stoffe finden, die weder zu den Säuren noch zu den Basen gehören?

Die „Kontrolle"

Von zwei gleichen Versuchsanordnungen dient eine, an der du den Test nicht ausführst, zur Kontrolle dafür, daß die Ergebnisse auf dem Test selbst und nicht auf der Ausrüstung beruhen.

Wie man Säuren verschwinden läßt

Der folgende Versuch zeigt, was passiert, wenn du Säuren und Basen mischst. Als Säure kannst du Zitronensaft, als Base etwas Natron nehmen. Außerdem brauchst du Rotkohl- oder Brombeerindikator.*

Drücke die Zitrone aus und schütte den Saft in ein mit „Säure“ beschriftetes Glas. Gieße in ein mit „Base“ beschriftetes Glas etwa 2 cm Wasser und rühre zwei Teelöffel Natron ein.

Gieße zur Kontrolle etwas von der Base in ein sauberes Glas und teste sie mit dem Indikator. Sie sollte sich grün oder blau färben.

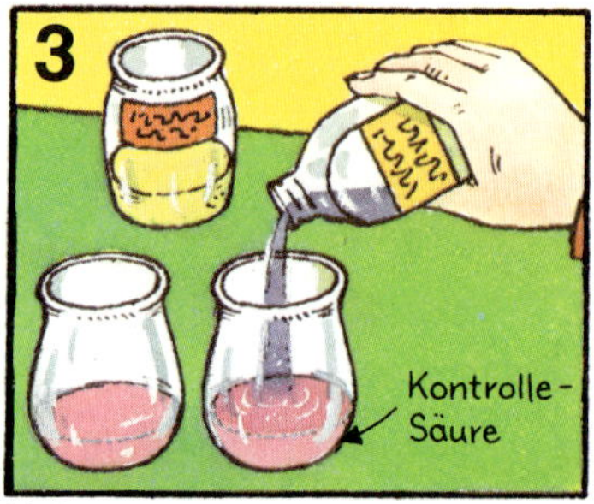

Fülle etwas Säure in zwei Gläser und füge Indikator hinzu, bis beide rosa werden. Stelle eins der Gläser als Kontrolle zur Seite.

Gib in das andere Glas mit Säure und Indikator tropfenweise, am besten mit einem Augentropfer, einige Tropfen von der Base.

Während du die Base hinzugibst, färbt sich die rosa Flüssigkeit purpurrot. Die Flüssigkeit ist also keine Säure mehr.

**Indikator aus Rosenblättern funktioniert bei diesem Versuch nicht.*

Was mit der Säure geschieht

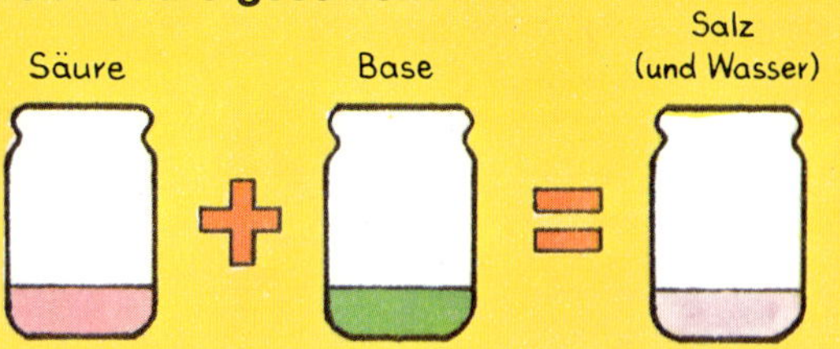

Mischst du eine Säure und eine Base, so wird aus ihnen eine neue Art chemischer Stoff, die man ein „Salz“ nennt. Enthält das Salz zu gleichen Teilen Säure und Base, ist es neutral, das heißt weder Säure noch Base. Deshalb nimmt die Flüssigkeit wieder die gleiche Farbe wie der Indikator an.

Wenn der Versuch nicht gelungen ist

Ist deine Flüssikeit grün geworden, hast du zu viel Base hinzugegeben und ein basisches Salz erhalten. Gib etwas Säure hinzu, um das „Zuviel“ auszugleichen.

Magenverstimmung

Die Ursache für eine Magenverstimmung kann zuviel Magensäure sein. Tabletten und Pulver, die man dagegen einnimmt, sind basisch.

Salze

Es gibt Hunderte verschiedener Arten von Salzen – das Salz, das wir essen, eingeschlossen. Kochsalz ist das Ergebnis einer Reaktion der Base Ätznatron mit Salzsäure. Diese beiden Chemikalien für sich sind sehr gefährlich. Mischt man sie aber, heben sie sich gegenseitig auf.

Versuche mit Wasser

Leitungswasser ist nicht rein – eine Reihe Chemikalien vom Bodengestein sind in ihm gelöst. Mit dem folgenden Versuch kannst du herausfinden, wie sich diese Chemikalien auf das Wasser auswirken. Du brauchst dazu etwas destilliertes Wasser, das von allen Chemikalien befreit ist. Man verwendet es z. B. für Autobatterien. Vielleicht findest du welches zu Hause; du kannst es aber auch in der Apotheke kaufen.

Dann brauchst du drei Deckelgläser, einen Augentropfer* und Seifenflocken, die du von einem Stück Seife abkratzen kannst. Stelle in einem Glas eine Seifenlösung her, indem du einen Eßlöffel mit Seifenflocken in sechs Eßlöffeln warmem Wasser auflöst.

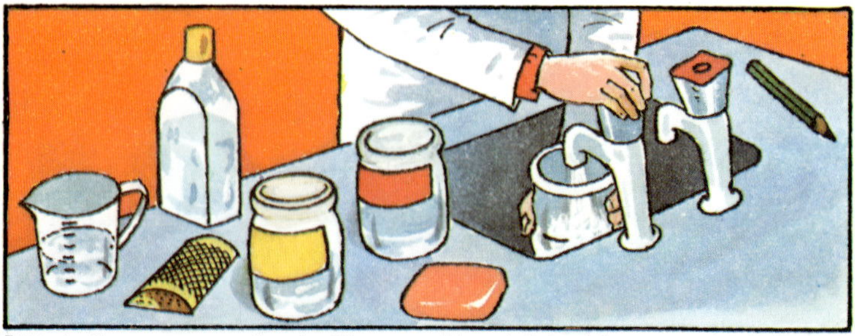

Fülle Leitungswasser in ein Glas und die gleiche Menge destilliertes Wasser in ein anderes. Beschrifte die Gläser.

Um gleiche Mengen zu erhalten, markiere ein drittes Glas, mit dem du das destillierte und das Leitungswasser abmessen kannst.

** Wo du einen Augentropfer kaufen kannst, findest du auf Seite 125.*

Ausführung

Gib mit dem Augentropfer fünf Tropfen von der Seifenlösung in das Glas mit destilliertem Wasser.

Verschließe das Glas, schüttle es und prüfe, ob die Seife schäumt. Wenn nicht, gib noch fünf Tropfen Seifenlösung hinzu und schüttle wieder. Tropfe soviel hinein, bis es schäumt, und notiere dir die Anzahl der Tropfen.

Mach den gleichen Versuch mit Leitungswasser. Zähle, wieviel Tropfen Seifenlösung du brauchst, bis es schäumt.

Wasser, das zum Schäumen eine Menge Seife braucht, nennt man „hartes“, welches, das nur wenig braucht, „weiches“ Wasser.

Was macht Wasser hart?

Bei dem Versuch brauchte das Leitungswasser wohl mehr Seife als das destillierte, weil Seife das Leitungswasser wegen der enthaltenen Chemikalien schwerer zum Schäumen bringt. Die Chemikalien in Leitungswasser sind Kalziumsalze. Gibst du Seife hinzu, reagiert der Kalzium-Anteil der Salze mit der Seife; es entsteht eine Ablagerung. Die Seife schäumt erst, wenn alles Kalzium im Wasser aufgebraucht ist. Auf den nächsten Seiten steht, wie hartes Wasser weich wird.

Wie man hartes Wasser weich macht

Leitungswasser ist in manchen Gegenden viel härter als in anderen, weil es über Felsen gespült wird, die Kalzium enthalten. Der folgende Versuch zeigt, wie du hartes Wasser weich machen kannst. Du brauchst dazu Leitungswasser, Soda und Seifenlösung von dem vorhergehenden Versuch.

Gib die gleiche Menge Leitungswasser wie beim letzten Experiment in ein Glas. Füge einen Teelöffel voll Soda hinzu und rühre, bis alles aufgelöst ist.

Hat das Soda sich aufgelöst, gib ein paar Tropfen Seife* dazu. Schüttle das Glas und prüfe, wieviel Tropfen nötig sind, um Schaum zu erzeugen.

Sicher hast du gesehen, daß das Wasser viel weniger Seife brauchte, um Schaum zu bilden, als bei dem vorigen Versuch. Das Soda hat das Wasser enthärtet.

Erklärung

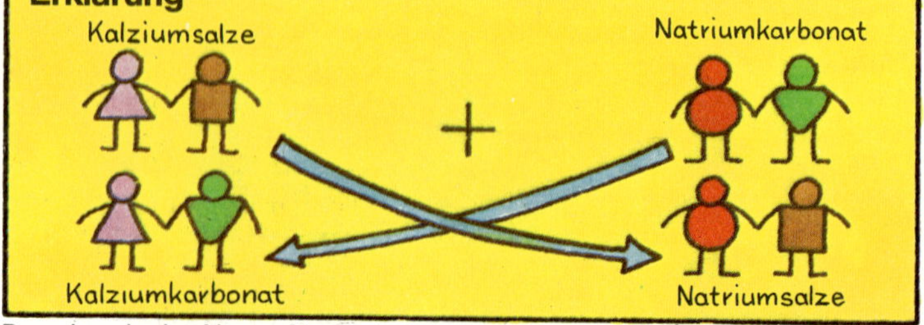

Der chemische Name für Soda ist Natriumkarbonat. Der Anteil an Karbonat in Natriumkarbonat verbindet sich in hartem Wasser mit dem Kalzium. Es entsteht ein neuer Stoff, den man Kalziumkarbonat nennt. Das Kalzium kann nicht länger mit der Seife reagieren. Deshalb schäumt die Seife schneller.

* *Wird deine Seifenlösung fest, gib noch etwas heißes Wasser dazu.*

Noch ein Versucn mit Wasser

Schütte abgekochtes Leitungswasser in ein Glas (die gleiche Menge wie vorher) und laß es abkühlen. Tropfe etwas Seife hinein. Schüttle das Glas und gib weitere Tropfen hinein, bis die Seife schäumt. Braucht abgekochtes Leitungswasser weniger Seife als nicht gekochtes?

Was das Abkochen bewirkt

Wenn abgekochtes Wasser weniger Seife zum Schäumen braucht, handelt es sich um vorübergehend hartes Wasser* Es enthält ein Kalziumsalz, das man Kalziumhydrogenkarbonat nennt. Wenn das Wasser kocht, spaltet sich dieses Kalziumsalz in Kalziumkarbonat und Kohlendioxyd auf. Das Kalziumkarbonat sinkt auf den Boden und verhindert das Schäumen nicht.

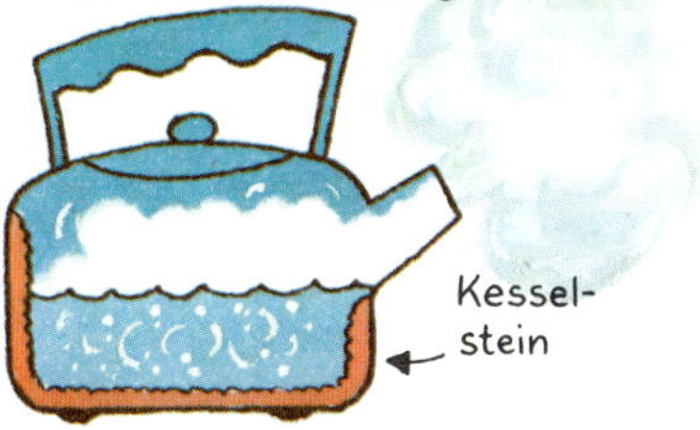

Das Kalziumkarbonat bildet den „Kesselstein“ im Kessel. Das gasförmige Kohlendioxyd entweicht mit dem Dampf.

Tropfsteinhöhlen

Kalkstein besteht aus Kalziumkarbonat. Dieses löst sich in dem Wasser, das über den Kalkstein fließt. Aus Teilchen von Kalziumkarbonat, die zurückbleiben, wenn das Wasser verdampft, bilden sich in den Tropfsteinhöhlen die Säulen, die man Stalaktiten (hängend) und Stalagmiten (stehend) nennt.

* *Wenn Abkochen das harte Wasser nicht verändert, handelt es sich um permanent hartes Wasser.*

Wie man Badesalz herstellt

Durch Badesalz wird das Badewasser weich und seifig, und es gibt keine Seifenränder. In den vorhergehenden Wasserexperimenten wurde gezeigt, wie Wasser durch Soda weich wird. Du kannst daher aus Soda auch Badesalz herstellen.
Neben Soda brauchst du Lebensmittelfarbe, Kölnisch Wasser oder Parfüm, einen Plastikbeutel, eine Nudelrolle, eine Schüssel und ein Glas, in dem du das Badesalz aufbewahren kannst.

Gib fünf Eßlöffel Soda in einen Plastikbeutel. Nimm die klaren Sodastücke und nicht die weißen, pulverartigen, die in der Packung weiter oben sind.

Zerkleinere die Sodastücke, indem du die Nudelrolle über den Beutel rollst.

Schütte das Soda in eine Schüssel und gib 5 Tropfen Parfüm oder Kölnisch Wasser und einige Tropfen Lebensmittelfarbe hinzu.

Versuch

Was passiert, wenn du etwas Badesalz auf einer Untertasse für ein paar Tage an der Luft stehen läßt?

Das Badesalz wird weiß und pulvrig wie die Sodastücke oben in der Packung. Die Sodakristalle enthalten Wasser, das in die Luft entweicht. Dadurch werden die Kristalle weich und pulvrig. Du solltest also immer dein Gefäß mit Badesalz verschlossen halten.

Rühre Lebensmittelfarbe hinein, bis das Soda schön eingefärbt ist. Schütte es in ein Glas, das du verschließt und beschriftest.

Du kannst verschiedenfarbige Badesalze herstellen, sie mischen oder in verschiedene Lagen im Glas aufbewahren.

Seifentest

Auf dieser Seite wird beschrieben, wie Seife wirkt, auf der nächsten, wie du verschiedene Waschpulversorten testen kannst. Es gibt auch Reinigungsmittel, die nicht aus Seife hergestellt werden, die aber in der gleichen Weise wirken.
Für den Test brauchst du verschiedene Waschpulversorten*, einen Lappen, etwas Butter oder Margarine, einige Gläser und eine Küchenwaage.

Schmiere ein Stück Butter auf ein Stückchen Lappen. Lege diesen in ein Glas und gib einen Teelöffel Waschpulver hinzu. Dann gieße vorsichtig etwas warmes Wasser hinein.

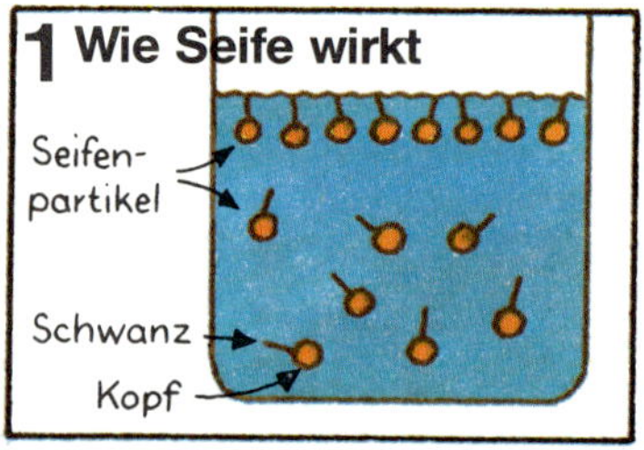

Jedes Seifenpartikelchen besteht aus einem Kopf und einem Schwanz. Der Kopf liebt Wasser, der Schwanz haßt Wasser.

Die Seifenschwänze bohren sich, weil sie das Wasser hassen, in das Fett, während die Köpfe im Wasser bleiben.

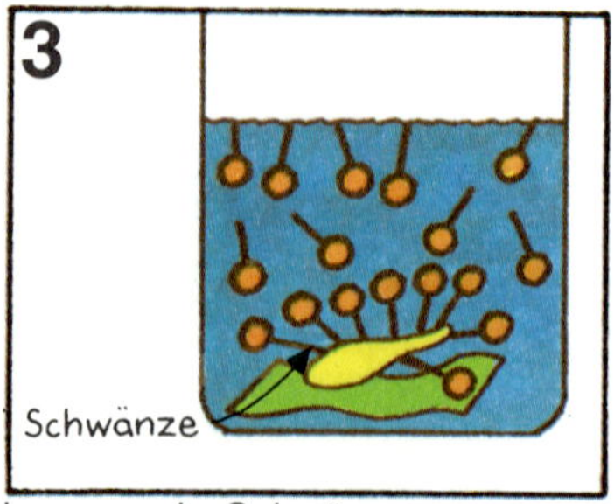

Immer mehr Schwänze versuchen, in das Fett zu dringen. Sie drängen sich zwischen das Fett und das Gewebe des Lappens.

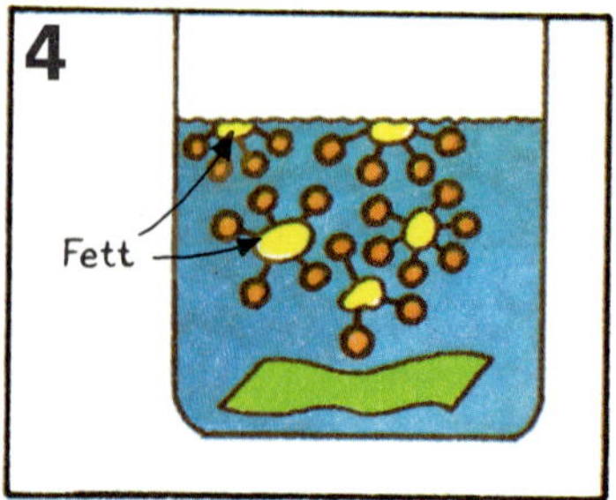

Sie lösen das Fett vom Lappen und spalten es in kleine Klümpchen. Sicherlich konntest du dies beim Seifentest beobachten.

* *Frag nach, ob eure Nachbarn verschiedene Waschpulvermarken haben und dir eine kleine Menge überlassen.*

Welches Waschpulver wäscht am besten?

Die meisten Waschmittelhersteller behaupten, daß ihr Waschmittel weißer und sauberer wäscht als alle anderen. Man kann das wissenschaftlich testen.

Für diesen Test brauchst du verschiedene Sorten Waschpulver, eine Küchenwaage und einen stark verschmutzten, öligen Lappen; z. B. einen Lappen, an dem du eine Fahrradkette abgewischt hast.

Gib je 25 g von jedem Waschpulver in je ein beschriftetes Glas.

Um das Waschpulver aufzulösen, gib in jedes Glas die gleiche Menge heißes Wasser.

Lege in jedes Glas ein Stück von dem öligen Lappen. Rühre jedes 15mal um und laß es über Nacht einweichen.

Spüle jedes Läppchen einzeln und lege es neben das entsprechende Glas. Paß auf, nicht vertauschen!

Nun untersuche die Läppchen: Welches ist am saubersten? Erstelle eine Tabelle, um zu zeigen, welches Waschpulver am besten wäscht und wieviel 25 g von jedem kosten. (Teile den Preis des Paketes durch die Grammzahl, multipliziere mit 25.)

Noch ein Test

Versuche mit Rotkohlindikator herauszufinden, ob die Waschmittel (aufgelöst in heißem Wasser) Säuren oder Basen sind. Basische Waschmittel sind nicht gut für Wollsachen, und säurehaltige Pulver können Nylon angreifen.

Das „Seife-frißt-Ei“ Experiment

Alle bei uns erhältlichen Waschpulver enthalten eine besondere Chemikalie, die Schmutz entfernt, indem sie ihn „auffrißt“. Wie, zeigt dir das Experiment. Früher gebräuchliche Mittel enthielten diese Chemikalie nicht. Da sie nicht mehr zu kaufen sind, nimm Soda, um die unterschiedliche Wirkung zu sehen. Außerdem brauchst du ein Ei.

Koche das Ei hart (etwa 10 Minuten). Laß es abkühlen und pelle es ab.

Gib einen Eßlöffel von jedem Pulver in zwei verschiedene Gläser und beschrifte sie.

Dann gib circa 125 ml (oder 8 Eßlöffel) warmes Wasser in jedes Glas.

Schneide zwei gleichgroße Stücke Eiweiß ab und lege sie in je eins der Gläser. Stelle die Gläser an einen warmen Ort (z. B. neben einen Heizkörper) und warte zwei Tage.

Zwei Tage später

Nimm die Eistücke aus den Gläsern und untersuche sie. Das Ei aus dem Waschpulver sollte kleiner sein als das Stück aus dem Soda.

Erklärung

Die besondere Chemikalie im Waschpulver nennt man „Enzym“. Das Enzym greift die Moleküle des Eis an und zersprengt sie in kleinere Moleküle, die sich im Wasser auflösen. Der Vergleich mit dem Ei im Soda zeigt, daß sich Ei nicht in normalem Seifenwasser auflöst: Das Enzym „frißt“ also das Ei auf.

5

Du kannst z. B. die Gläser einwickeln und neben eine heiße Leitung stellen.

Enzyme in deinem Magen

In deinem Magen hast du eine Menge Enzyme, die deine Nahrung angreifen und zerlegen, genau wie das Waschpulverenzym. Die Enzyme in deinem Magen zerlegen die Nahrung in Moleküle, die sich in deinem Blut auflösen können.

Versuch mit Nahrungsmitteln

Unser Körper braucht viele verschiedene Stoffe, um gesund zu bleiben. Diese werden dem Körper durch die Nahrung, die wir zu uns nehmen, zugeführt. Einer dieser Stoffe heißt Stärke. Mit dem folgenden Versuch kannst du herausfinden, welche Nahrungsmittel Stärke enthalten. Dazu brauchst du einen Augentropfer, ein Glas, Zeitungspapier und eine Chemikalie, genannt Jod*, die, wenn sie mit Stärke vermischt wird, die Farbe ändert.

Gieße etwas Jod in ein Glas und gib zur Verdünnung die gleiche Menge Wasser dazu. Jod gibt Flecken! Achtung, nicht verschütten!

Durchführung

Du kannst jetzt das Jod dazu gebrauchen, um herauszufinden, welches Nahrungsmittel Stärke enthält. Diese Dinge kannst du testen:

Gib ein Stück von jedem Nahrungsmittel auf die Zeitung. Dann gib mit dem Augentropfer einen Tropfen Jod auf jedes und beobachte, was geschieht. Färbt sich das Jod blauschwarz oder dunkelbraun, bedeutet das, daß das Nahrungsmittel Stärke enthält. Notiere dir diese Nahrungsmittel. Haben sie etwas gemeinsam?

** Du erhältst es in Apotheken und Drogerien. Frage nach roter Jodtinktur.*

Welche Nahrungsmittel enthalten Stärke?

Sicher hast du bei dem Versuch herausgefunden, daß nur pflanzliche Stoffe Stärke enthalten.

Pflanzen erzeugen Stärke, und wir nehmen die für uns nötige Stärke auf, wenn wir pflanzliche Nahrungsmittel essen.

1 Spucke-Test

Der folgende Versuch zeigt dir, was passiert, wenn wir Stärke essen. Du brauchst dazu etwas Mehl, Jodlösung und einen großen Becher.

Gib einen Teelöffel Mehl in einen Becher, gieße etwas Wasser zu und rühre alles zu einem Brei. Fülle mit kochendem Wasser auf und rühre um.

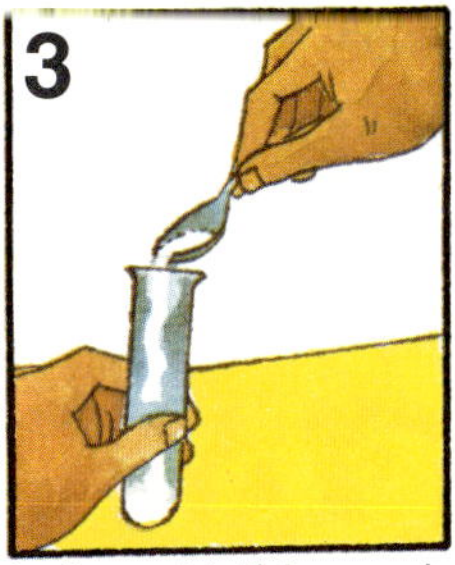

Laß es abkühlen und gib einen Teelöffel von der Mehllösung in ein Reagenzglas.

Gieße einen Tropfen von der Lösung in eine Untertasse oder einen Glasdeckel.

Jetzt teste mit dem Jod, ob die Lösung Stärke enthält.

weiter auf der nächsten Seite ▶

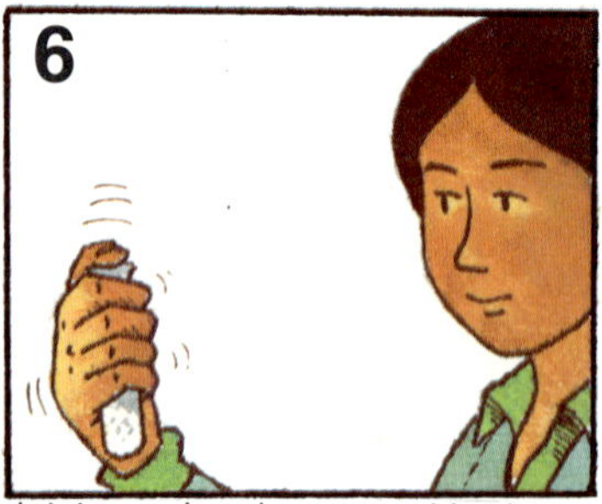

Jetzt spucke ein paarmal in das Reagenzglas. Halte es oben zu und schüttle es, damit sich die Mehllösung mit der Spucke vermischt.

Stelle das Reagenzglas an einen warmen Ort. Entnimm alle 20 Minuten einen Tropfen, teste ihn mit Jod, um zu sehen, welche Farbe das Jod annimmt.

Nach mehreren Stunden wirst du sehen, daß das Jod die Farbe nicht mehr verändert, oder nur sehr gering.

Das zeigt, daß nur noch wenig Stärke in der Lösung ist. Sie ist von der Spucke „aufgefressen“ worden.

Was die Spucke bewirkt

Spucke (eigentlich Speichel genannt) enthält wie das Waschpulver auf Seite 88 – 89 ein Enzym*. Stärkemoleküle sind zu groß, um von unserem Körper aufgenommen zu werden. Das Enzym im Speichel zerlegt sie in kleinere Moleküle. So entsteht ein Stoff, den man Malzzucker nennt. In dem Test wurde die Stärke des Mehls in Malzzucker umgewandelt. Daher verfärbte sich das Jod nicht mehr.

*Es handelt sich nicht um dasselbe Enzym wie im Waschpulver.

Weitere Versuche mit Stärke

Du kannst weißes Papier, Papierkleber und Wäschestärke (in heißem Wasser aufgelöst) mit Jod testen:

Das Jod sollte sich blauschwarz oder braun färben und damit nachweisen, daß diese Dinge Stärke enthalten. Stärke wird aus Pflanzen gewonnen und besonders behandelt. Es entsteht ein Stoff, den man zur Herstellung von Papierkleber, Wäschestärke und Papier gebraucht.

Papier ist oft mit einem Film aus Stärkelösung überzogen, um die Fasern zusammenzuhalten und dem Papier eine glatte Oberfläche zu geben.

Ebenso überzieht Wäschestärke das Gewebe mit einem dünnen Film. Die Wäsche ist „gestärkt" und erhält eine glatte Oberfläche.

Stelle eigenen Klebstoff her

Brauchst du Kleber, weil deiner dir ausgegangen ist, so kannst du aus Mehl und Wasser welchen herstellen. Dieser Kleber eignet sich gut zum Papierkleben. Früher machte man so Tapetenkleister.

Und so wird's gemacht: Verrühre einen Eßlöffel Mehl mit wenigen Tropfen kaltem Wasser zu einem Brei. Dann rühre acht Eßlöffel kochendes Wasser dazu. Bewahre den Kleber nicht zu lange auf; er wird sonst leicht fest.

Was ist ein Gas?

Gase nennt man eine Gruppe luftähnlicher Stoffe. Es gibt eine Menge verschiedener Gase. Die meisten sind unsichtbar, aber einige kann man riechen. Das Gas Schwefelwasserstoff z. B. riecht nach faulen Eiern; man macht Stinkbomben daraus. Atme nie ein Gas ein, denn einige sind tödlich giftig.
Auf den nächsten Seiten wird beschrieben, wie du ein Gas machen, es testen und bestimmen kannst, was es ist.

Luft ist ein Gasgemisch. Es besteht vor allem aus Sauerstoff, den unser Körper zum Leben braucht, und aus Stickstoff.

Du kannst Gas als Luftblasen in einer Flüssigkeit wahrnehmen. Die Blasen in einem Goldfischglas sind das Gas, das der Fisch ausatmet. Die Blasen im Sprudel sind auch ein Gas. Läßt du den Sprudel stehen, entweicht das Gas.

Einige Gase sind leicht brennbar und werden zum Kochen und Heizen gebraucht. Methangas z. B. kommt in der Natur im Gestein unter der Erde vor. Man nennt es auch Erdgas. Andere Gase, die man zum Kochen und Heizen braucht, werden aus Kohle oder Öl hergestellt.

So macht man ein Gas

Aus Soda und Essig kannst du ein Gas herstellen. Versuche es erst einmal, dann stell dir die Ausrüstung zusammen, mit der du das Gas auffangen kannst, damit du herausfindest was für ein Gas es ist. Dieser Test steht auf der nächsten Seite. Du brauchst Soda und Essig, ein Reagenzglas, einen Plastikschlauch* und eine Flüssigkeit, die man Kalklösung nennt. Vielleicht kannst du sie in der Apotheke kaufen oder wie auf Seite 123 beschrieben selber herstellen.

Zur Herstellung des Gases fülle ein kleines Glas 2 cm mit Essig und gib 5 Stücke Soda hinzu. Die Mischung brodelt und sprudelt, während das Gas entweicht.

Schneide 40 cm Plastikschlauch ab und umschließe ein Ende mit Knetmasse.

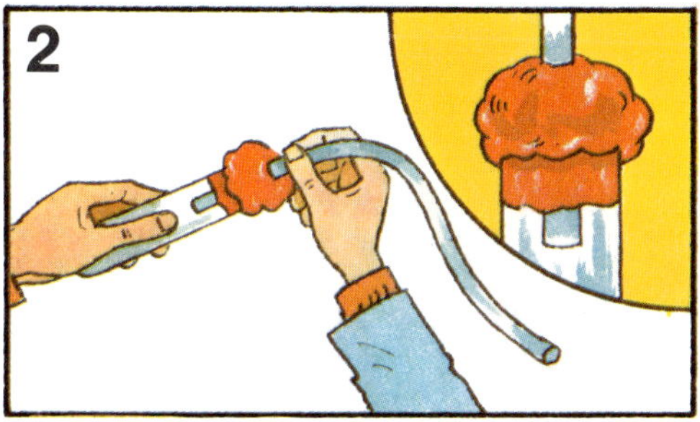

Drücke das Ende mit der Knetmasse in das Reagenzglas. Es sollte fest sitzen wie ein Korken. Ist es zu lose, nimm es wieder heraus und gib mehr Knetmasse dazu.

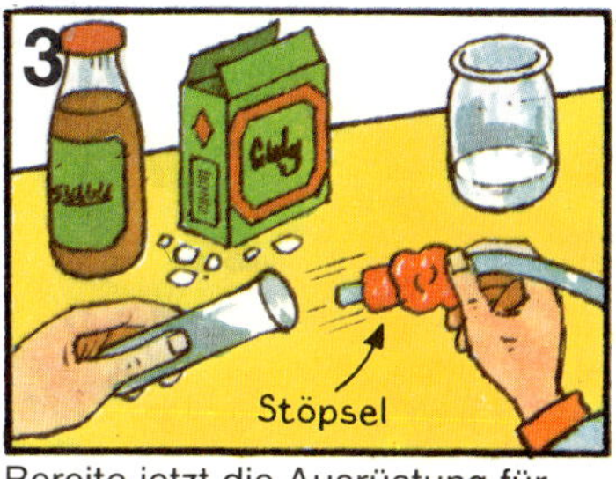

Bereite jetzt die Ausrüstung für den Test auf der nächsten Seite vor. Zieh den Stöpsel wieder heraus und halte Essig und Soda bereit.

Gieße ein bißchen Kalklösung in ein sauberes Glas oder Reagenzglas. Das Glas sollte etwa einen halben Zentimeter hoch gefüllt sein.

** Auf S. 125 steht, wo du einen Plastikschlauch kaufen kannst.*
S. 122: eine andere Möglichkeit für eine Gas-Auffangvorrichtung.

Gastest

Jetzt kannst du mit der beschriebenen Ausrüstung das Gas testen, das du aus Soda und Essig hergestellt hast. Du mußt dich beeilen, sonst entweicht das Gas. Lies also die Anleitungen ganz durch, bevor du anfängst.

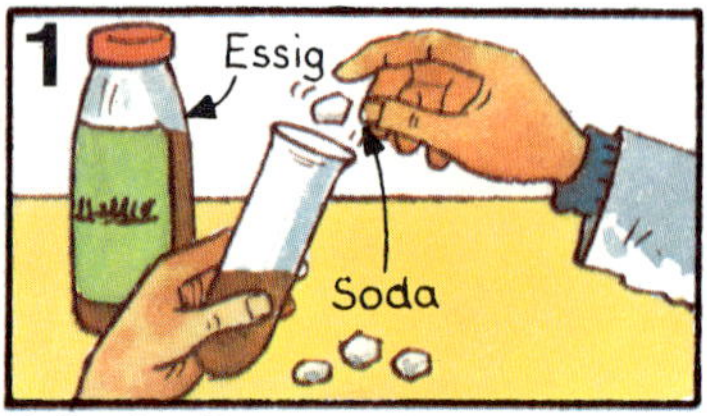

Fülle das Reagenzglas zu einem Drittel mit Essig und gib vier oder fünf Stücke Soda hinzu.

Dann drücke, so schnell du kannst, den Knetmassestöpsel in das Reagenzglas und halte das andere Ende in die Kalklösung.

Das Gas sprudelt aus dem Schlauch in die Kalklösung. Wenn nichts passiert, ist der Stöpsel nicht dicht.

4

Die Mischung stellt noch etwa 2 Minuten lang Gas her. Betrachte die Kalklösung genau. Sowie das Gas hineinsprudelt, wird die Kalklösung trübe.

Was der Test zeigt

Kalklösung wird trübe, wenn das Gas Kohlendioxyd hineingeleitet wird. Das Gas, bestehend aus Essig und Soda, muß also Kohlendioxyd sein. Was bei dieser chemischen Reaktion passiert, wird auf der nächsten Seite erklärt.

Wenn deine Kalklösung nicht trübe wurde, schüttle sie. Wenn es immer noch nicht funktioniert, prüfe, ob es die richtige Sorte ist, wie auf Seite 123 gezeigt.

Teste noch ein Gas

Mit diesem Test kannst du auch deinen Atem untersuchen. Tauche ein Ende eines Strohhalms in etwas frische Kalklösung. Blase zwei oder drei Minuten lang hinein. Was passiert mit der Kalklösung? Was sagt dir dies über deinen Atem?

Weitere Versuche zur Gasherstellung

Hier sind noch einige Dinge, die du mischen kannst, um Gas herzustellen. Nimm irgend etwas von Liste A und mische es mit etwas von Liste B. Leite jedesmal das Gas in die Kalklösung (siehe S. 97), um zu sehen, ob es Kohlendioxyd ist.

A

Essig
Saft einer Zitrone
Saft einer halben Pampelmuse
Cola-Getränk (laß es 10 Minuten stehen)
Saure Milch

B

Natron
Kalkstein oder Kreide aus dem Boden (keine Tafelkreide)
Eierschale (kleingehackt)
Soda

Wie das Gas entsteht

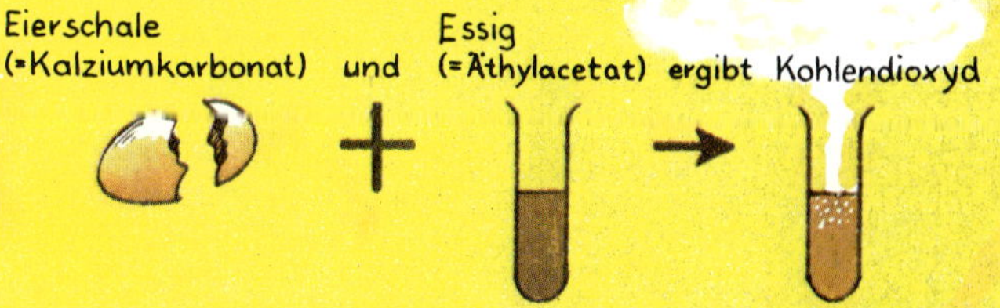

Egal was du von Liste A und B mischst, die Kalklösung wird immer trübe. Alle Dinge von Liste A sind nämlich Säuren und alle von Liste B sind Stoffe, die man Karbonate nennt. Wenn du eine Säure mit einem Karbonat mischst, reagieren sie und bilden Kohlendioxyd.

Eierschalen z. B. bestehen hauptsächlich aus Kalziumkarbonat, und Essig ist Essigsäure. Alle Karbonate enthalten Kohlenstoff und Sauerstoff. Wenn du ein Karbonat mit einer Säure mischst, entweichen Kohlenstoff und Sauerstoff zusammen in Form von Kohlendioxyd.

Mehr über Kohlendioxyd

Kohlendioxyd ist eins der Gase, die in der Luft enthalten sind. Auch unser Atem enthält, wie der Test auf Seite 97 zeigt, Kohlendioxyd. Der Anteil an Kohlendioxyd in der Luft ist allerdings sehr gering (etwa 0,03%). Pflanzen nehmen Kohlendioxyd durch ihre Blätter auf und benutzen es zur Produktion von Nahrung. Sie geben Sauerstoff ab und helfen dadurch, den Sauerstoffvorrat in der Luft aufrecht zu erhalten. Außerdem verbrauchen sie Kohlendioxyd.

Trockeneis

Aus Kohlendioxyd kann man Trockeneis herstellen. Es ist viel kälter als normales Eis und wird in den Fabriken gebraucht, die Tiefkühlkost herstellen.

Im Theater wird Rauch gewöhnlich aus Trockeneis hergestellt. Wenn man Trockeneis in kochendes Wasser legt, entweicht das Kohlendioxyd und erzeugt Nebel.

Feuerlöscher

Kohlendioxyd wird auch zur Feuerbekämpfung gebraucht; viele Feuerlöscher enthalten komprimiertes Kohlendioxyd. Ein Feuer benötigt Sauerstoff. Wenn Kohlendioxyd auf das Feuer gesprüht wird, drückt es den Sauerstoff weg und erstickt dadurch die Flammen.

Wie man Brause macht

Die Bläschen in sprudelnden Getränken sind Kohlendioxyd. Du kannst das überprüfen, indem du eine Gas-Auffangvorrichtung an einer Sprudelflasche anbringst und den Test wie auf Seite 96 durchführst.
Mit einem besonderen Pulver aus Natron, Zitronensäurekristallen und Puderzucker kannst du Getränke zum Sprudeln bringen. Benutze diesmal kein chemisches, sondern Küchenzubehör.

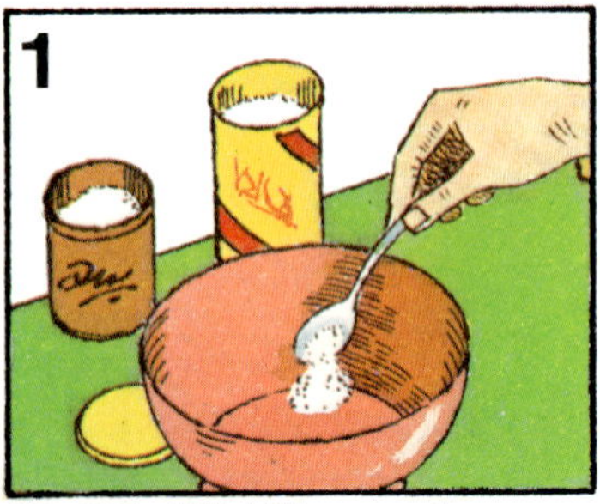

Gib 6 Teelöffel Zitronensäurekristalle und drei Teelöffel Natron in eine Schüssel.

Dann zermahle mit der Rückseite des Löffels die beiden Stoffe an der Innenseite der Schüssel zu einem feinen Pulver.

Rühre 2 Eßlöffel Puderzucker hinein. Schütte die Mischung in ein sauberes, trockenes Glas mit Schraubdeckel.

Um ein sprudelndes Getränk herzustellen, gib 2 Teelöffel Pulver in ein Glas und fülle mit Orangen- oder Zitronensaft auf.*

** Wenn das Getränk zu sauer ist, gib etwas mehr Puderzucker in dein Sprudelpulver.*

So funktioniert es

In dem Getränk lösen sich die Zitronensäurekristalle auf und ergeben Zitronensäure. Diese reagiert mit dem Karbonat in dem Natron*, und es entsteht Kohlendioxyd. Das Gas sprudelt in Form von Bläschen im Getränk. Wenn die Reaktion abgeschlossen ist, gibt es kein Kohlendioxyd mehr, und das Getränk hört auf zu sprudeln. Der Zucker soll nur den sauren Geschmack der Zitronensäure und des Natron ausgleichen.

Brausepulver

Aus denselben Zutaten kannst du auch Brausepulver herstellen. Zermahle 6 Teelöffel Zitronensäurekristalle und 3 Teelöffel Natron wie vorher und rühre 4 Teelöffel Puderzucker hinein. Bewahre das Brausepulver in einem Glas mit Schraubdeckel auf.

Wenn du an dem Brausepulver leckst, lösen sich die Zitronensäurekristalle auf, reagieren mit dem Natron und ergeben Kohlendioxyd. Das Prickeln auf deiner Zunge sind die Gasbläschen.

** Der chemische Name für Natron ist Natriumhydrogenkarbonat.*

Chemisches Verwirrspiel

Dieses Rätsel kannst du mit Hilfe von chemischen Versuchen lösen. Du brauchst etwas Mehl, Salz, Puderzucker, Weinstein und Natron.

Kuno, der Koch, ist ratlos. Er hat die Backzutaten Mehl, Puderzucker, Natron, Weinstein und Salz in Gefäße getan und vergessen, sie zu beschriften. Jetzt braucht er die Hilfe eines Chemikers, der ihm sagt, was in welchem Glas ist.

Lösung

Hinweis

1. Weinstein ist sauer.
2. Mehl und Zucker sind neutral.
3. Nur Mehl ist nicht löslich.
4. Tafelsalz* und Natron sind alkalisch.
5. Natron ist ein kohlensaures Salz. Mischt man es mit einer Säure, erhält man Kohlensäure.

Die Hinweise nennen die chemischen Eigenschaften der Backzutaten. Um herauszufinden, welches Pulver sauer ist, welches sich auflöst usw., führe die Tests auf der nächsten Seite durch.

Um das Pulver zu bestimmen, vergleiche das Ergebnis der Versuche mit den Hinweisen. So muß das neutrale und unlösliche Pulver Mehl sein. Vergleiche deine Ergebnisse mit den Antworten auf Seite 125.

Salz ist eigentlich neutral, aber Tafelsalz enthält einen Stoff, der es alkalisch macht.

Versuche

1. Stelle mit Hilfe des Indikator-Tests auf Seite 76 fest, ob die Pulver sauer, basisch oder neutral sind.
2. Gieße zu jedem Pulver warmes Wasser, verrühre es und kontrolliere nach ein paar Minuten, ob es sich auflöst.
3. Mische jedes Pulver mit einer Säure, z. B. Essig und mache den Gas-Test auf Seite 96, um festzustellen, ob sich Kohlensäure bildet.

Bitte jemanden, zwei Teelöffel* von jeder Zutat in ein unbeschriftetes Glas zu tun, während du wegschaust.

Schreibe A, B, C, D, E auf die Gläser. Dann schreibe auf fünf Reagenzgläser (oder fünf andere Gläser) A – E. Teste Pulver A in Glas A.

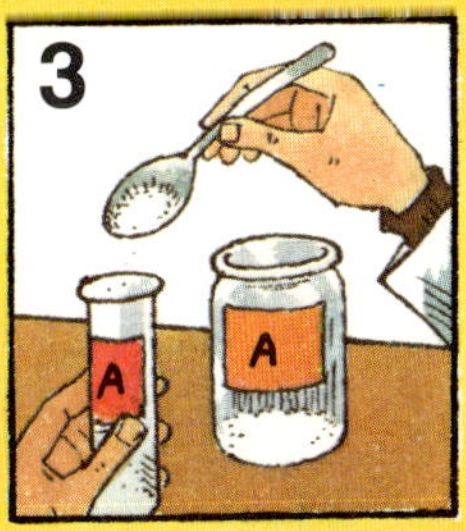

Benutze für jeden Versuch nur wenig Pulver. Spüle die Reagenzgläser nach jedem Versuch aus.

Trage jedes Testergebnis auf einer Tabelle ein. Wenn du alle Versuche gemacht hast, kennst du die chemischen Eigenschaften von jedem Pulver. Vergleiche die Eigenschaften mit den Hinweisen auf Seite 125.

**Nimm für jedes Pulver einen sauberen Teelöffel.*

Versuche mit Tinte und Farbe

Farbtinten werden aus Chemiefarben hergestellt. Um alle Farben zu bekommen, werden verschiedenfarbige Chemikalien vermischt, wie man auch Farben mischt. Im folgenden Versuch kannst du die Chemikalien in Filzstiften oder Süßigkeiten trennen, so daß du die verschiedenen Farben erkennen kannst.

Tintenklecks-Test

Für diesen Versuch brauchst du Löschpapier, Filzstifte und ein Glas, das bis zu zwei Zentimetern mit Wasser gefüllt ist. Schneide das Löschpapier in Streifen, so daß sie gerade ins Glas passen. Mache fünf Zentimeter vom unteren Rand Tintenkleckse auf das Papier. Stell das Papier mit den Tintenklecksen ins Wasser, dann warte fünf Minuten. Während das Papier das Wasser aufsaugt, lösen sich die Kleckse in die gefärbten Chemikalien auf, aus denen sie bestehen.

Lösung

Während das Wasser auf dem Löschpapier steigt, löst es die Chemikalien und trägt sie nach oben. Einige Chemikalien werden vom Papier leichter aufgenommen als andere. Während sich die Chemikalien lösen, kannst du die verschiedenen Farben sehen. Rot und Gelb sind aus der gleichen Chemikalie gemacht, also trennen sie sich nicht.

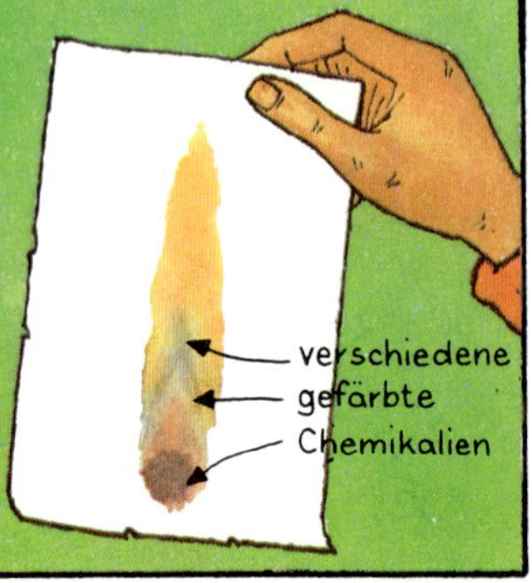

Versuch mit Lebensmittelfarben

Den gleichen Test kannst du mit Süßigkeiten machen, die einen bunten Zuckerüberzug haben (z. B. „Smarties"). Mit den schwarzen und braunen Süßigkeiten geht es am besten.

Lege drei Smarties von gleicher Farbe auf einen Teller; gieße drei oder vier Tropfen Wasser darüber.

Wende die Smarties so lange im Wasser, bis sich die Farben darin auflösen.

Tauche das Ende eines langen, schmalen Löschpapierstreifens in das gefärbte Wasser.

Laß das Papier fünf Minuten im Wasser liegen und beobachte, was geschieht. Mach den Versuch mit andersfarbigen Smarties.

Lösung

Die gefärbten Chemikalien in den Smarties werden vom Löschpapier genauso aufgenommen wie die in der Tinte. Da sie mit verschiedener Geschwindigkeit absorbiert werden, trennen sich die Chemikalien, und du kannst die verschiedenen Farben sehen. Man nennt das Verfahren „Chromatographie". Dafür ein weiteres Beispiel auf der nächsten Seite.

So entdeckt man Fälschungen

Der Schwindler auf dem Bild fälscht die Zahlen auf einem Vertrag. Er ändert die Summe von 60 auf 60 000, indem er Nullen hinzusetzt. Mit einem Chromatographie-Test* kannst du nachweisen, daß die Nullen mit einem anderen Stift gezeichnet wurden.
Im folgenden Versuch wird gezeigt, wie das funktioniert. Du brauchst zwei verschiedene Filzstifte, Löschpapier und ein Glas, das 2 Zentimeter hoch mit Wasser gefüllt ist.

1

Schneide einen Streifen Löschpapier, so daß er gerade ins Glas paßt.

2

Schreibe mit einem Filzstift „60“ fünf Zentimeter vom unteren Rand.

3

Schreibe drei Nullen mit dem anderen Stift.

4

Stell das Löschpapier ins Glas und paß auf, was geschieht.

5

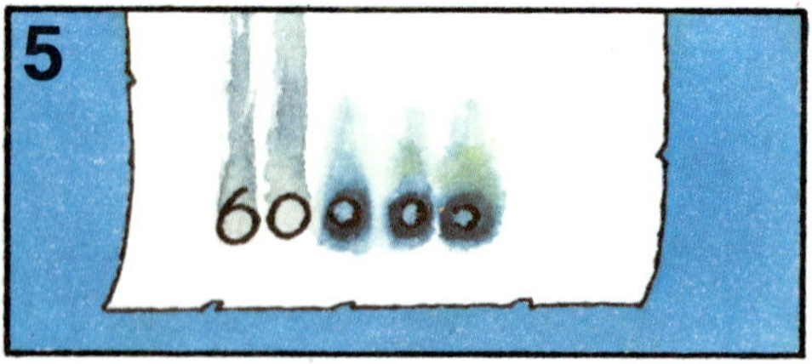

Die Tinte der beiden Filzstifte löst sich in die unterschiedlichen Bestandteile auf, aus denen sie besteht. Andere Hersteller benutzen andere Chemikalien, und das Farbmuster der beiden Stifte ist nicht das gleiche. Du erkennst, daß die Nullen mit einem anderen Stift geschrieben wurden.

Auf Seite 105 steht, was Chromatographie ist.

Versuche mit unsichtbarer Tinte

Unsichtbare Tinte wird aus farblosen Chemikalien hergestellt, die bei Verbrennung oder Behandlung mit anderen Chemikalien reagieren und sichtbar werden.
Auf den nächsten Seiten wird beschrieben, wie man unsichtbare Tinte macht. Die Zitronensaft-Tinte auf dieser Seite ist einfacher herzustellen als die, die du im nächsten Versuch machen kannst. Beginne mit dem Zitronensaft!

1 Zitronensaft-Tinte

Für diese Tinte brauchst du Zitronensaft, Papier und einen Pinsel zum Schreiben.

2

Schreibe eine Botschaft mit Zitronensaft. Tauche den Pinsel nach jedem Buchstaben in den Saft. Laß es eine Stunde trocknen, bis die Tinte unsichtbar ist

3

Um den Text sichtbar zu machen, lege ihn mit der Oberfläche nach unten auf ein Backblech. Erhitze den Ofen auf 175 Grad Celsius. Laß das Papier 10 Minuten darin.

4

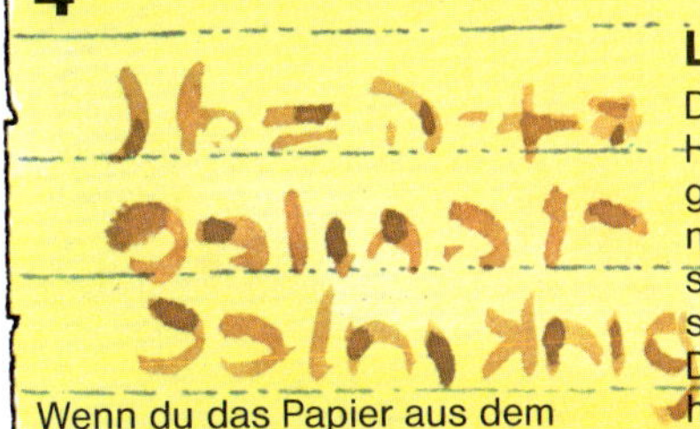

Wenn du das Papier aus dem Ofen nimmst, wird die Schrift lesbar sein. Vergiß nicht, den Ofen auszustellen.

Lösung

Der Zitronensaft verbrennt in der Hitze, aber der Ofen ist nicht heiß genug, um das Papier zu verbrennen. Verbrennen ist eine chemische Reaktion, die den Zitronensaft verändert und braun macht. Die Buchstaben erscheinen daher als braune Zeichen des verbrannten Zitronensaftes.

Noch eine unsichtbare Tinte

Diese besondere Chemikalie wird rosa, wenn sie in einer Lauge „entwickelt“ wird. Möglicherweise klappt der Versuch beim ersten Mal nicht, denn er ist sehr schwierig. Du mußt es also mehrmals versuchen.

Die Chemikalie für diese Tinte heißt Phenolphthalein. Es ist in verschiedenen Abführpillen enthalten, die du in Apotheken kaufen kannst. Sieh auf der Verpackung nach, ob die Chemikalie in den Pillen enthalten ist. Außerdem brauchst du Soda und einen Pinsel.

Du brauchst fünf oder sechs Pillen. Sind sie gefärbt, kratze den Zuckerguß mit einem Messer ab.

Zerstoße die Pillen in einem Glas mit der Rückseite eines Löffels zu feinem Pulver.

Fülle das Glas 3 Zentimeter hoch mit warmem Wasser und verrühre das Pulver.

Schreibe eine Botschaft mit dem Pinsel. Laß es trocknen.

Zum Ausprobieren

Schreibe einen anderen Brief auf das Papier, um die geheime Botschaft zu verbergen. Benutze einen Kugelschreiber; die Tinte verläuft nicht beim Entwickeln der unsichtbaren Botschaft.

Wußtest du das?

Früher machten Kriegsgefangene unsichtbare Tinte aus Schweiß und Speichel. Wie Zitronensaft werden sie sichtbar, wenn man die Schrift erhitzt.

So wird die Tinte sichtbar

Verrühre vier Teelöffel Soda solange in heißem Wasser, bis es sich aufgelöst hat.

Gieße zwei Teelöffel warmes Wasser auf einen Teller. Leg das Papier mit der Botschaft auf den Teller, damit das Papier das Wasser aufnimmt.

Sprenkle mit einem Teelöffel vorsichtig einige Tropfen Lauge auf das Papier. Jeder Tropfen sollte sich weit verteilen. Du wirst das üben müssen, ehe es klappt.

Wenn du die Lauge hinzufügst, wird die Botschaft hellrosa erscheinen. Die Buchstaben halten jedoch nicht lange, weil die Farbe in der Lauge verläuft.

Lösung

Phenolphthalein ist ein Indikator wie das Rotkohlwasser, das du in den Tests mit Säuren und Basen benutzt hast. Wenn du Phenolphthalein mit einer Base wie Soda mischst, wird es rosa.

So wird Wasser gespalten

Wasser besteht aus zwei verbundenen Chemikalien: Sauerstoff und Wasserstoff. In diesem Versuch kannst du Wasser in Sauerstoff und Wasserstoff mit dem elektrischen Strom einer Batterie aufteilen.
Sauerstoff und Wasserstoff gehören zu einer Gruppe von Chemikalien, die man „Elemente" nennt. Alle Stoffe bestehen aus Elementen. Auf den Seiten 112–114 kannst du mehr über Elemente erfahren.

Du brauchst zwei an beiden Enden angespitzte Bleistifte, eine 9-Volt-Batterie, einen 15-Ampère-Sicherungsdraht, ein Wasserglas, Schere, Papier und Klebeband.

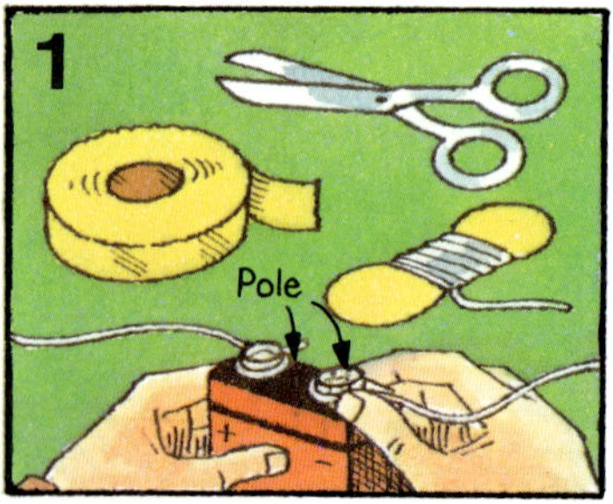

Befestige zwei etwa 20 cm lange Sicherungsdrähte mit Klebeband an den Metallpolen einer Batterie.

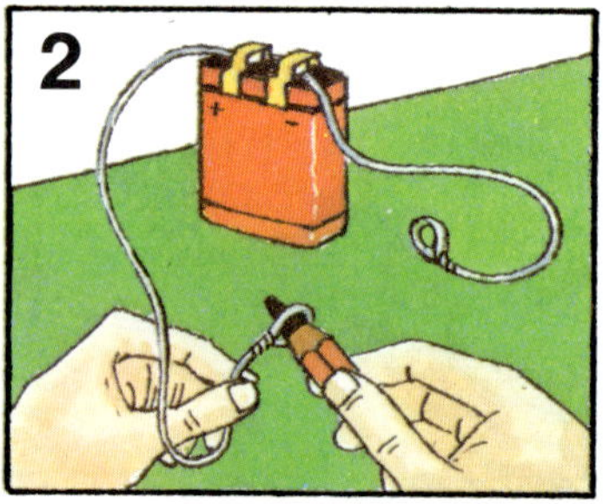

Mach am anderen Ende der Drähte eine Schlinge, die so groß ist, daß gerade eine Bleistiftspitze hineinpaßt.

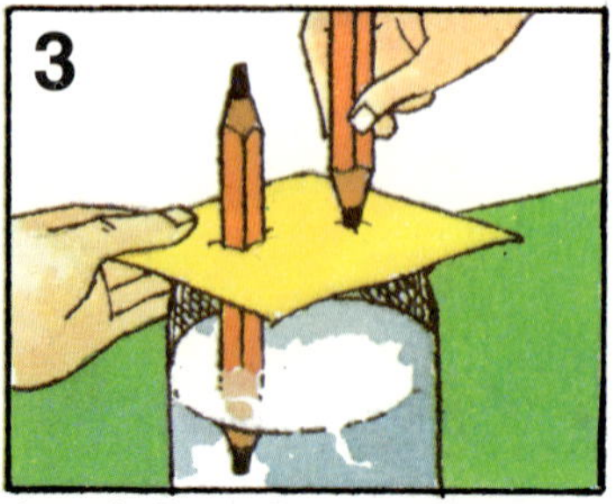

Leg ein Stück Papier über das Glas. Stoße die Bleistifte hindurch, bis sie mit den Spitzen ins Wasser tauchen.

Leg die Drahtschlingen über die Bleistiftspitzen. Beobachte die Bleistiftspitzen im Wasser und paß auf, was geschieht.

Was passiert?

Wenn du die Batterie mit den Bleistiftspitzen verbindest, fließt der elektrische Strom durch den Draht, die Bleistiftspitzen und das Wasser.

Während der Strom fließt, bilden sich Blasen um die Bleistiftspitzen. Das sind Sauerstoff- und Wasserstoffblasen. An den Polen der Batterie kannst du erkennen, welches die Sauerstoff- und welches die Wasserstoffblasen sind. Der Sauerstoff sammelt sich um die Bleistiftspitze, die mit dem Pluspol (mit „+“ gekennzeichnet) verbunden ist. Der Wasserstoff sammelt sich um die mit dem Minuspol („–“) verbundene Bleistiftspitze. An welcher Spitze sind die meisten Blasen?

Lösung

Alle Stoffe bestehen aus winzigen Teilchen, die man Atome nennt. Die Atome sind zu Gruppen miteinander verbunden, die Moleküle heißen. Jedes Wassermolekül enthält zwei Wasserstoffatome und ein Sauerstoffatom.

Der elektrische Strom teilt die Wassermoleküle in Wasserstoff- und Sauerstoffatome. Es bilden sich mehr Wasserstoffatome, weil im Wasser zweimal soviel Wasserstoffatome wie Sauerstoffatome enthalten sind.

Was sind Elemente?

Elemente sind die Chemikalien, aus denen alle Stoffe bestehen. Es gibt nur etwa 100 Elemente. Die Millionen Stoffe auf der Erde bestehen aus verschiedenen Zusammensetzungen von Elementen.
Ein Stoff, der aus verschiedenen Elementen zusammengesetzt ist, heißt Verbindung. Wasser ist z. B. eine Verbindung. Im vorigen Versuch hast du Wasser in seine Elemente Wasserstoff und Sauerstoff gespalten.

Manche Elemente sind bekannte Stoffe wie Gold, Silber, Sauerstoff und Kohlenstoff. Es gibt auch seltene Chemikalien, die man kaum jemals sieht.

Die meisten Dinge auf diesem Bild, auch der menschliche Körper, bestehen aus Verbindungen von nur sechs verschiedenen Elementen. Fast alle Stoffe im menschlichen Körper sind verschiedene Verbindungen der Elemente Sauerstoff, Kohlenstoff, Stickstoff, Wasserstoff, Kalzium und Phosphor. Haare, Haut, Muskeln, Wolle und Leder bestehen alle aus nur vier Elementen: Sauerstoff, Wasserstoff, Kohlenstoff und Stickstoff.

Was die Chemiker des Altertums dachten

Die alten Griechen glaubten, es gäbe nur vier Elemente: Erde, Luft, Feuer und Wasser, und daß alles auf der Erde aus diesen vier Dingen bestünde.

Im Mittelalter glaubten die Alchemisten, sie könnten gewöhnliche Metalle in Gold verwandeln mit einem Stoff, den sie den „Stein der Weisen" nannten. Bei Versuchen, diesen Stein herzustellen, entdeckten sie eine Menge über die Zusammensetzung verschiedener Stoffe. Sie hielten Schwefel, Quecksilber und Salz für die einzigen drei Elemente und schrieben „Rezepte" für den Stein, wobei sie Symbole für die Elemente und Metalle benutzten, die im Bild oben abgebildet sind.

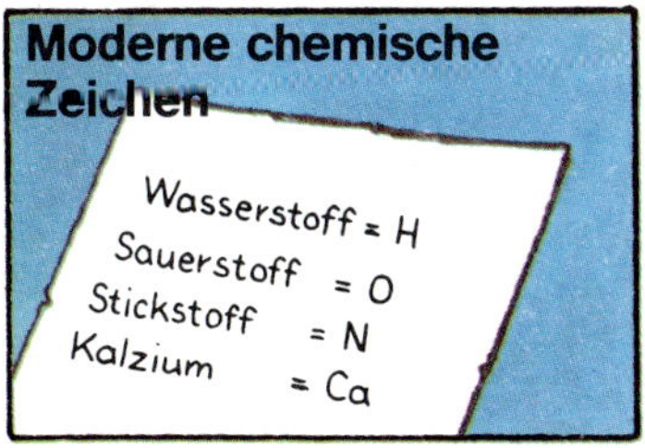

Chemiker benutzen noch immer Symbole zur Bezeichnung der Elemente. Überall in der Welt verwenden sie die gleichen Symbole.

Zusammengesetzte Stoffe werden durch die Symbole der Elemente dargestellt, die sie enthalten. Wasser ist also H_2O. Die zweite Zeichnung zeigt, daß in jedem Wassermolekül zwei Wasserstoffatome enthalten sind.

Gruppierung der Elemente

Elemente können in zwei Gruppen aufgeteilt werden: Metalle wie Gold, Eisen und Zinn und Nicht-Metalle wie Wasserstoff, Sauerstoff und Schwefel. Die Metall-Elemente haben gewisse Eigenschaften gemeinsam. Wenn man sie poliert, glänzen sie; sie leiten Elektrizität (d. h. Elektrizität kann durch sie hindurchfließen), und sie sind gute Wärmeleiter. Das macht sie für viele Verwendungszwecke nützlich, wie in diesen Bildern zu sehen ist.

Die glänzende Oberfläche von Spiegeln besteht aus einer dünnen Silberschicht auf der Rückseite einer Scheibe.

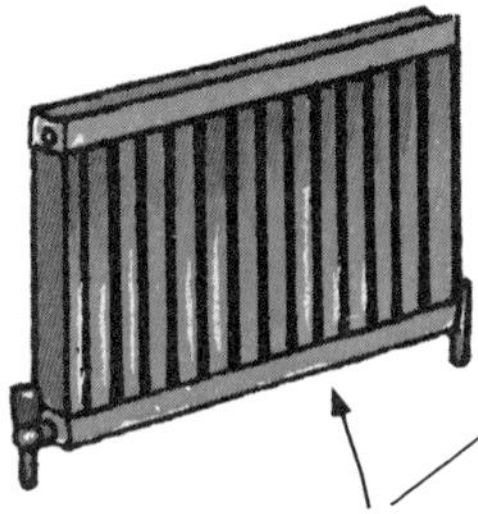

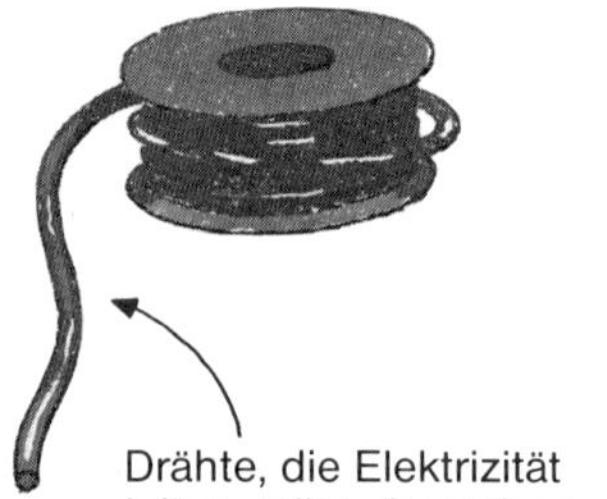

Heizkörper und Pfannen müssen Wärme leiten; deshalb sind sie aus Metall gemacht.

Drähte, die Elektrizität leiten sollen, bestehen normalerweise aus Kupfer in einer Plastikhülle, die keine Elektrizität leitet.

Testversuche mit Metallen

Normalerweise kann man metallische Stoffe erkennen, doch bei manchen ist das nicht so leicht. Chemiker bestimmen Metalle durch Versuche, um zu prüfen, ob sie Wärme und Elektrizität leiten. Für den Test brauchst du einige lange, dünne Gegenstände, zum Beispiel die Gegenstände im Bild, die aus verschiedenen Stoffen bestehen.

Bohnen-Hitze-Test

Dieser Test zeigt, in welchem Maße verschiedene Stoffe Wärme leiten. Du brauchst Gegenstände aus Holz, Stahl, Plastik und Silber. Falls du kein Silber hast, nimm ein anderes Metall wie Kupfer, oder ein Stück zusammengerollte Aluminiumfolie. Außerdem brauchst du getrocknete Bohnen (oder Erbsen), Butter, heißes Wasser und einen Krug.

Stelle die Testgegenstände in einen Krug. Klebe die Bohnen mit etwas Butter an jeden Gegenstand.* Alle Bohnen müssen in gleicher Höhe angebracht sein.

2

Gieße kochendes Wasser in den Krug und beobachte, von welchen Gegenständen die Bohnen zuerst herabfallen.

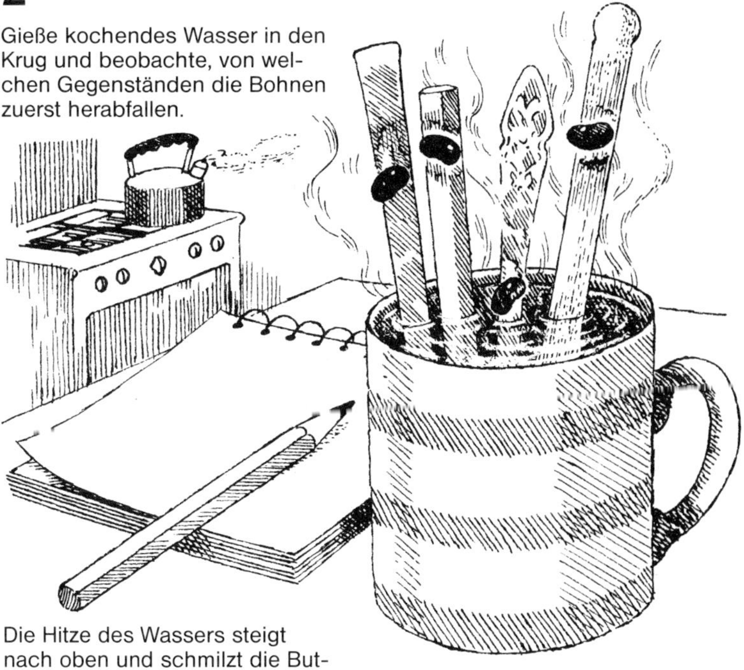

Die Hitze des Wassers steigt nach oben und schmilzt die Butter, so daß die Bohnen hinunterfallen. Sie fallen zuerst von den Gegenständen, die die Wärme am schnellsten leiten. Man sagt, diese Dinge sind gute Wärmeleiter. Du wirst sehen, daß die Bohnen zuerst von den Metall-Gegenständen fallen, was beweist, daß Metalle gute Wärmeleiter sind. Auf der nächsten Seite ist ein weiterer Test.

* *Der Versuch funktioniert nicht, wenn du zuviel Butter nimmst.*

Batterie-Test

An diesem Versuch kannst du sehen, daß Metalle Elektrizität leiten. Du brauchst eine 4,5-Volt-Batterie, eine 3,5-Volt-Birne, einen kleinen Glühbirnensockel*, drei 20 cm lange Sicherungsdrähte und einen kleinen Schraubenzieher. Außerdem brauchst du die Gegenstände aus dem Test auf Seite 115.

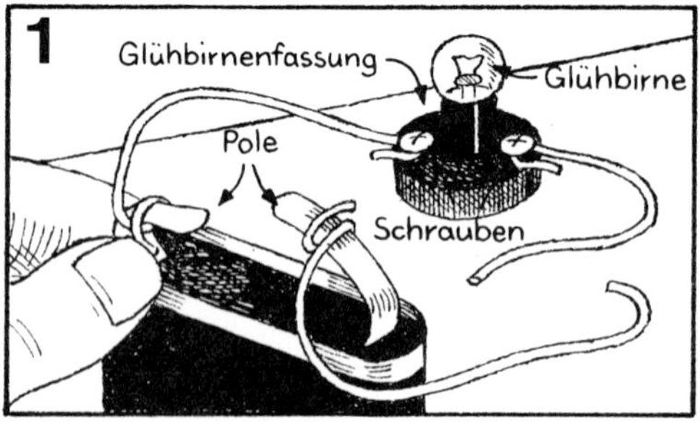

Befestige an jedem Batteriepol ein Stück Draht. Befestige einen der Drähte mit der Schraube an dem Sockel; der dritte Draht wird an der zweiten Sockelschraube befestigt.

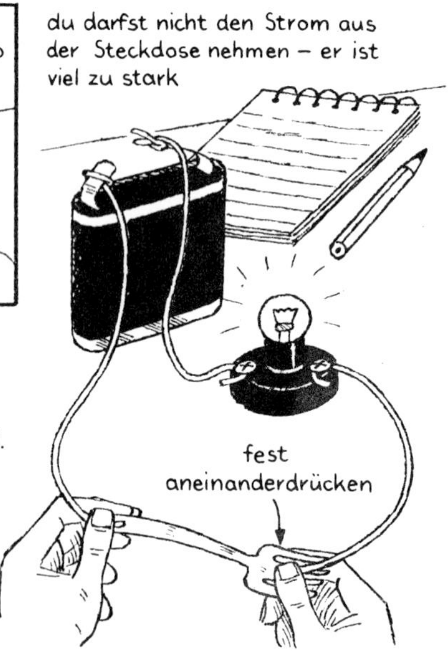

Hältst du die losen Enden der Drähte aneinander, leuchtet das Birnchen auf. Das beweist, daß durch die Drähte und das Birnchen ein elektrischer Strom fließt.

3

Jetzt halte eines der Testobjekte zwischen die Drahtenden. Drücke die Enden fest an den Gegenstand. Wenn Elektrizität durch den Stoff fließen kann, aus dem der Gegenstand gemacht ist, leuchtet das Birnchen auf.

Teste alle Gegenstände und beobachte, welche von ihnen Elektrizität leiten. Vergleiche die Ergebnisse mit dem Hitze-Test. Du wirst sehen, daß alle Metall-Gegenstände Elektrizität und Wärme leiten.

In einer Elektrohandlung erhältlich.

Weitere Testgegenstände

Ein Bleistift

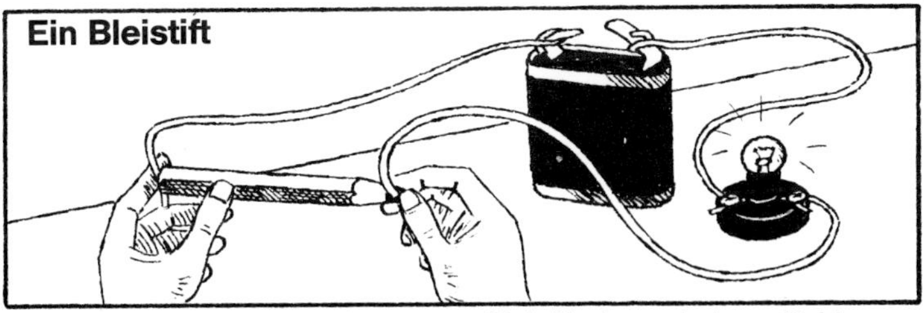

Versuche, ob das Blei in einem Bleistift Elektrizität leitet. Drücke einen Draht um die Bleispitze und den anderen an das flache Ende des Bleistiftes. Das Birnchen wird aufleuchten.

Bleistiftminen sind aus Kohlenstoff gemacht. Kohlenstoff ist ein ungewöhnliches Element. Es leitet Elektrizität, aber es hat nicht die Eigenschaften der anderen Metalle, und es ist kein Metall.

Salzwasser

Löse vier Teelöffel Salz in einem halbgefüllten Wasserglas auf. Tauche die Drähte in das Salzwasser und beobachte, was geschieht.

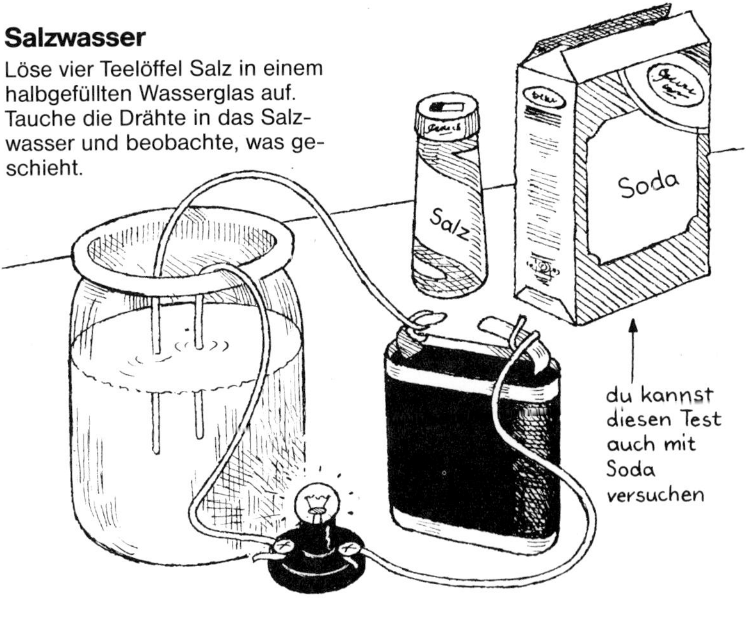

Das Birnchen glimmt für einige Sekunden auf. Das beweist, daß der elektrische Strom aus den beiden Drähten durch das Salzwasser fließen kann. Der chemische Name für Salz ist Natriumchlorid (Kochsalz). Natrium ist ein Metall. Alles, was ein Metallelement enthält, leitet Elektrizität, wenn es in Wasser aufgelöst wird.

Ein Schlüssel wird verkupfert

In diesem Versuch kannst du einen alten Schlüssel oder einen anderen Metall-Gegenstand mit Kupfer überziehen. Du brauchst die Chemikalie Kupfersulfat, die du in der Drogerie kaufen kannst. Sei vorsichtig damit, es ist giftig. Du brauchst auch eine 4,5-Volt-Batterie, dünnen Kupferdraht, Schere, Klebeband, Schmirgelpapier und einen Teelöffel, der nicht mehr gebraucht wird.

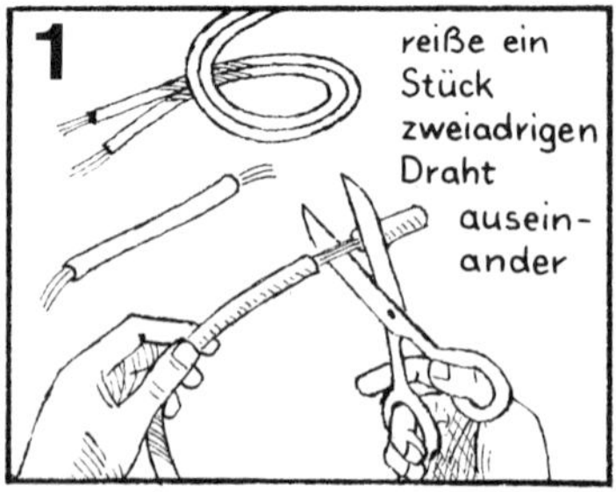

Nimm zwei 30 Zentimeter lange Drähte und schneide an jedem Ende etwa 3 Zentimeter Plastikisolierung ab.

Reibe den Schlüssel mit Schmirgelpapier ab und befestige ihn an einen Draht.

Befestige den Draht mit dem Schlüssel an dem Minuspol („–") und den anderen an dem Pluspol („+").

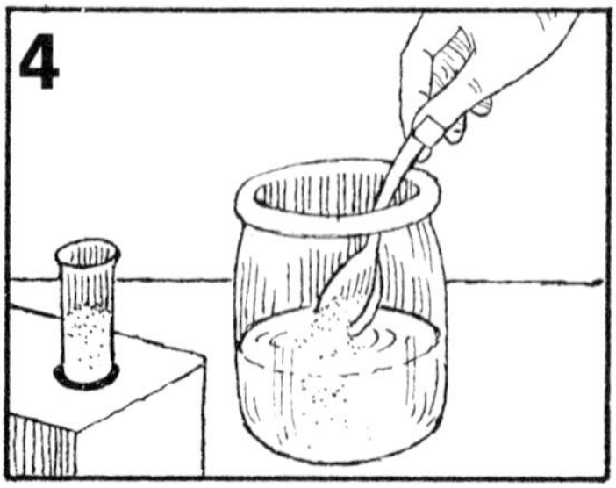

Löse zwei Teelöffel Kupfersulfat in einem Glas auf, das zu einem Drittel mit Wasser gefüllt ist. Beachte: Nimm einen alten Teelöffel.

Tauche den Schlüssel und den anderen Draht in die Kupfersulfatlösung und laß ihn 20 Minuten liegen. Der Schlüssel darf den anderen Draht nicht berühren.

Was geschieht?

Zieh den Schlüssel nach etwa 20 Minuten heraus und schüttle die Kupfersulfattropfen ab. Der Schlüssel hat jetzt einen rosafarbenen Kupferüberzug. Er wird orangefarben, wenn du ihn an der Luft läßt. Unten kannst du nachlesen, wie Kupfer gemacht wird. Ist der Überzug nicht gut geworden, tauche den Schlüssel noch einmal in die Lösung.

Falls es nicht funktioniert

Achte darauf, daß die Drähte fest mit den Polen verbunden sind und daß der Draht, an dem der Schlüssel hängt, mit dem Minuspol verbunden ist. Falls es noch immer nicht klappt, ist möglicherweise die Batterie leer. Prüfe es in einer Taschenlampe nach, oder mache den Versuch einfach mit einer neuen Batterie.

So kommt der Kupferüberzug zustande

Kupfersulfat spaltet sich in Kupferteile und Sulfatteile, wenn es in Wasser aufgelöst wird. Wenn du den Schlüssel und den Draht in die Lösung tauchst, fließt ein elektrischer Strom hindurch, und die Kupferteile werden zum Minuspol der Batterie hingezogen, wo sie sich um den Schlüssel herum ansammeln. Etwas Kupfer kommt auch von dem Draht, der am Pluspol befestigt ist. Der Draht wird nämlich von dem Strom aufgelöst, wobei das Kupfer sich in der Lösung absetzt. Auf ähnliche Weise werden Schmuck und Bestecke versilbert. Man nennt diesen Vorgang Galvanisieren.

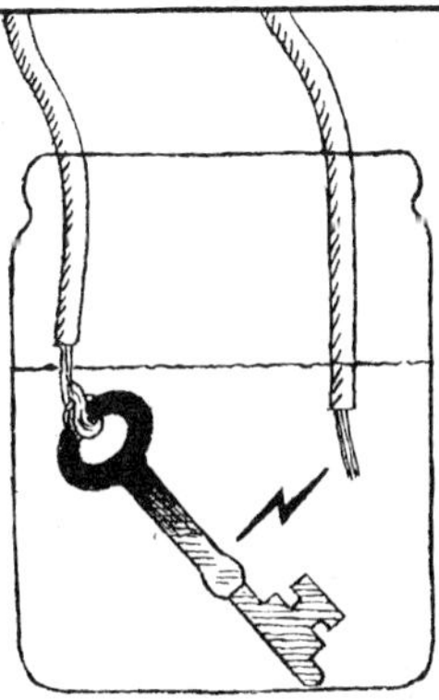

Geräte für die Versuche

Hier findest du Anregungen für den Bau von Geräten für die chemischen Versuche. Unten ist der Bau eines Reagenzglasständers beschrieben, auf der nächsten Seite erfährst du, wie man Tropfen von Flüssigkeiten mit einem Trinkhalm mißt und wie man einen Meßbecher anfertigt.
Auf der übernächsten Seite steht die Bauanleitung für ein Gerät, mit dem man Gase auffangen kann, und ein „Rezept" zur Herstellung von Kalklösung.

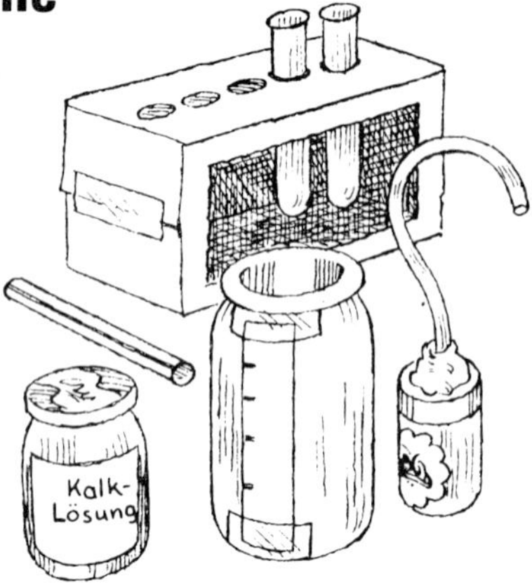

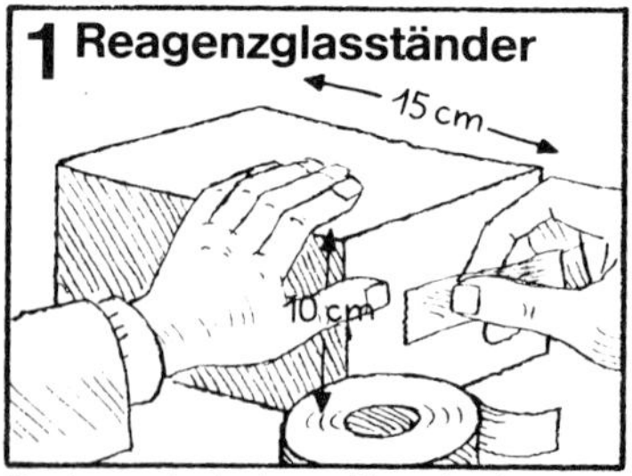

Du brauchst einen Pappkarton, der 10 Zentimeter hoch und 15 Zentimeter lang ist. Wenn der Karton offen ist, klebe die Laschen fest.

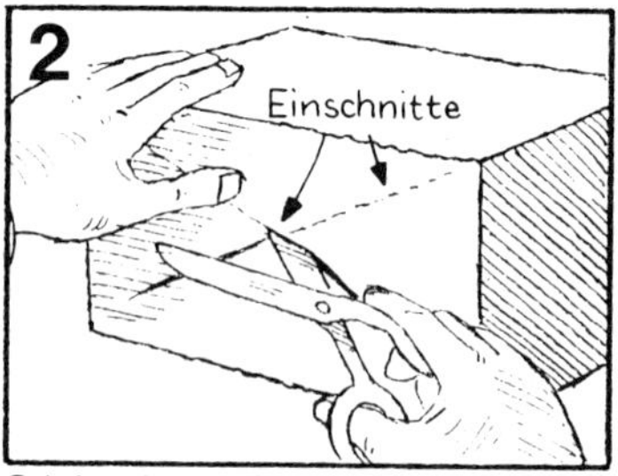

Stich mit der Schere mehrere Löcher in die Vorderseite des Kartons und schneide sie diagonal zu den Ecken auf. Schneide nicht bis in die Ecken hinein.

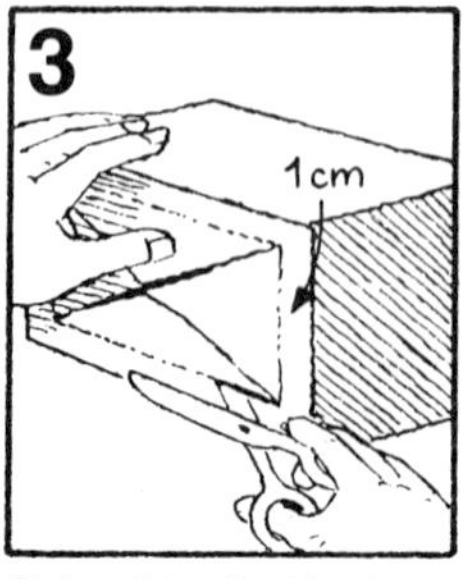

Schneide die Vorderseite aus und laß einen Rand von einem Zentimeter.

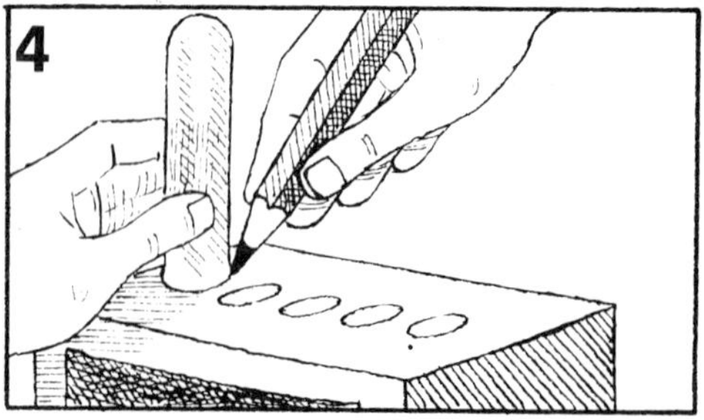

Nimm ein Reagenzglas und zeichne fünf bis sechs Kreise auf die Oberseite des Kartons. Schneide die Kreise aus, um Löcher für die Reagenzgläser zu bekommen.

Trinkhalm-Tropfenzähler

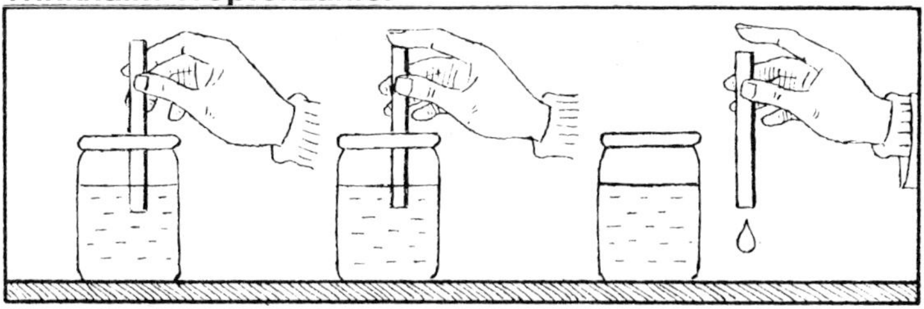

Du brauchst einen Plastik-Trinkhalm mit großem Durchmesser. Schneide ein 12 Zentimeter langes Stück ab und tauche es in Wasser. Lege den Finger über die Spitze und ziehe den Halm aus dem Wasser. Etwas Wasser bleibt im Halm. Um einen Tropfen freizulassen, hebe den Finger ein wenig und lege ihn sofort wieder auf die Öffnung, wenn sich am anderen Ende ein Tropfen bildet. Du mußt ein bißchen üben, bis es dir gelingt, nur einen Tropfen freizulassen.

Meßbecher für Chemikalien

Klebe einen Streifen Papier an den Becher. Gieße mit dem Maßkrug 125 ml Wasser hinein. Markiere den Wasserstand auf dem Papier.

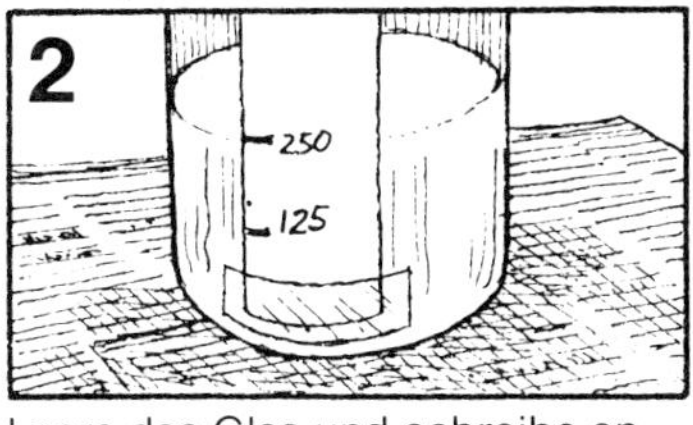

Leere das Glas und schreibe an die Markierung 125 ml. Dann miß 250 ml aus und markiere den Wasserstand noch einmal. Fahre so lange fort, bis du alle Maßeinheiten hast, die du haben möchtest.

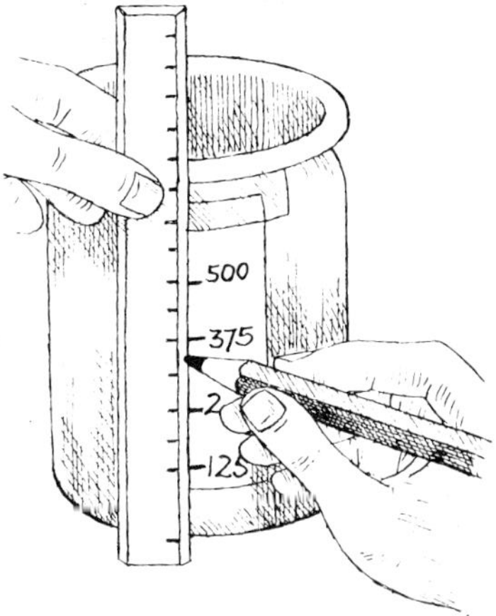

Wenn du keinen Maßkrug hast, nimm zwei Ein-Liter-Saftflaschen: eine volle und eine leere. Fülle die leere mit Wasser und vergleiche die Wassermenge mit der Saftmenge; dann hast du genau einen Liter. Gieß das Wasser in den Meßbecher, markiere den Wasserstand und halbiere den Zwischenraum auf dem Papierstreifen. Teilst du die Zwischenräume noch einmal, so erhältst du vier Viertelliter-Markierungen.

Eine weitere Gasauffang-Vorrichtung

Hier ist die Bauanleitung für eine Gasauffang-Vorrichtung für die Gasversuche, falls du kein Reagenzglas hast. (Wenn du eins hast, kannst du das Gerät auf Seite 95 bauen.) Für die Vorrichtung brauchst du Knetmasse, einen 40 cm langen Plastikschlauch, ein stumpfes Messer und einen kleinen Behälter mit einem weichen Plastikverschluß (z. B. eine Flasche mit Schaumbad). Nimm möglichst einen durchsichtigen Behälter, damit du sehen kannst, was innen vorgeht.

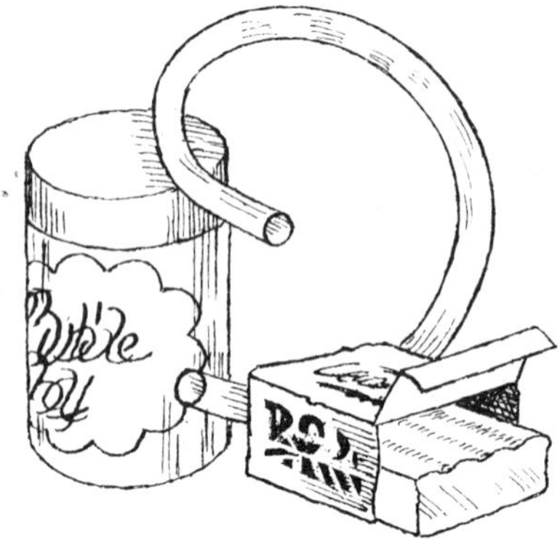

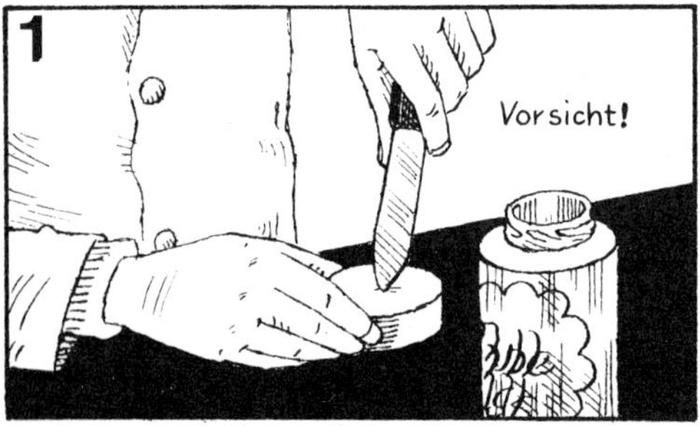

Stich mit der Messerspitze in den Deckel des Behälters. Dreh das Messer, um ein Loch zu bekommen, das so groß ist, daß gerade der Plastikschlauch hindurchgeht.

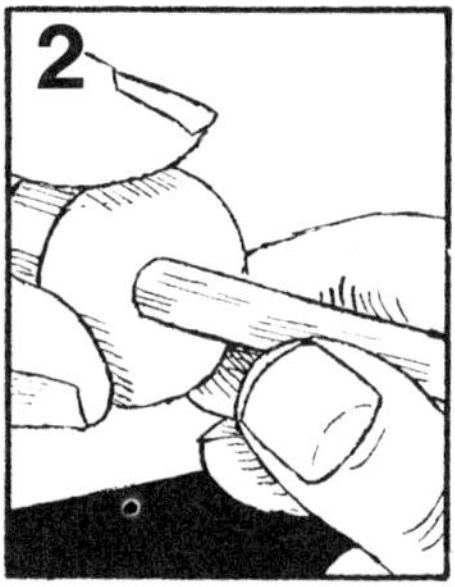

Schieb ein Ende des Plastikschlauchs durch das Loch im Deckel.

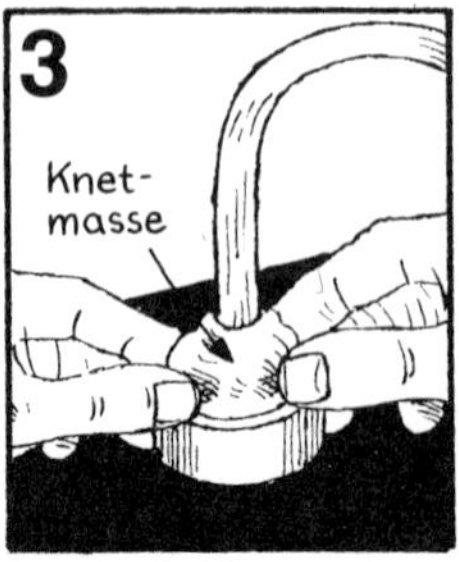

Drück die Knetmasse um das Rohr, damit kein Gas entweichen kann.

Laß Gas in den Behälter strömen wie in dem Experiment, das du gerade machst. Dann drehe den Deckel so schnell wie möglich zu, damit kein Gas entweicht.

Herstellung von Kalklösung

Kalklösung kann man in der Drogerie kaufen, man kann sie aber auch leicht selber machen. Du brauchst die Chemikalie Kalziumhydroxyd, die man auch Löschkalk nennt.

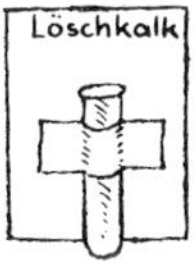

Wo man Löschkalk bekommt

Reagenzgläser mit Löschkalk werden als Nachfüllpackungen für Chemiekästen verkauft. Möglicherweise bekommst du sie in Spielwarenläden (vgl. Seite 124). Löschkalk gibt es auch in Gärtnerei-Geschäften. Er wird als „Kalkdünger" verkauft. Bevor du jedoch Kalkdünger kaufst, prüfe auf der Packung nach, ob er aus Kalziumhydroxyd oder gelöschtem Kalk gemacht ist. Kaufe keinen Kalkdünger, der aus Kalziumkarbonat (Schlämmkreide) oder Kalziumoxyd hergestellt ist.

Gib drei Teelöffel Löschkalk in ein Glas, das zur Hälfte mit Wasser gefüllt ist.

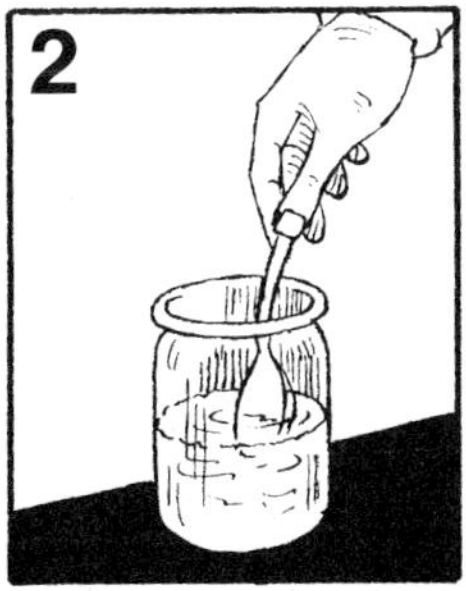

Rühr um und laß es sich vier Stunden setzen, bis die Flüssigkeit klar wird.

Gieß die klare Kalklösung in ein beschriftetes Glas und schraube den Deckel zu.

Noch mehr Kalklösung erhältst du, wenn du zu dem Kalk, der sich im Glas abgesetzt hat, Wasser gießt und es wie vorher verrührst.

So prüfst du Kalklösung

Wenn die Experimente mit Kalklösung nicht funktionieren, kann es daran liegen, daß der benutzte Kalk kein Kalziumhydroxyd war. Prüfe das nach, indem du ein bis zwei Minuten mit einem Trinkhalm in die Kalklösung bläst.*

Sie muß trübe werden, sonst ist es keine richtige Kalklösung. Du mußt mehr Löschkalk kaufen. Achte darauf, daß es Kalziumhydroxyd ist.

**Achte darauf, daß du die Flüssigkeit nicht aufsaugst.*

Wo gibt es die Chemikalien?

Die meisten Chemikalien, die du brauchst, werden im Haushalt verwendet und sind im Supermarkt erhältlich. Unten auf der Liste findest du die chemischen Namen einiger gebräuchlicher Stoffe. Auf einer anderen Liste kannst du nachlesen, wo du die weniger gebräuchlichen kaufen kannst.

Chemische Namen

Essig	Äthylacetat
Zitronensaft	Zitronensäure
Tee	Gerbsäure/Tannin
Sauermilch	Milchsäure
Soda	Natriumkarbonat
Natron	Natriumhydrogenkarbonat
Salz	Natriumchlorid
Löschkalk	Kalziumhydroxyd

Hier kannst du die Chemikalien bekommen

Kristalle der Zitronensäure – Drogerie
Soda – Apotheke
Natron – Drogerie
Löschkalk – Gärtnerei-Geschäft
Kupfersulfat* – Drogerie
Phenolphthalein – Apotheke (frage nach Abführpillen und sieh nach, ob sie diese Chemikalie enthalten)
Destilliertes Wasser – Tankstelle, Drogerie (nimm eine Flasche mit)
Jod — Drogerie, Apotheke (frag nach roter Jodtinktur)

Apotheke/Drogerie

Frage in der Apotheke oder Drogerie nach der Chemikalie, die du brauchst, und sage dem Verkäufer, wozu du sie haben willst. Sei stets vorsichtig mit Chemikalien, da manche giftig sind. Benutze sie nur, wie es in diesem Buch vorgeschrieben ist. Gieße sie fort, sobald der entsprechende Versuch beendet ist.

Spielwarenhandlung

In Spielwarenhandlungen bekommst du kleine Reagenzgläser mit Chemikalien als Nachfüllpackungen für Chemiekästen. Was in den Spielwarenhandlungen nicht zu kaufen ist, wirst du sicherlich in Apotheken oder Drogerien bekommen.

**Kupfersulfat ist giftig. Schreibe auf das Glas, in dem du es aufbewahrst: „gefährlich“.*

Wo gibt es die Gerätschaften?

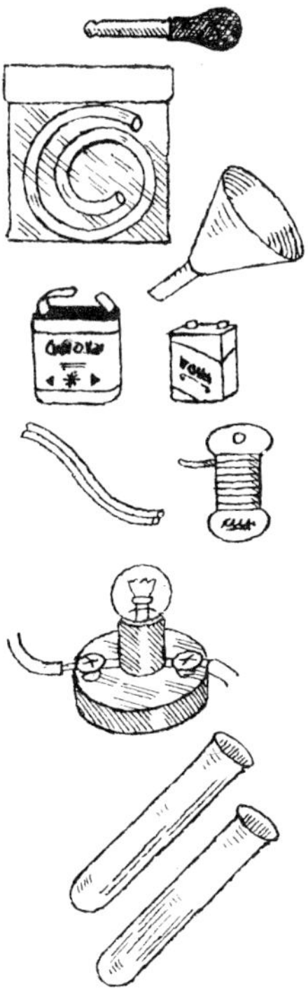

Augentropfer – Sie sind billig in der Apotheke oder Drogerie zu kaufen.

Plastikschlauch – Du kannst ihn in einem Haushaltswarengeschäft kaufen

Plastiktrichter – Haushaltswarengeschäft

Batterien – Du bekommst sie in Elektrowarengeschäften und in vielen anderen Läden

Sicherungsdraht und Kupferdraht – Elektrowaren- und Eisenwarengeschäften

Kleiner Glühbirnensockel und Birnchen – Wird in Elektrowaren- und Eisenwarengeschäften verkauft

Reagenzgläser – Spielwarengeschäfte verkaufen Reagenzgläser. Du kannst aber auch an eine Firma für chemische Geräte schreiben und sie bitten, dir einige zu schicken. Im Telefonbuch findest du möglicherweise die Adresse einer Firma, die Laboratorien beliefert. Normalerweise verkaufen sie Reagenzgläser nur in großen Stückzahlen, aber wenn du vorher anrufst, kannst du vielleicht nur ein paar bekommen. Sie sollten 15 cm lang sein und einen Durchmesser von 1,75 cm haben.

Antworten zum Chemischen Verwirrspiel (Seite 102)

Die Tabelle zeigt, wie jedes Pulver in den Versuchen reagieren sollte. Vergleiche deine Ergebnisse mit denen auf der Tabelle, damit du deine fünf Pulver bestimmen kannst.

	Weinstein	Salz	Natron	Mehl	Zucker
Indikator-Test	sauer	alkalisch	alkalisch	neutral	neutral
Wasser-Test	löslich	löslich	löslich	nicht löslich	löslich
Gas-Test	kein Gas	kein Gas	Kohlendioxyd	kein Gas	kein Gas

Zubehörliste

Auf diesen beiden Seiten stehen alle Dinge, die du für die Versuche brauchst. Die Versuche sind thematisch geordnet; die Ausrüstung für jeden Versuch ist zusammen aufgeführt. Die Zahlen in Klammern weisen auf die Seiten hin, auf denen die Versuche beschrieben sind.

Säure-Tests (74 – 79)
Messer
Holzlöffel
Teelöffel
Kochtopf
Trichter
Papiertücher
Flasche mit Verschluß
Etwa zehn Gläser
Augentropfer*
Klebeschildchen
Schere
Füller
Notizblock
Kochendes Wasser
Rotkohl (oder Rosenblätter oder Brombeeren)

Für die Tests:
Zitronensaft
Orangensaft
Tee
Natron
Backpulver
Essig
Cola-Getränk
Bonbons
Spülmittel
Soda
Flüssiger Fußbodenreiniger
Sauermilch
Verdauungstabletten
Magnesiummilch

Wasser-Tests (80 – 83)
Destilliertes Wasser
Leitungswasser
Gekochtes Wasser
Sechs Gläser
Teelöffel
Eßlöffel
Reibe (oder Messer)
Ein Stück Seife
Soda
Augentropfer
Klebeschildchen
Schere
Notizblock
Filzstift

Wie man Badesalz macht (84 – 85)
Soda
Kölnisch Wasser oder Parfüm
Lebensmittelfarbe
Eßlöffel, Nudelholz
Schüssel, Plastiktüte
Glas mit Deckel
Untertasse
Klebeschildchen
Schere
Füller

Seifentests (86 – 87)
Drei bis vier verschiedene Waschpulvermarken
Butter oder Margarine
Warmes Wasser
Fünf Gläser
Teelöffel
Messer
Küchenwaage
Lappen
Klebeschildchen
Füller
Notizblock
Rotkohl-Indikator*

Das „Seife-frißt-Ei“ Experiment (88 – 89)
Waschpulver
Soda
Hartgekochtes Ei
Eßlöffel oder Meßglas
Teelöffel
Messer
Schere
Zwei Gläser
Klebeschildchen
Füller

Lebensmittel-Tests (90 – 93)
Jodtinktur
Glas
Reagenzglas (oder Glas)
Großer Becher
Untertasse oder Glasdeckel
Teelöffel
Eßlöffel
Augentropfer
Kaltes Wasser
Kochendes Wasser
Mehl
Zeitung
Uhr oder Armbanduhr

Versuchsgegenstände:
Apfel
Kartoffel
Salz
Butter
Reis
Käse
Fleisch
Weißes Papier
Leim
Wäschestärke

Gas-Herstellung (95 – 99)
Drei oder vier Gläser
Reagenzglas
Platikschlauch
Knetmasse
Lineal
Schere
Teelöffel
Trinkhalm
Klebezettel
Federhalter
Soda
Kalklösung (vgl. S. 95)
Essig

*Nützlich, aber nicht notwendig

Fortsetzung oben ▶

Einige oder alle der folgenden Gegenstände:
Eine Zitrone
Eine Pampelmuse
Cola-Getränk
Sauermilch
Einige oder alle der folgenden Gegenstände:
Natron
Kalkstein oder Kalk
(keine Tafelkreide)
Eine Eierschale

Sprudelnde Getränke (100 – 101)

Natron
Zitronensäurekristalle
Puderzucker
Ein nicht schäumendes Getränk
Ein schäumendes Getränk
Teelöffel
Eßlöffel
Schüssel
Zwei Gläser mit Deckel
Klebezettel
Schere
Füllfederhalter
Gasauffang-Vorrichtung (vgl. Seite 95)
Kalklösung (vgl. S. 95)

Chemisches Verwirrspiel (102 – 103)

Mehl
Salz
Puderzucker
Natron
Weinstein
Essig oder andere Säure
Warmes Wasser
Teelöffel
Fünf Gläser
Fünf Reagenzgläser (oder Gläser)
Klebeschildchen
Schere
Füllfederhalter
Notizblock
Gasauffang-Vorrichtung (vgl. S. 95)
Kalklösung (vgl. Seite 95)
Rotkohl-Indikator (vgl. Seite 74)

Versuche mit Tinte und Farbe (104 – 106)

Vier oder fünf dunkelfarbige Filzstifte
Zwei verschiedene schwarze Filzstifte
Löschpapier
Lineal
Schere
Untertasse
Glas
Wasser
Süßigkeiten mit Zuckerüberzug (Smarties)

Unsichtbare Tinte (107 – 109)

Papier
Pinsel
Kugelschreiber

Für Zitronensaft-Tinte:
Eierbecher oder kleines Glas
Zitrone
Uhr oder Armbanduhr

Für Phenolphtalein-Tinte:
Abführpillen, die Phenolphtalein enthalten
Soda
Heißes Wasser
Zwei Gläser
Zwei Teelöffel
Stumpfes Messer
Eßlöffel
Teller
Lineal

So wird Wasser gespalten (110 – 111)

Zwei Bleistifte
Bleistiftspitzer
Lineal
Schere
Papier
Klebeband
Ein dickes Buch
Glas
Wasser
9-Volt-Batterie
15-Ampère-Sicherungsdraht

Gruppierung der Elemente (114 – 117)

Lange, dünne Gegenstände aus Holz, Plastik, Silber (oder einem anderen Metall, z. B. Kupfer)
Notizblock
Füllfederhalter

Für den Hitzetest:
Getrocknete Bohnen oder Erbsen
Butter oder Margarine
Kochendes Wasser
Becher

Für den Batterie-Test:
4,5-Volt-Batterie
15-Ampère-Sicherungsdraht
3,5-Volt-Glühbirne
Kleiner Glühbirnensockel
Kleiner Schraubenzieher
Lineal
Schere
Klebeband
Bleistift
Teelöffel
Glas
Wasser
Salz

Ein Schlüssel wird verkupfert (118 – 119)

Alter Schlüssel oder anderer Metallgegenstand
Kupfersulfat
Schmirgelpapier
4,5-Volt-Batterie
Dünner Kupferdraht
Schere
Lineal
Klebeband
Teelöffel (der nicht mehr gebraucht wird)
Glas
Wasser
Uhr oder Armbanduhr

Register

Äthylacetat 98, 124
Ätznatron 79
Atem 97, 99

Backpulver 76
Badesalz 84, 85
Base 76 – 79, 87, 109
Basentest 76
Brause 101
Brombeeren 74, 78
Butter 86, 115

Chemische Zeichen 113
Chromatographie 105, 106
Cola-Getränk 76, 98

Ei 88, 89
Eierschale 98
Eis 99
Eisen 114
Elektrischer Strom 110, 111, 114, 116, 117, 119
Elemente 110, 112 – 114
Enzym 89, 92
Erdgas 94
Essig 76, 77, 95 – 98, 103, 124
Essigsäure 98

Farbe 104, 105
Feuer 99, 113
Filtern 75

Galvanisieren 119
Gase 94 – 101, 122
Gastest 96, 97
Gerbsäure 124
Gold 112 – 114

Holz 115

Indikator 74 – 76, 78, 79, 87, 103, 109

Jod 90 – 93, 124

Kalk 83, 95 – 98, 123, 124
Kalklösung 95 – 98, 123
Kalkstein 83, 98
Kalzium 81, 82, 112, 113
Kalziumhydrogenkarbonat 83
Kalziumhydroxyd 123, 124
Kalziumkarbonat 82, 83, 98, 123
Kalziumsalz 81, 83
Karbonate 82, 98, 101
Kesselstein 83
Klebstoff/Kleister 93
Kochsalz 79, 90, 102 113, 117, 124, 125
Kohlendioxyd 83, 97 – 101
Kohlensäure 102, 103
Kohlenstoff 98, 112, 117
Kreide 98
Kupfer 114, 115, 118, 119
Kupfersulfat 118, 119, 124

Lauge 108, 109
Löschkalk 123, 124
Luft 94, 99, 113, 119

Magensäure 79
Magnesia 76
Malzzucker 92
Mehl 91 – 93, 102, 125
Meßgeräte 121
Metalle 114 – 118
Methangas 94
Milch 76, 98, 124
Milchsäure 124

Natrium 117
Natriumchlorid 79, 117, 124
Natriumhydrogenkarbonat 101, 124
Natriumkarbonat 82, 124
Natron 76, 78, 98, 100, 102, 124, 125
Neutralisieren 79

Orangensaft 76

Papier 93, 104, 107
Phenolphtalein 108, 109, 124
Phosphor 112
Puderzucker 100 – 102, 125

Quecksilber 113

Rosenblätter 74, 78
Rost 68
Rotkohl 74, 78, 87, 109

Säure 74 – 79, 87, 98, 102, 103, 109
Säuretest 75 – 77
Salze 79, 81, 83
Salzsäure 79
Salzwasser 117
Sauerstoff 94, 98, 99, 110 – 112, 114
Saure Milch 76, 98, 124
Schwefel 113, 114
Schwefelsäure 77
Schwefelwasserstoff 94
Seife 80 – 83, 86
Seifenlösung 80 – 82, 89
Silber 112, 114, 115
Soda 76, 82, 84, 85, 88, 89, 95, 96, 98, 108, 109, 124
Speichel/Spucke 91, 92, 108
Spülmittel 76
Stärke 90 – 93
Stahl 115
Stickstoff 94, 112
Süßigkeiten 104, 105

Tafelsalz siehe Kochsalz
Tannin 124
Tee 76, 124
Tinte 104, 106 – 109
Trockeneis 99

Wärmeleiter 114 – 116
Wäschestärke 93
Waschpulver 86 – 89, 92
Wasser 80 – 83, 110 – 113, 115, 117
— destilliertes 80, 81, 124
— hartes, weiches 81 – 83
Wasserstoff 110 – 114
Weinstein 102

Zinn 114
Zitronensäure 100, 101, 124, 125
Zitronensaft 76 – 78, 98, 107, 124

Experimente mit
Elektronik

Inhalt

132 Dinge, die du brauchst
134 Wie Elektronik funktioniert
136 Batterien, Draht und Lampen
138 Versuche mit Batterie und Lampen
140 Schaltpläne
142 Elektronische Bauteile
144 Wie die Apparate gebaut werden
146 Wie man lötet
148 Mehr über das Löten
150 Sicher zum Erfolg
151 Ratespiel
154 Topfpflanzentester
158 Alarmanlage
162 Geschicklichkeitsspiel
166 Mini-Radio
171 Verstärker für das Radio
173 Bau des Lautsprecherteils
176 Widerstände
178 Versuche mit Widerständen
180 Wie Dioden funktionieren
182 Wie Transistoren funktionieren
184 Gehäuse für die Apparate
186 Schaltpläne der Apparate
188 Wie die Bauteile aussehen
190 Wo gibt es die Bauteile?
191 Wo steckt der Fehler?
192 Register

Autor dieses Teils ist J. G. McPherson.

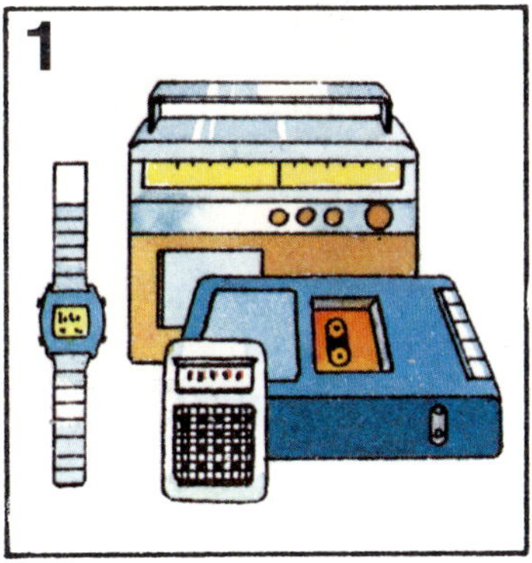

Elektronik heißt die sorgfältige und genaue Kontrolle winziger elektrischer Ströme. Digitaluhren, Transistorradios, Taschenrechner, Kassettenrekorder und Computer, sie alle arbeiten mit den Mitteln der Elektronik.

Dieses Buch zeigt dir, wie du mehrere batteriebetriebene Apparate bauen kannst. Auf der nächsten Seite steht etwas über die Teile, die du brauchen wirst. Auf Seite 190 steht, wo du sie kaufen kannst.

Einige Versuche, die du machen kannst, um die Elektronik zu durchschauen, stehen auf den nächsten Seiten. Danach kommen allgemeine Hinweise zum Bau von elektronischen Apparaten. Du solltest sie lesen, bevor du die Apparate baust.

Wenn du elektronische Apparate baust, mußt du sehr vorsichtig und genau sein. Gerät ein winziges Teil an den verkehrten Platz, funktioniert der ganze Apparat nicht. Trotzdem, keine Sorge, auf Seite 191 findest du Tips für die Fehlersuche.

Dinge, die du brauchst

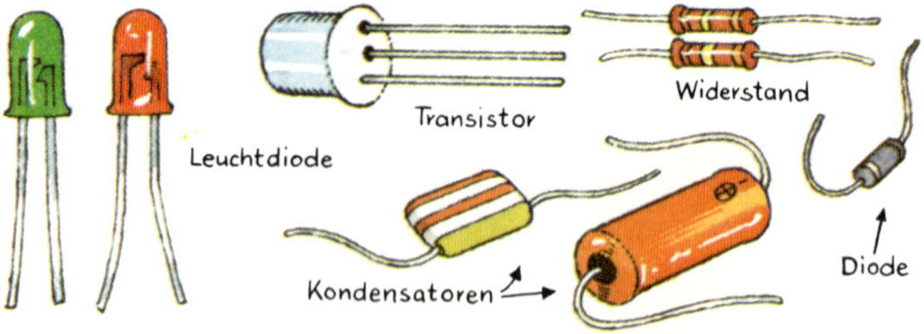

Die kleinen Teilchen, die du zum Bau der Apparate brauchst, heißen „elektronische Bauteile“. Die meisten sind nicht teuer. Unten auf dieser Seite steht, wo du sie bekommst.

Die elektronischen Bauteile beeinflussen den Strom auf verschiedene Weise. Darüber wirst du mehr erfahren, wenn du weiter in diesem Buch liest.

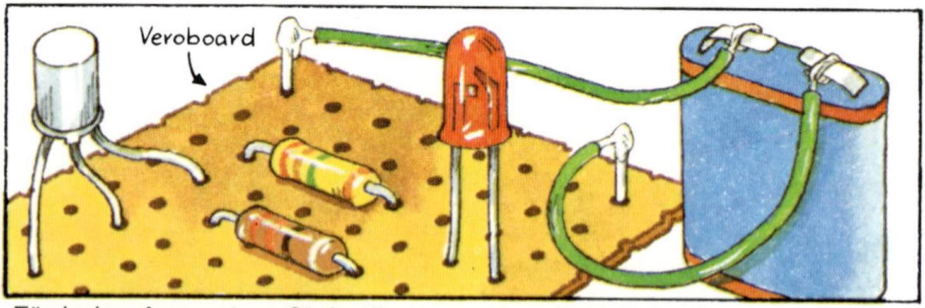

Für jeden Apparat mußt du die Bauteile in einer bestimmten Weise miteinander verbinden, damit der Strom so hindurchfließt, daß das Ganze funktioniert. Das heißt „Schaltkreis“.

Um einen Schaltkreis zu bauen, lötest du die Bauteile auf ein spezielles Lochbrett, genannt „Veroboard“ (sprich: Werobord). Mehr darüber erfährst du bei den allgemeinen Hinweisen.

Kauf von Bauteilen und Lochbrett

Bauteile und Veroboard kannst du in Elektronikläden kaufen. Ist keiner bei dir in der Nähe, so mußt du dich an einen Versandhändler wenden, der dir die nötigen Teile zuschickt.

Auf S. 190 findest du eine Bauteile-Liste. Dort sind auch Ersatztypen angegeben, falls du einen der im Text genannten Transistoren nicht kaufen kannst.

Werkzeuge

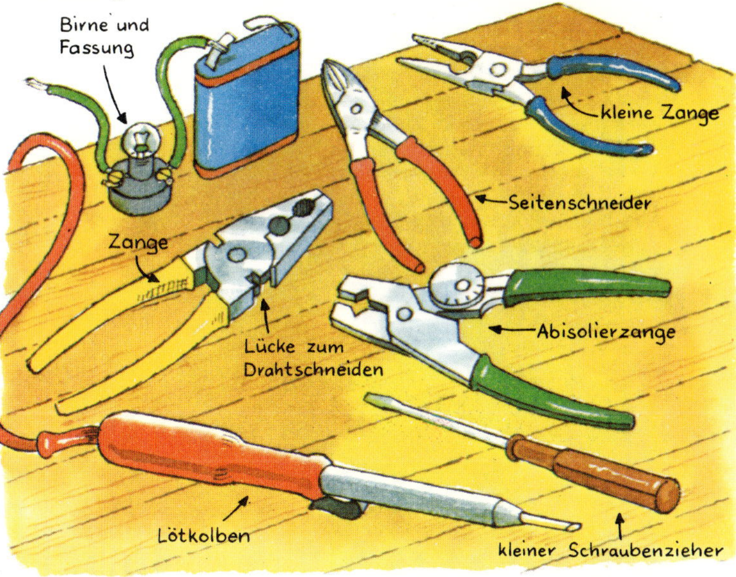

Du brauchst einen kleinen Schraubenzieher, eine kleine Zange und einen Seitenschneider zum Drahtabkneifen. Zum Abziehen der Plastikhülle von Drähten gibt es eine Abisolierzange. Eine Schere oder ein Messer geht auch. Auf jeden Fall brauchst du einen Lötkolben mit 15 bis 30 Watt.

Alle Apparate in diesem Buch werden mit einer Batterie betrieben. Versuche nie, den Strom aus einer Steckdose zu kriegen. Der ist viel zu stark und würde nicht mehr viel übriglassen von den Bauteilen in deinem Apparat.

Wie Elektronik funktioniert

Elektrischer Strom entsteht durch den Fluß winziger Teilchen, der Elektronen. Elektronische Geräte benutzen und kontrollieren diesen Elektronenfluß. Elektronen sind Teile der Atome, aus denen alles auf dieser Welt besteht. Auch dieses Buch setzt sich aus Millionen unsichtbar kleiner Atome zusammen.

Atome und Elektronen

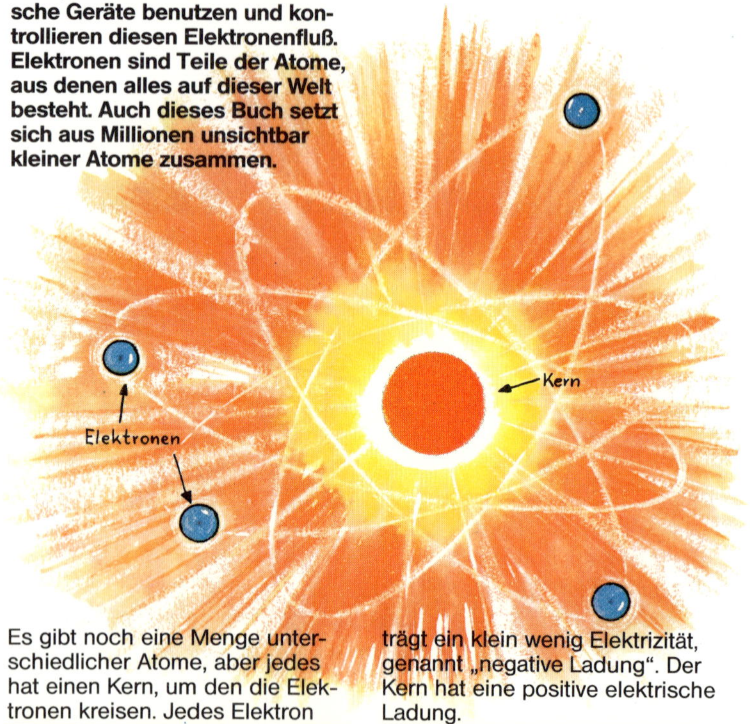

Es gibt noch eine Menge unterschiedlicher Atome, aber jedes hat einen Kern, um den die Elektronen kreisen. Jedes Elektron trägt ein klein wenig Elektrizität, genannt „negative Ladung". Der Kern hat eine positive elektrische Ladung.

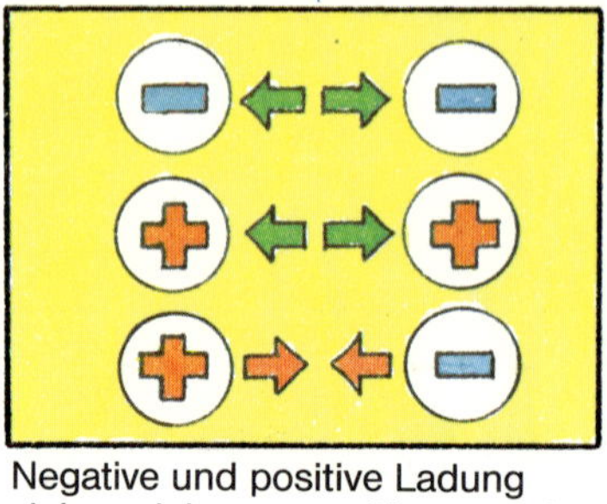

Negative und positive Ladung ziehen sich gegenseitig an, gleiche Ladungen (z. B. zwei negative Ladungen) stoßen sich gegenseitig ab.

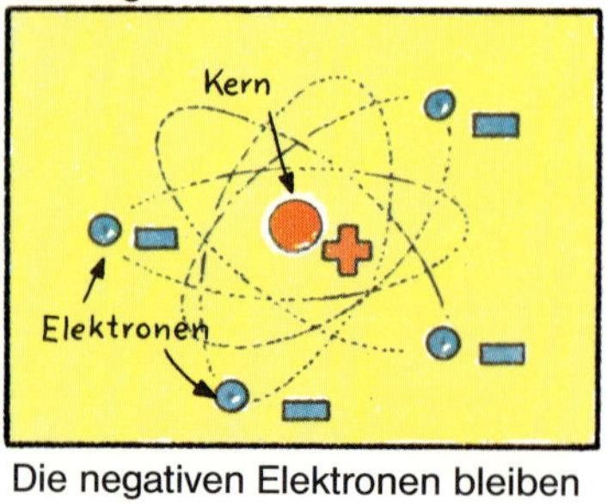

Die negativen Elektronen bleiben normalerweise bei ihrem Kern. Sie kreisen um ihn, weil sie von seiner positiven Ladung angezogen werden.

Wie ein Stromfluß entsteht

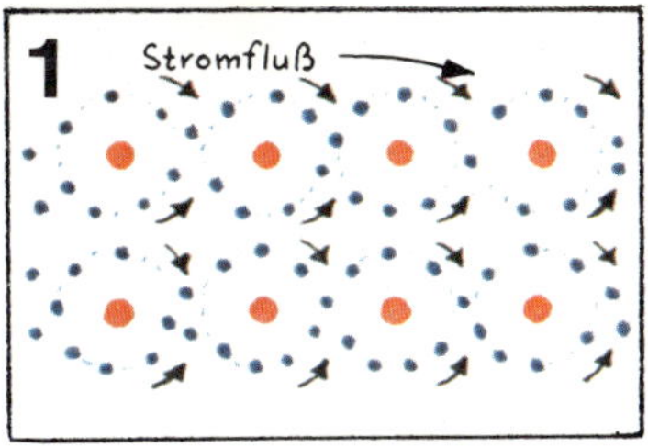

Wenn es in der Nähe eine stärkere positive Ladung gibt, so verlassen die Elektronen in manchen Materialien ihren Kern und fließen zu der stärkeren Ladung. Dieser Elektronenfluß ist elektrischer

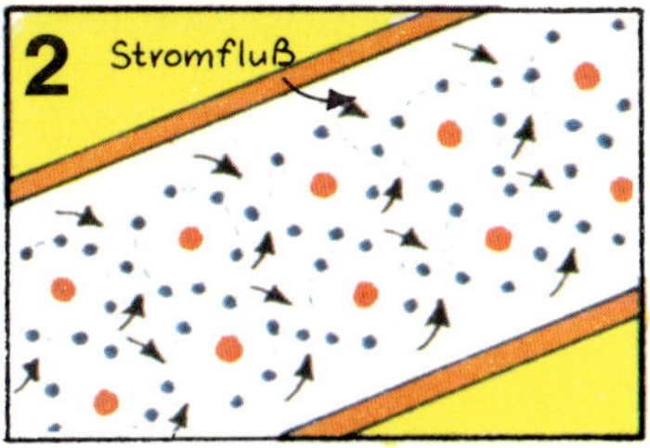

Strom. Die Elektronen in Metall bewegen sich leicht. Metalle sind gute elektrische Leiter. In Plastik können sich die Elektronen nicht bewegen. Plastik isoliert.

Um die Elektronen in Bewegung zu setzen, kannst du eine Batterie benutzen. Batterien enthalten einen Vorrat starker negativer und positiver Ladung.

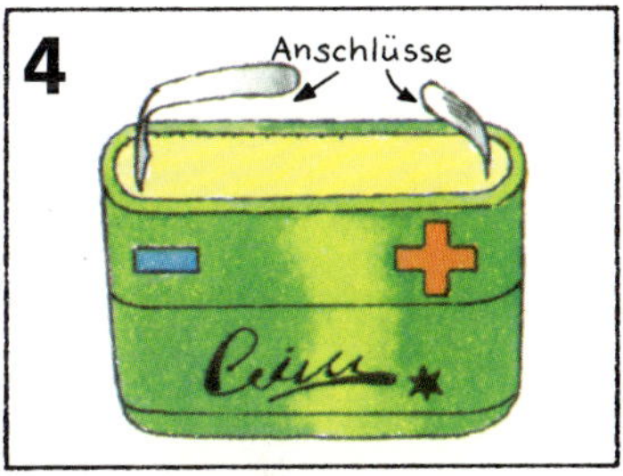

Jede Batterie hat zwei Anschlüsse. Einer ist verbunden mit dem positiv geladenen Teil der Batterie, der andere mit dem negativ geladenen Teil.

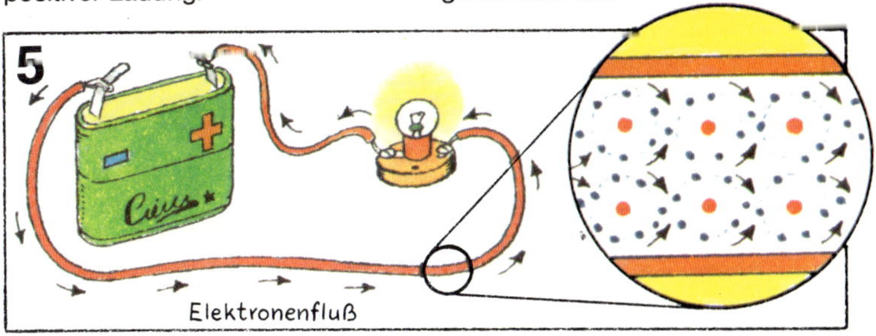

Wenn du die beiden Batterieanschlüsse mit einem Draht verbindest, so fließen die Elektronen im Draht zur positiven Ladung in der Batterie. Im Bild verbinden die Drähte die Batterie mit einer Lampe. Die Lampe leuchtet und zeigt an, daß die Elektronen sich bewegen und ein elektrischer Strom fließt.

Batterien, Draht und Lampen

Hier siehst du Batterien, Drähte und Lampen, die du benutzen kannst. Nebenan steht, wie du Drähte und Batterien verbindest.

Batterien

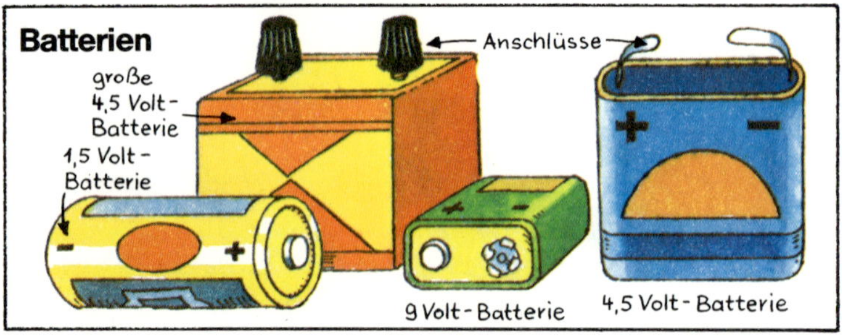

Die Kraft der Ladung, die die Elektronen in Bewegung setzt, heißt Spannung und wird in Volt gemessen. Manche Apparate in diesem Buch brauchen eine Batterie mit 4,5 Volt Spannung, andere brauchen eine Batterie mit 9 Volt. Batterien gibt es in verschiedenen Formen und Größen, und auch die Anschlüsse sehen verschieden aus. Welche du nimmst ist egal, Hauptsache, die Voltzahl stimmt.

Elektrodraht

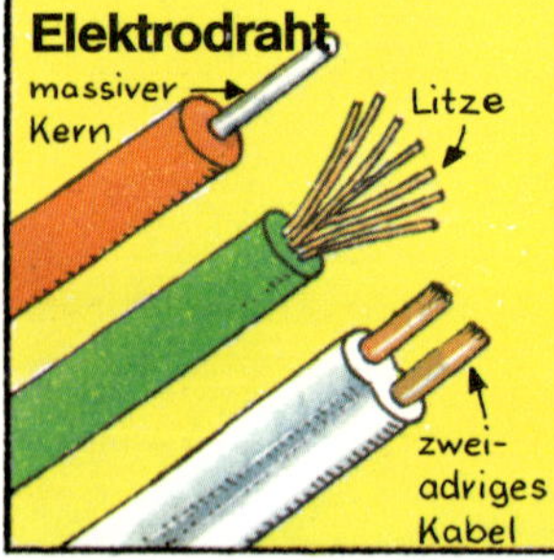

Das Innere des Drahtes, der Kern, ist aus Metall, um den elektrischen Strom zu leiten. Außen herum ist eine Plastikhülle. Manche Drähte haben einen massiven Kern (Klingeldraht), andere haben innen viele dünne Drähte (Litze). Es ist egal, welchen du benutzt. Benutzt du eine zweiadrige Leitung, so kannst du die Adern auseinander ziehen, nachdem du ein Ende zwischen den Drähten eingeschnitten hast.

Lampen

Du wirst einige Schraubbirnchen mit kleinen Lampenfassungen brauchen. Für die Versuche in diesem Buch brauchst du zwei Lampenfassungen. Sie müssen nicht so aussehen wie diese hier.
Birnchen gibt es mit verschiedener Voltzahl. Nimm für eine 9 Volt-Batterie immer eine 6 Volt-Birne, und für eine 4,5 Volt-Batterie eine 3,5 Volt-Birne.

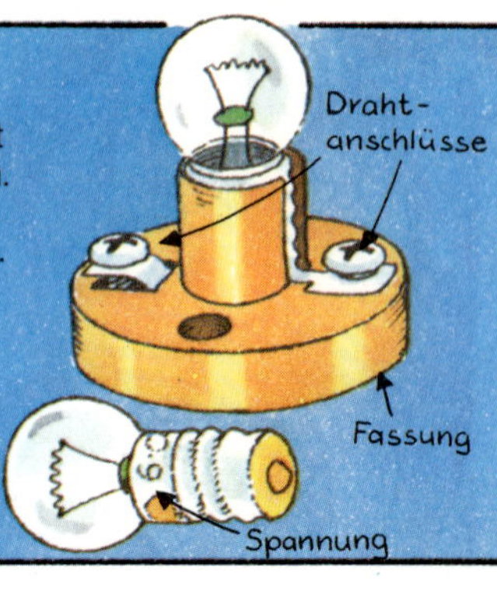

Draht abisolieren

Du mußt etwa 1,5 cm der Plastikhülle von beiden Enden des Drahtes entfernen.

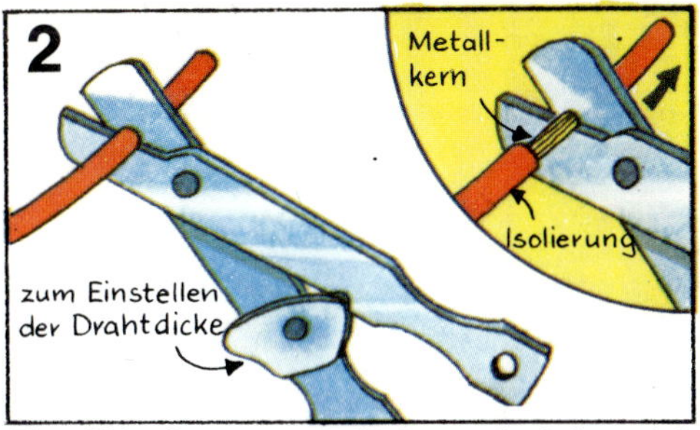

Eine Abisolierzange mußt du so einstellen, daß sie nur die Isolierung durchschneidet, ohne den Kern anzuritzen. Dann kannst du die Hülle abziehen. Stell die Zange genau ein und probier so lange, bis es klappt.

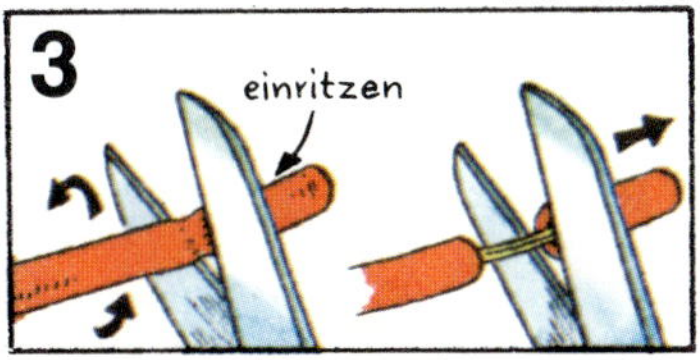

Mit etwas Vorsicht geht es auch mit einer Schere. Drück die Schneiden der Schere leicht in das Plastik und dreh den Draht. Die eingeschnittene Isolierung kannst du abziehen.

Befestigung der Drähte an der Batterie

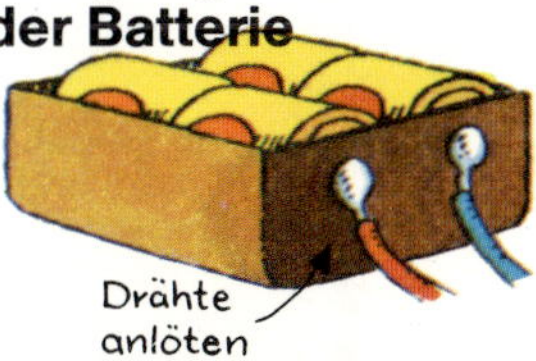

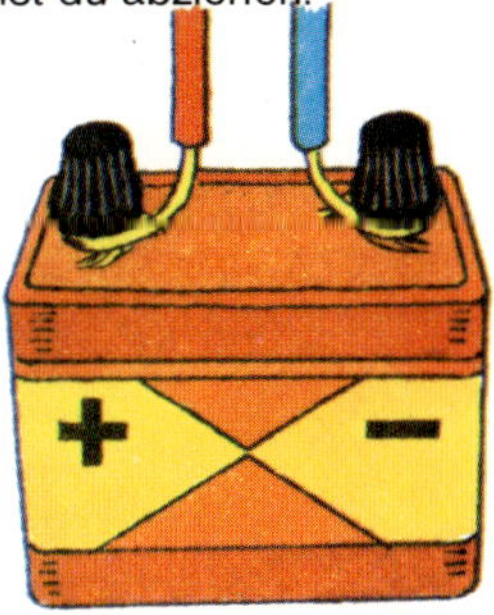

Die Bilder zeigen, wie du Drähte an verschiedenen Batterieanschlüssen befestigst. Hast du Litze aus vielen dünnen Drähten, dreh die Enden zwischen zwei Fingern zusammen, damit sie nicht wie Pinsel aussehen. Für runde Batterien brauchst du einen Batteriehalter, gekauft oder aus einem alten Radio ausgebaut. Zur Not kannst du das Ganze auch mit Klebeband zusammenhalten.

Versuche mit Batterie und Lampen

Jetzt kommen einige Versuche mit Batterie und Lampen, damit du besser verstehen kannst, wie Strom fließt. Nimm eine 4,5 Volt-Batterie, zwei 3,5 Volt-Birnen mit Fassung und zwei Drähte von etwa 25 cm Länge. Bevor es losgeht, mach die Isolierung von den Drahtenden ab, wie es auf der vorigen Seite beschrieben ist.

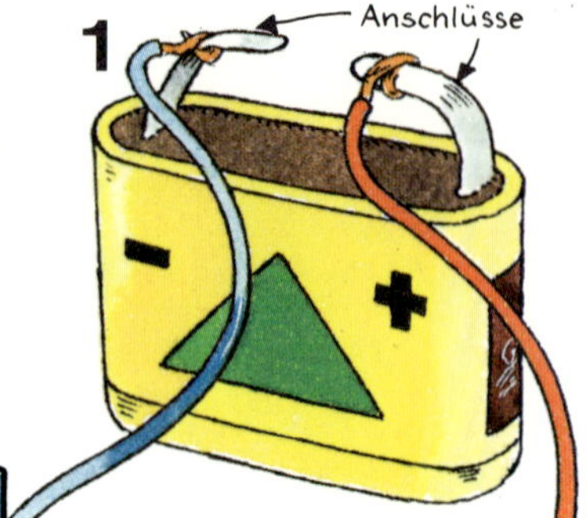

Dreh ein Ende von jedem Draht fest um die Batterieanschlüsse.

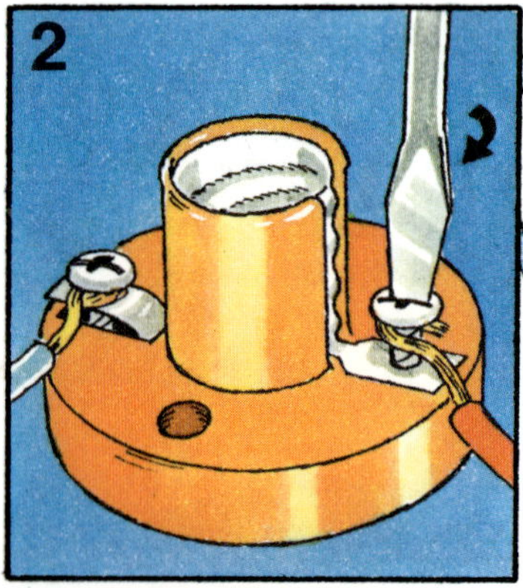

Löse die Schrauben der Birnenfassung, und wickle die anderen Enden der Drähte in der gleichen Richtung herum, wie du sie dann auch wieder festziehst.

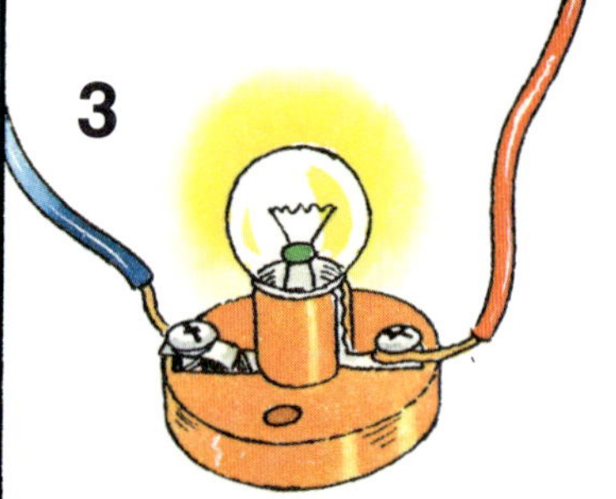

Nun schraub die Birne in die Fassung. Wenn sie nicht leuchtet, prüf noch einmal, ob die Drähte an Batterie und Fassung fest sitzen.

Nimmst du den Draht vom negativen Anschluß der Batterie weg, so geht die Lampe aus. Das zeigt, daß die positive Ladung allein die Elektronen nicht bewegen kann.

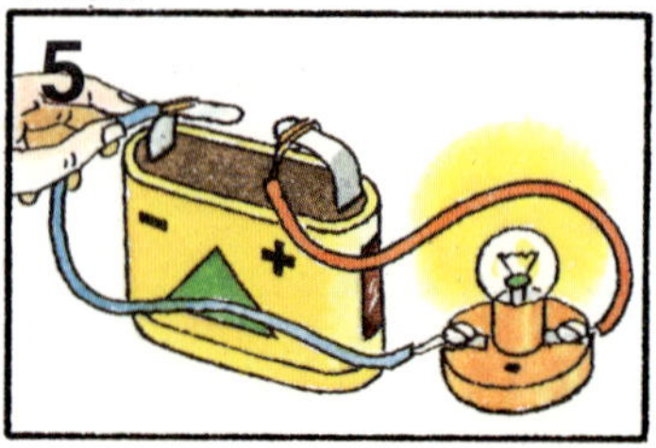

Erst wenn der Draht den negativen Anschluß wieder berührt, und die Verbindung vom negativen zum positiven Teil der Batterie wieder da ist, fließt Strom. Der „Stromkreis" ist geschlossen.

Wie Glühbirnen funktionieren

Im Inneren einer Birne ist ein sehr dünner Draht, genannt „Glühfaden“, durch den der Strom fließen muß. Der Draht ist so dünn, daß all die Elektronen nur schwer durchpassen.

Bei dem Elektronengedrängel wird der Draht glühend heiß, und strahlt Licht aus. Die Art, wie der Glühfaden den Elektronenfluß behindert, heißt „Widerstand“.

Ein weiterer Versuch

Nun schließ mit einem zusätzlichem Stück Draht zwei Lampen an die Batterie. Was passiert diesmal mit dem Licht der Lampen?

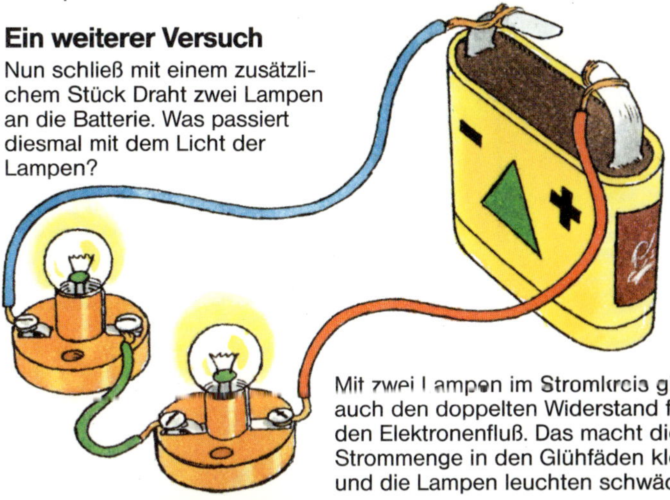

Mit zwei Lampen im Stromkreis gibt es auch den doppelten Widerstand für den Elektronenfluß. Das macht die Strommenge in den Glühfäden kleiner, und die Lampen leuchten schwächer.

Maße für Elektrizität

Die Kraft der Batterie, die die Elektronen in Bewegung setzt, heißt Spannung. Sie wird in Volt gemessen, abgekürzt V.

Die Menge des Stromes, der durch die Drähte fließt, wird in Ampère gemessen, abgekürzt A.

Die Größe des Widerstandes für den Elektronenfluß wird in Ohm gemessen, abgekürzt Ω*. kΩ bedeutet Kilo-Ohm und ist gleich 1000 Ohm.

**Ω ist das Zeichen für den griechischen Buchstaben Omega.*

Schaltpläne

Ein Schaltplan ist eine Zeichnung, auf der zu sehen ist, wie die Teile eines Stromkreises miteinander verbunden sind. Jedes Bauteil hat sein eigenes Zeichen. Du findest hier die Zeichen für Lampen, Batterien und Drähte, außerdem einige einfache Stromkreise zum Nachbauen. Für alle anderen Apparate in diesem Buch sind die Schaltpläne auf Seite 186/187 versammelt, als Ergänzung zu den Bauanleitungen.

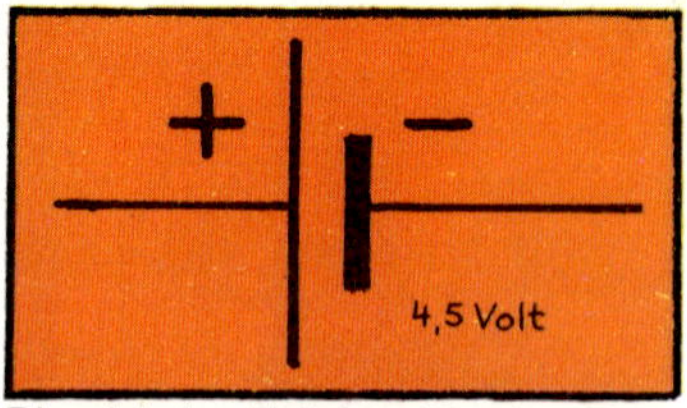

Dies ist das Zeichen für eine Batterie. Die dünne Linie ist der positive Anschluß (+Pol), die dicke, kurze Linie ist der negative Anschluß (−Pol). Die Batteriestärke wird daneben geschrieben.

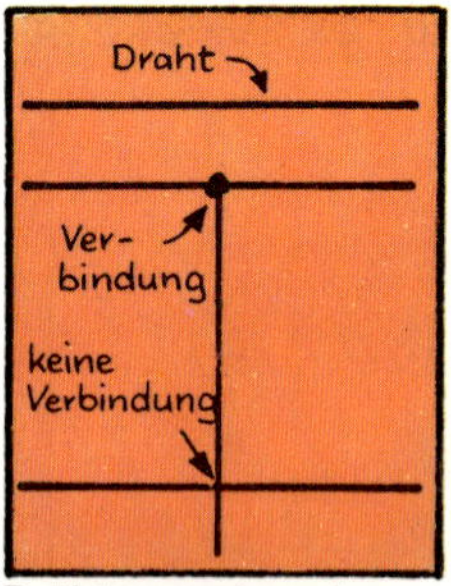

Drähte werden als gerade Linien gezeichnet. Ein Punkt ist eine Verbindung.

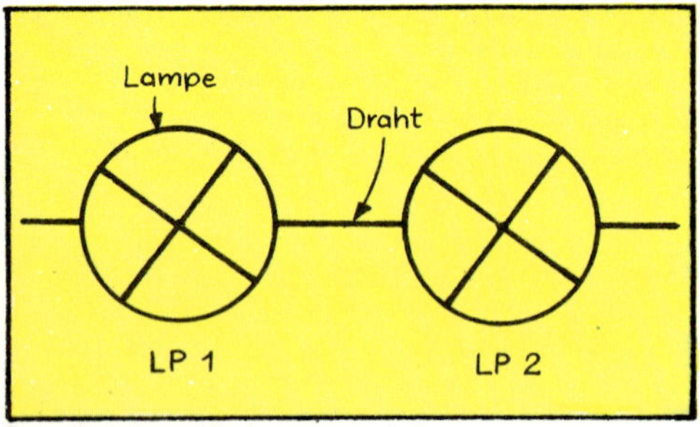

Das Zeichen für Lampen sieht so aus. Die geraden Linien daran sind Drähte. Jedes Bauteil wird mit Buchstaben als Abkürzung und einer Zahl bezeichnet.

Schaltplan

Dies ist der Schaltplan für den Stromkreis rechts daneben. Sind die Lampen so verbunden, eine hinter der anderen am selben Draht, heißt das „Reihenschaltung“. Bau es mal nach. Was geschieht, wenn du eine Birne herausschraubst? Der Stromkreis wird unterbrochen. Die andere Lampe geht auch aus, weil sie nicht mehr mit beiden Batterieanschlüssen verbunden ist.

Mehr Schaltpläne zum Nachbauen

Versuch mal, ob du nach diesen Schaltplänen bauen kannst.

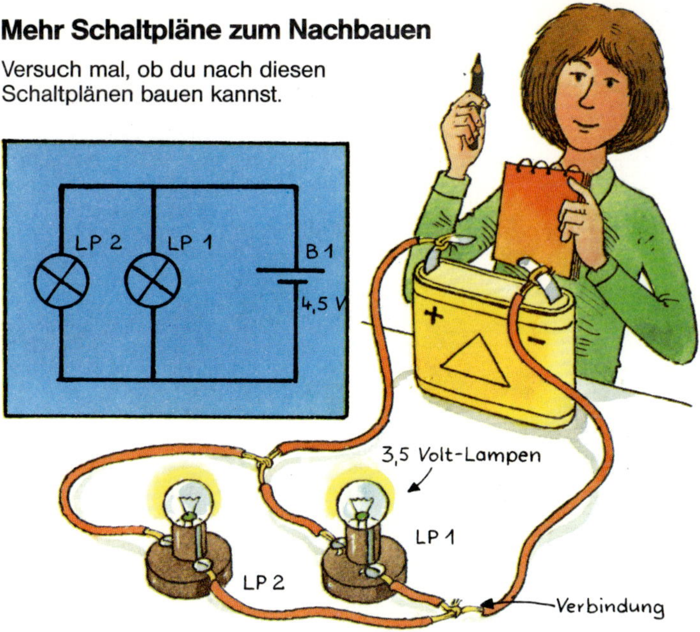

Bei diesem Stromkreis hat jede der beiden Lampen zwei eigene Drähte. Man nennt das „Parallelschaltung". Drehst du eine Birne heraus, so leuchtet die andere weiter, weil ihr Stromkreis von und zur Batterie nicht unterbrochen ist.

Bei diesem Stromkreis brennen die Lampen heller als bei der Reihenschaltung, weil dort der Strom nacheinander durch beide Lampen fließen mußte. Hier hat jede Lampe ihren eigenen Stromkreis.

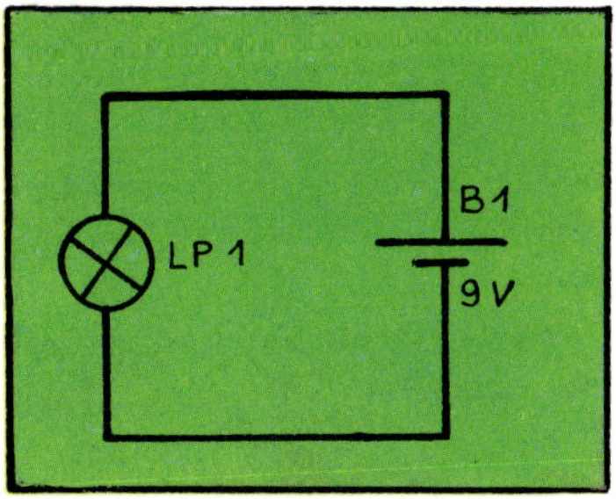

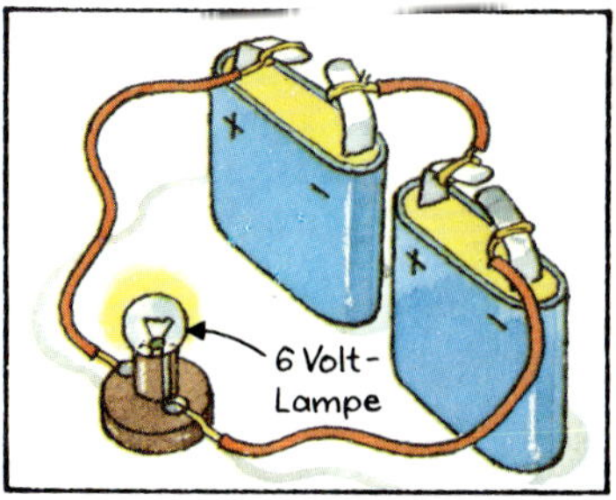

In diesem Schaltplan ist eine 9 Volt-Batterie eingezeichnet. Aus zwei 4,5 Volt-Batterien kannst du dir eine 9 Volt-Batterie zusammensetzen, wie es das Bild oben zeigt. Der negative Anschluß der einen Batterie wird mit dem positiven Anschluß der anderen Batterie verbunden.

Elektronische Bauteile

Diese beiden Seiten zeigen die elektronischen Bauteile, die du für die Apparate in diesem Buch brauchen wirst. Auf den Seiten 176 – 183 steht noch mehr darüber. Außerdem findest du dort einige Versuche, durch die du die Bauteile besser kennenlernst. Wenn du ein paar Versuche machst, bevor du die Apparate baust, wirst du dich an den Umgang mit den Bauteilen gewöhnen und besser wissen, wie sie funktionieren.
Viele Bauteile, die du kaufst, können anders aussehen als die in diesem Buch, obwohl sie das gleiche machen. Auf Seite 188/189 stehen einige Tips zum Sortieren der Bauteile für die Apparate.

Widerstände

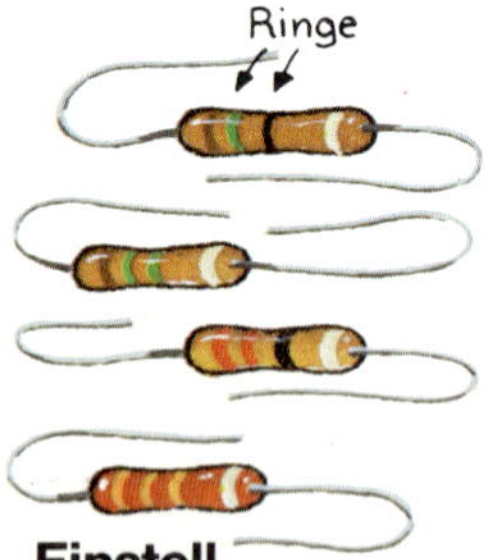

Sie machen die Strommenge in einem Stromkreis kleiner, weil sie dem Elektronenstrom einen Widerstand entgegensetzen. Die Größe des Widerstands wird in Ohm gemessen (Ω, oder kΩ für 1000 Ohm), und ist mit farbigen Ringen auf dem Widerstand angegeben. In welcher Reihenfolge man die Ringe liest, steht auf der nächsten Seite unten; was die Farben bedeuten, findest du auf Seite 177.

Einstell-Widerstände

Diese Widerstände verändern ihren Widerstand, wenn du mit einem sehr kleinen Schraubenzieher oder einem spitzen Messer an einer Art Schraube in ihrer Mitte drehst. Sie heißen auch Trimmpotentiometer, kurz Trimmpots. Ihr größter Widerstand ist in Zahlen, manchmal auch mit Farbpunkten aufgedruckt.

Dioden

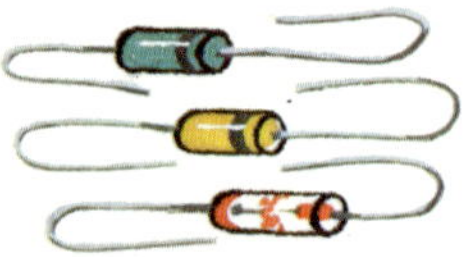

Dioden sind Einbahnstraßen für die Elektronen. In einer Richtung fließt Strom, in der anderen nicht. Sie haben an einem Ende einen Farbring, der dir zeigt, wie herum du sie anschließen mußt.

Leuchtdioden (LED)

Auch durch sie fließt der Strom nur in einer Richtung, und sie leuchten dabei wie kleine Glühbirnchen. Such dir beim Kauf welche mit einem abgeflachten Rand aus. Die flache Stelle ist oft schwer zu sehen. In den Bauanleitungen steht, wo das Bein bei der flachen Stelle hinkommt.

Transistoren

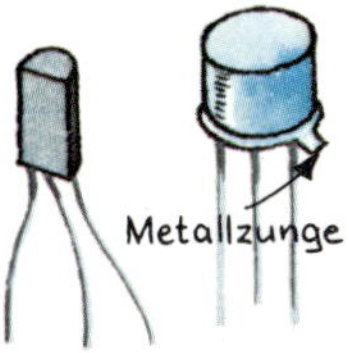

Transistoren können den Strom, der durch sie fließt, stärker und schwächer machen oder ganz aus- und einschalten. Sie haben drei Anschlüsse, die nicht verwechselt werden dürfen. Sonst funktionieren sie nicht oder gehen kaputt. Mit einem Farbpunkt oder einer kleinen Metallzunge am Gehäuse ist ein Bein gekennzeichnet. In den Bauanleitungen steht genau, wo welches Bein hinkommt.

Kondensatoren

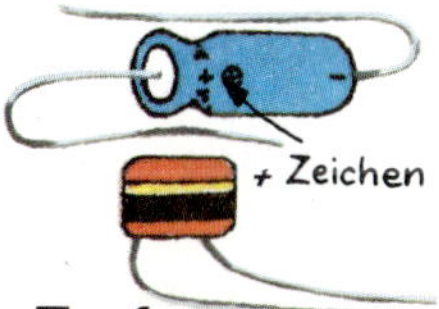

Diese Bauteile speichern kleine Mengen von Elektronen. Die Menge wird in Mikrofarad (μF)* oder, bei sehr kleinen Mengen, in Picofarad (pF) gemessen. Es gibt sie in vielen verschiedenen Formen, Farben und Größen; also mach dir nichts daraus, wenn deine nicht genauso aussehen wie die auf den Bildern. Manche, die „Elektrolyt-Kondensatoren", haben auf einer Seite ein +-Zeichen. Sie müssen richtig herum in den Stromkreis eingesetzt werden. Was richtig ist, steht in den Bauanleitungen.

Tonfrequenz-Transformator

Er wandelt elektrische Stromstärke um, damit sie zu einem Lautsprecher oder einem Kristall-Ohrhörer paßt.

Weitere Bauteile

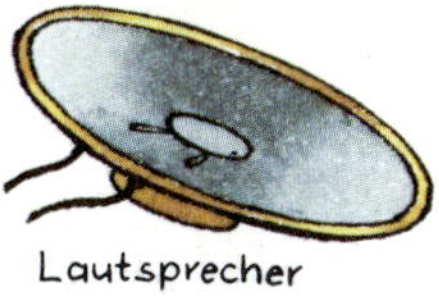

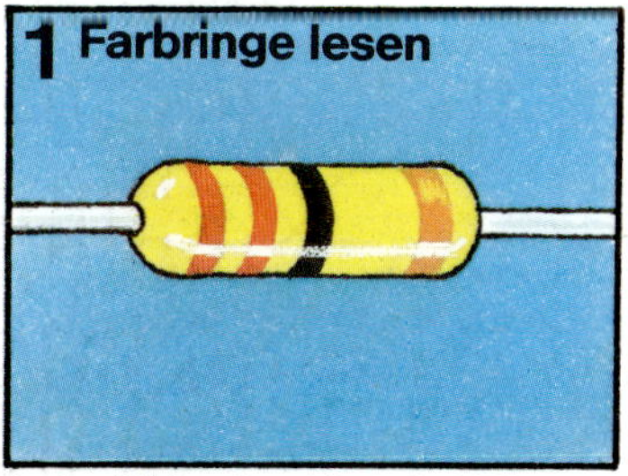

Jeder Widerstand hat drei Ringe an einem Ende und einen einzelnen goldenen, silbernen, roten oder braunen Ring.

Die richtige Leserichtung ist von links nach rechts mit den drei Ringen auf der linken Seite. Was die Farben bedeuten, findest du auf Seite 177.

*μ ist das Zeichen für den griechischen Buchstaben „μ", sprich mü.

Wie die Apparate gebaut werden

Die Bauteile der Apparate werden auf einem speziellen Lochbrett, genannt „Platine“, miteinander verbunden. Die Platine hat Löcher für die Beine der Bauteile. Der Strom fließt zu ihnen durch Kupferstreifen. Diese Platinen kriegst du, wenn du in Elektronikläden nach „Veroboard-Streifenplatinen mit 2,5 mm Raster“ fragst. 2,5 mm Raster bedeutet, daß von Lochmittelpunkt zu Lochmittelpunkt der Abstand 2,5 mm beträgt.

Wenn in diesem Buch von der Unterseite der Platinen geredet wird, so bedeutet das die Seite mit den Kupferstreifen. Auf der Oberseite stecken die Bauteile.

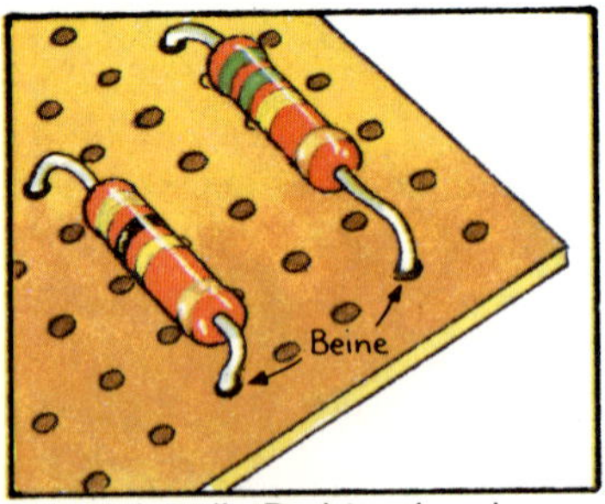

Du steckst die Drahtenden der Bauteile durch die Löcher und verlötest sie mit den Kupferstreifen unten. Über das Löten steht einiges auf den Seiten 146 – 149.

Alle Bauteile an demselben Kupferstreifen sind elektrisch miteinander verbunden. Manchmal mußt du sie trennen, indem du den Streifen unterbrichst.

Unterbrechungen kriegst du mit einem 4 – 5 mm dicken Spiralbohrer, den du so lange zwischen zwei Fingern drehst, bis alles

Kupfer weg ist. Um eine Platine zu teilen, ritz sie mehrmals entlang einem Lineal mit einem Messer ein und brich sie durch.

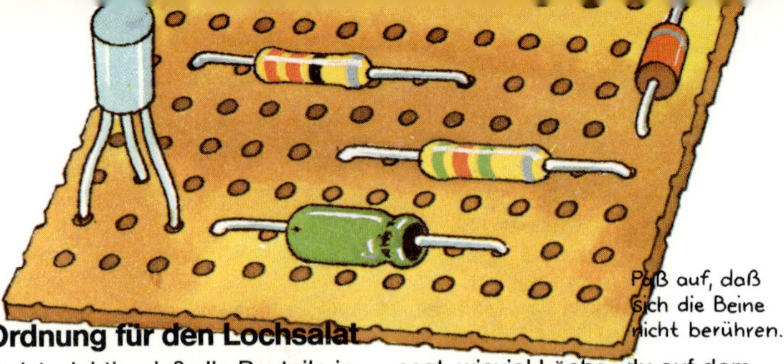

Ordnung für den Lochsalat

Es ist wichtig, daß alle Bauteile in den richtigen Löchern stecken. Dafür hat in den Bauanleitungen jedes Loch einen Buchstaben und eine Zahl. Der Buchstabe ist für den Kupferstreifen; die Zahl sagt, wieviel Löcher du auf dem Streifen abzählen mußt. Gezählt wird immer auf der Oberseite der Platine, wo die Bauteile sind. Am besten zeichnest du dir eine Suchhilfe.

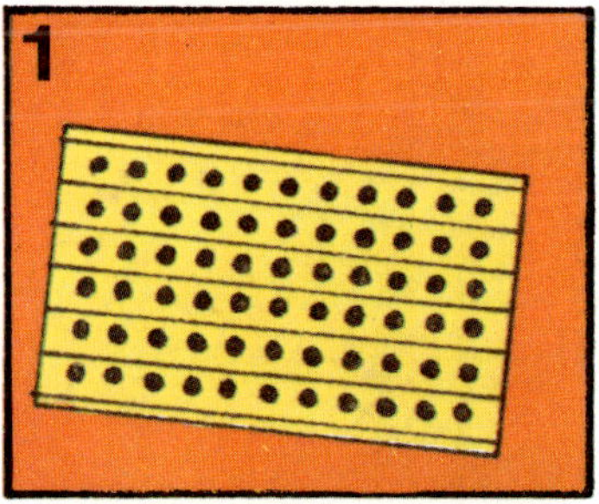

Schneide die Platine auf die richtige Größe. In der Bauanleitung steht z. B. „15 Streifen x 21 Löcher", das heißt 15 Streifen breit und 21 Löcher lang.

Dann legst du die Platine auf ein Blatt Papier, die Streifen waagrecht oder senkrecht, wie es in der Bauanleitung steht, und zeichnest die Umrandung ab.

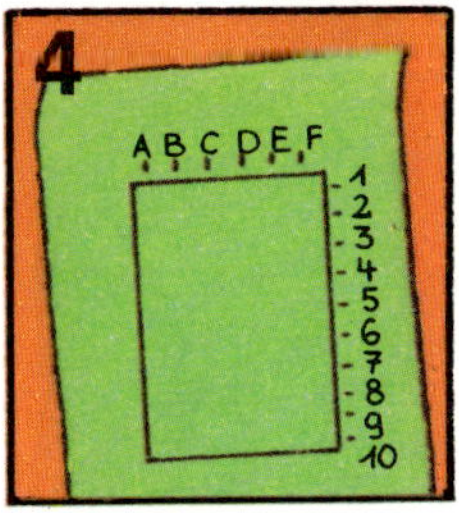

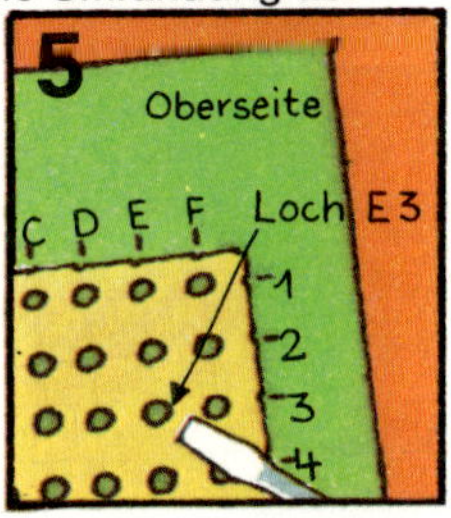

Markier dir um den Rand herum die Löcher und Streifen. An die Marken kommen Buchstaben für die Streifen und Zahlen für die Löcher. Legst du dann beim Bauen die Platine auf das Papier, so kannst du die Löcher leicht finden.*

Vergiß nicht, die Löcher werden auf der Oberseite der Platine abgezählt.

Wie man lötet

Löten heißt die Verbindung von zwei Metallen mit einem dritten, dem „Lötzinn". Das Lötzinn wird geschmolzen und macht eine feste, stromleitende Verbindung. Du schmilzt das Lötzinn mit einem Lötkolben. Der wird sehr heiß (etwa 300°), also paß auf, daß die Spitze nichts berührt und aus Versehen irgendwo Löcher hineinbrennt.

Diese Dinge brauchst du zum Löten. Radiolot enthält in seinem Inneren eine Art Harz, das es gut fließen läßt.

Warte, bis der eingestöpselte Lötkolben heiß ist. Die Spitze darf nichts berühren.

Such die richtigen Löcher. Du kannst sie mit Filzschreiber anzeichnen.

Steck die Beine des Bauteils von der Oberseite der Platine her durch die Löcher.

Bieg die Beine auf der Unterseite etwas auseinander, damit es klemmt.

Putz die Lötkolbenspitze auf dem feuchten Schwamm ab.

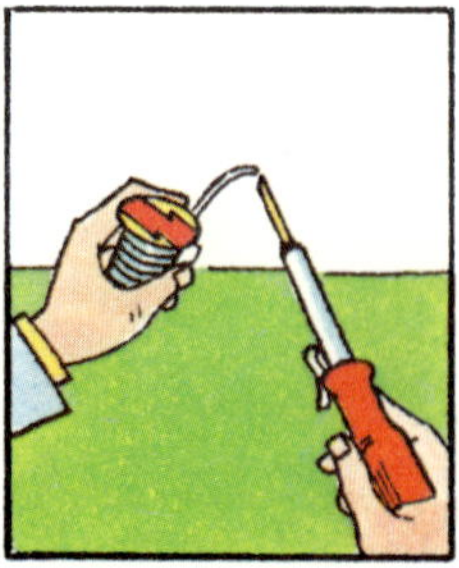

Laß etwas Lötzinn an der Spitze schmelzen. Ein Tropfen genügt.

Dann halt gleichzeitig Lötkolbenspitze und Zinn dort hin, wo der Draht vom Bauteil und der Kupferstreifen sich berühren. Der Kolben ist auf der einen Seite des Drahtes, das Zinn auf der anderen – etwa eine Sekunde, bis das geschmolzene Zinn glatt und gleichmäßig verläuft. Dann laß die Verbindung abkühlen.

Mit dem Seitenschneider kneifst du den überflüssigen Draht ab. Halt das Drahtende fest, damit es dir nicht ins Gesicht springt.*

Die Lötstelle soll glatt und glänzend aussehen, und das Zinn darf keine Brücke zwischen zwei Kupferstreifen machen.

Um Brücken zu entfernen, fahr mit dem Kolben in der Lücke zwischen den Streifen entlang. Eine Lötstelle entfernst du, indem du die Platine wie auf dem Bild oben hältst, das Lötzinn schmelzen läßt, und auf den Tisch abklopfst. Vorsicht, heiß!

** Paß auf, daß du das Drahtende sicher hältst und es nicht auf dich zielt, damit du so ein Metallstück nicht ins Auge kriegst.*

Mehr über das Löten

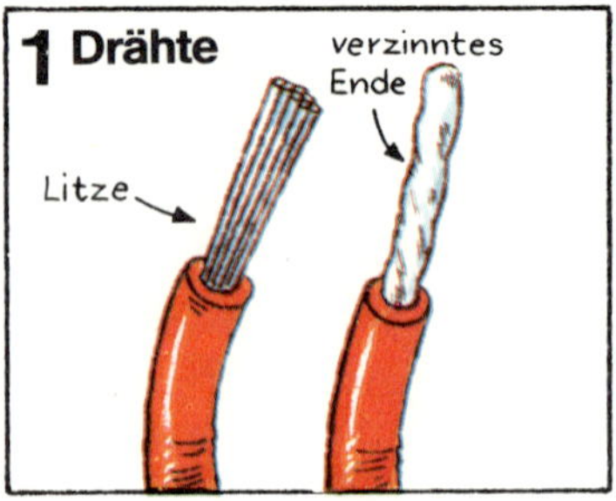

Wenn du Litze benutzt, ist es gut, die feinen Drähtchen am Ende miteinander zu verlöten. Das nennt man „verzinnen".

Nachdem du etwa 1 cm der Isolierung abgezogen hast, verzwirble die Drähtchen und klemm den Draht irgendwie fest.

Putz die Lötkolbenspitze ab und laß einen Tropfen Zinn daran schmelzen.

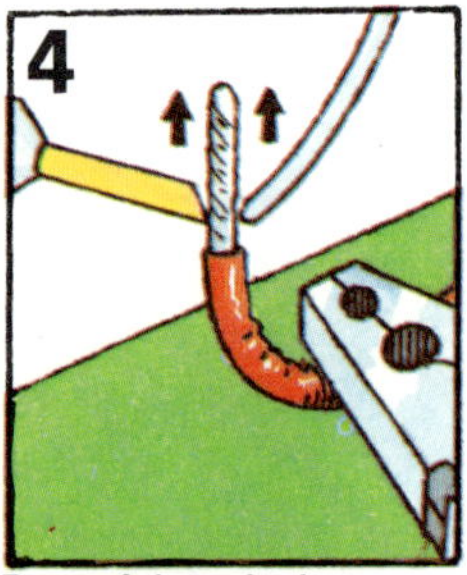

Dann fahr mit dem Kolben auf der einen und dem Zinn auf der anderen Seite am

Drahtende entlang. Das ganze Ende soll dünn mit Zinn überzogen sein.

Manchmal brauchst du eine Verbindung von einem Kupferstreifen zu einem anderen. Du benutzt dazu ein kurzes Stück Draht, das

genauso eingelötet wird wie ein Bauteil. Für sehr kurze Verbindungen braucht der Draht keine Isolierung.

Drahtanschlüsse zur Platine

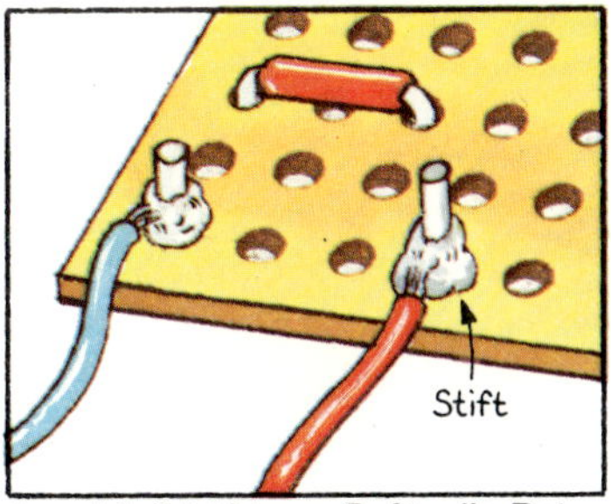

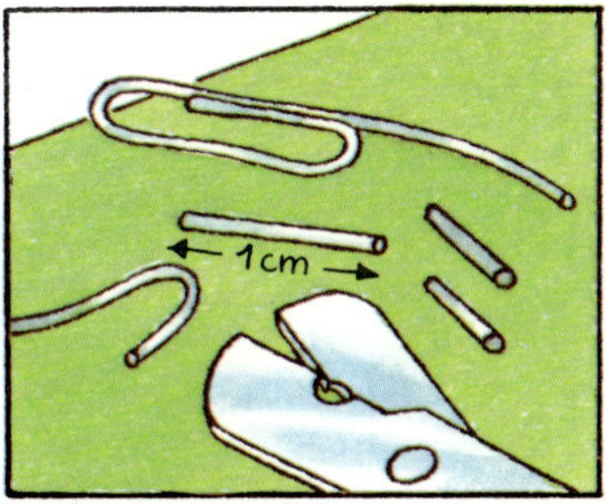

Anschlußdrähte, z. B. für die Batterie, sollen nicht direkt mit dem Kupferstreifen verlötet werden. Sie reißen sonst leicht ab. Dazwischen kommen „Lötstifte“, die du kaufen kannst. Oder du nimmst dicke Drahtreste von den Bauteilen. Es geht auch mit 1 cm langen Stücken von Büroklammern.

Lötstifte befestigen

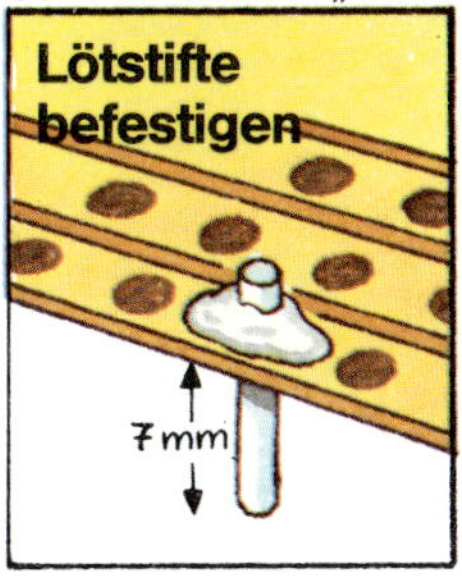

Steck den Stift in sein Loch. Auf der Oberseite der Platine stehen 7 mm über. Löte ihn fest.

Wickle den Draht oben auf der Platine um den Stift, löte ihn schnell an, fertig.

Tip

Wickelst du zusammengehörige Drähte umeinander, so verbessert das die Übersicht.

Platinenhalter

Eine nützliche Hilfe beim Einlöten der Bauteile sind diese zwei Holzstücke mit Schlitzen. Falls du eine Säge findest, die genügend dick für die Schlitze ist, so kannst du dir den Platinenhalter leicht selber machen.

Sicher zum Erfolg

Wenn du noch nie gelötet hast, probier es jetzt ein paarmal aus. Du bist dann beim Bau der Apparate viel sicherer.
Bevor du dich an den Bau eines Apparates machst, überzeug dich, daß alle Bauteile die richtigen sind. Auf Seite 188/189 findest du einige Tips, wie du sie erkennen kannst. Und noch ein paar Punkte, die dir nützen werden:

1. Zähl die Löcher immer auf der Oberseite der Platine – dort, wo die Bauteile hinkommen. Die Buchstaben sind für die Kupferstreifen, die Zahlen für die Löcher.

2. Achte besonders darauf, daß Transistoren, Dioden und Elektrolyt-Kondensatoren richtig herum in ihren Löchern stecken.

3. Sieh dir jede Lötstelle an, ob sie fest und glänzend ist. Wenn nicht, löte sie nach. Und achte auf überflüssiges Lötzinn zwischen den Kupferstreifen.

4. Die Anschlußdrähte der Bauteile dürfen sich nicht berühren.

5. Vergleich deinen Apparat mit dem Bild im Buch, bevor du die Batterie anschließt. Alle Teile müssen in den richtigen Löchern stecken.

6. Schließ die Batterie richtig herum an (Plus an den positiven Anschluß, Minus an den negativen Anschluß der Batterie).

7. Funktioniert dein Apparat nicht, gibt es auf Seite 191 Tips für die Fehlersuche. Auch bei Profis funktioniert kaum ein elektronischer Apparat auf Anhieb.

Gehäuse für die Apparate

Wenn du willst, kannst du die Apparate in Gehäuse einbauen.* Entscheide das, bevor du anfängst zu bauen.

Es kann sein, daß du die Beine der Leuchtdioden mit Draht verlängern mußt, damit sie aus dem Gehäuse heraus sehen.

*Einige Ideen für Gehäuse stehen auf Seite 184/185.

Ratespiel

Dieses Spiel hat zwei Lichter, von denen eines angeht, wenn du einen Knopf drückst. Welches leuchtet, weiß vorher niemand. Du kannst mit Freunden zusammen versuchen zu erraten, welches angehen wird. Wer kriegt die meisten Punkte?

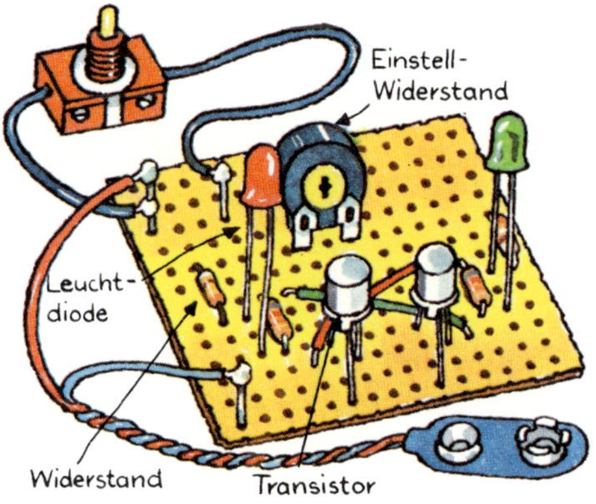

Tips, wie du die Bauteile erkennen kannst, findest du auf Seite 188/189.

Bauteile-Liste

Zwei 390 Ω* Widerstände (orange-weiß-braun)
Zwei 82 kΩ Widerstände (grau-rot-orange)
1 kΩ Einstell-Widerstand (aufrecht stehend)
Zwei Transistoren BC 107
Zwei Leuchtdioden
Druckschalter
60 cm Draht, drei Stifte
Veroboard 13 Streifen x 15 Löcher
9 Volt-Batterie und Druckknopfanschluß

Schneide die Platine auf die richtige Größe und zeichne dir eine Suchhilfe (siehe Seite 145) mit waagrechten Kupferstreifen.

Bohr zwei Unterbrechungen in die Kupferstreifen bei Loch C3 und E8. Abgezählt wird auf der Oberseite der Platine.

Ω* bedeutet Ohm und kΩ bedeutet 1000 Ohm.

Löte die drei Stifte in die Löcher C1, C4 und M1. Dann löte den Einstell-Widerstand in die Löcher C8, E7 und E9 mit dem mittleren Bein in C8.

Dann kommen die beiden grau-rot-orangen Widerstände (82 kΩ), der eine von Loch G4 nach J4, der andere von G13 nach J13. Die Platine sieht nun so aus.

Die beiden orange-weiß-braunen Widerstände (390 Ω) kommen von E2 nach H2 und von E15 nach H15. Vergiß nicht, zwischendurch die Lötstellen zu prüfen.

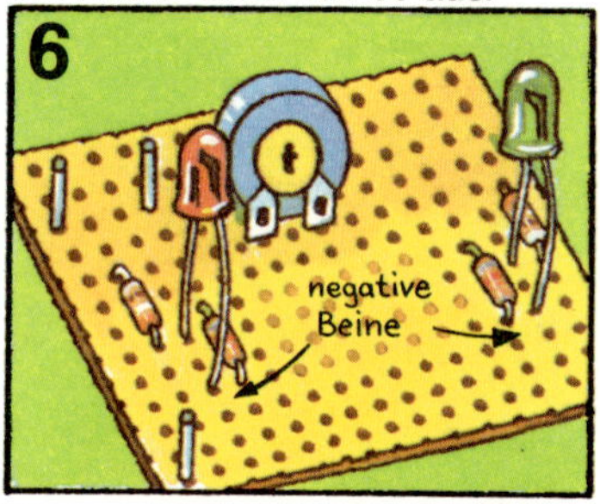

Die Leuchtdioden gehören in H3, J3 und in H14, J14. Die Beine an der abgeflachten Seite kommen in die J-Löcher.

Jetzt bohr Unterbrechungen in G8, H8, J8 und K8.

Ein Transistor kommt in die Löcher J6, K7 und M6, der andere in J10, K11 und M10. Achte darauf, daß die Beine bei den Metallzungen wirklich in den M-Löchern stecken.

Schneide dir zwei isolierte Drahtstücke zurecht, 4 cm lang, und zieh an allen vier Enden 0,5 cm der Isolierung ab. Die Enden der Litze werden verzinnt (Seite 148).

Ein Draht verbindet die Löcher G5 und K12, der andere K5 und G12, so daß die Drähte sich kreuzen, wie oben auf dem Bild.

Zwei Drähte, 8 cm lang, führen von den Stiften in C1 und C4 zum Schalter und werden dort angeschraubt.*

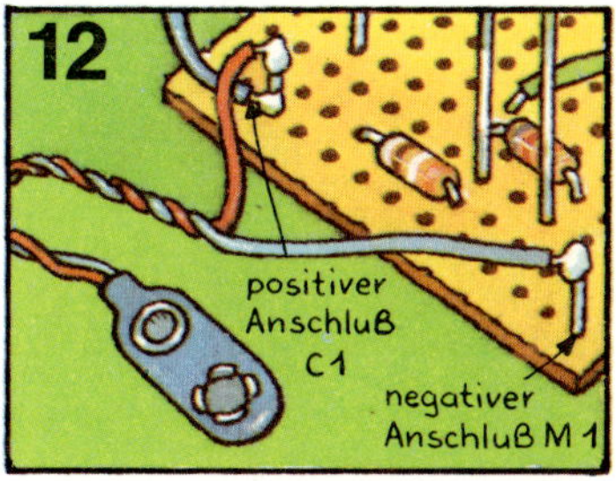

Dann löte zwei Drähte für die Batterie an die Stifte in C1 und M1. Beim Druckknopfanschluß gehört der rote Draht (positiv) an C1.

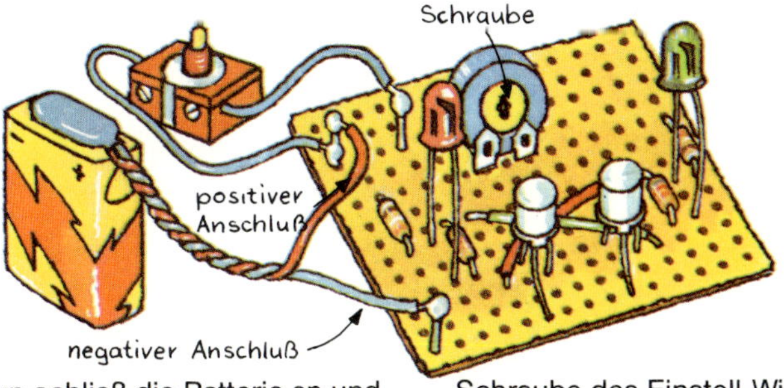

Nun schließ die Batterie an und drück ein paarmal auf den Schalter. Geht eine Leuchtdiode viel häufiger an als die andere, so hilft vorsichtiges Drehen an der Schraube des Einstell-Widerstands weiter. Verstell den Widerstand und drück auf den Schalter, bis beide Leuchtdioden etwa gleich oft angehen.

* *Wenn du einen anderen Schalter hast, siehe Seite 188.*

Topfpflanzentester

Dieses kleine elektronische Gerät zeigt dir, ob eine Topfpflanze Wasser braucht. Das geht mit drei Bauteilen. Wie es fertig aussieht, zeigt das Bild unten.

Um eine Pflanze zu testen, steckst du die beiden langen Drahtfühler in die Blumenerde. Bleibt die Leuchtdiode an, ist die Erde trocken. Flackert sie oder geht sie ganz aus, ist alles in Ordnung.

Bauteile-Liste

4,7 kΩ Einstell-Widerstand (aufrecht stehend)
Transistor BC171A
Leuchtdiode (Farbe egal)
Zwei 10 cm Stücke festen Draht (z. B. von geradegebogenen Büroklammern) für die Fühler
20 cm Isolierschlauch, innen 2 mm, oder Klebeband für die Fühler
20 cm Draht, zwei Stifte
Veroboard 7 Streifen x 12 Löcher
4,5 Volt-Batterie

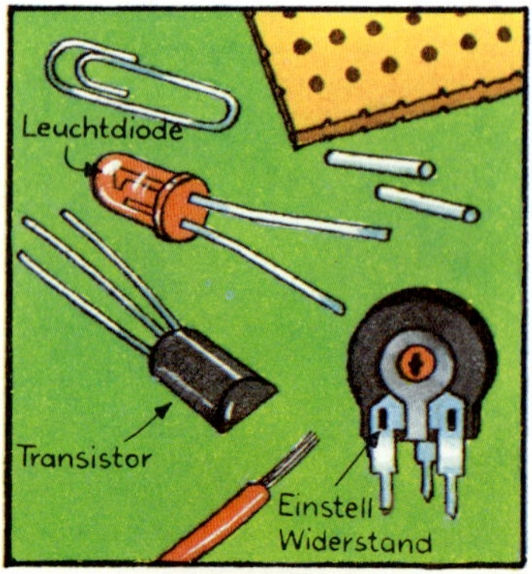

Bau des Topfpflanzentesters

Schneide die Platine auf die richtige Größe und zeichne dir eine Suchhilfe mit senkrechten Kupferstreifen.

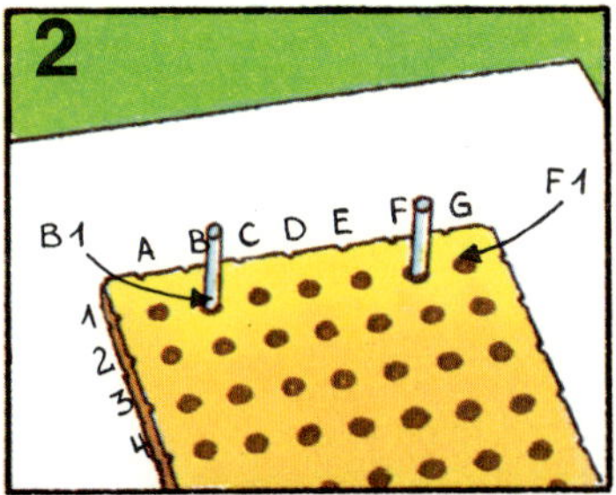

Zähl auf der Oberseite die Löcher B1 und F1 ab, steck in jedes einen Stift, und löte sie unten an den Kupferstreifen fest.

Fädel die Fühler in den Isolierschlauch, so daß an beiden Enden 1 cm blank bleibt.

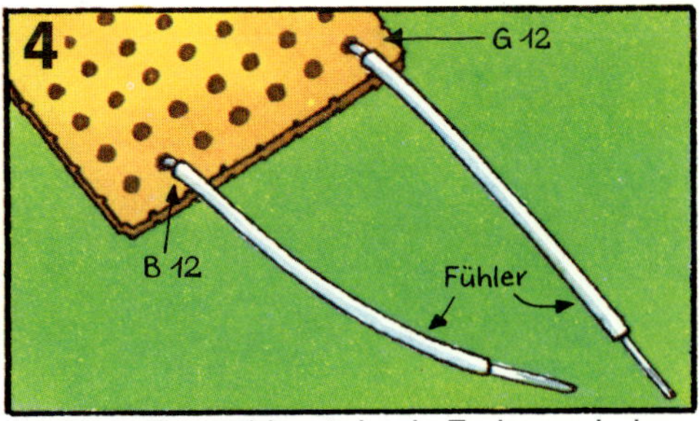

Mit einer Zange biegst du ein Ende von jedem Fühler rechtwinklig ab und lötest sie in die Löcher B12 und G12. Es soll wie auf dem Bild oben aussehen.

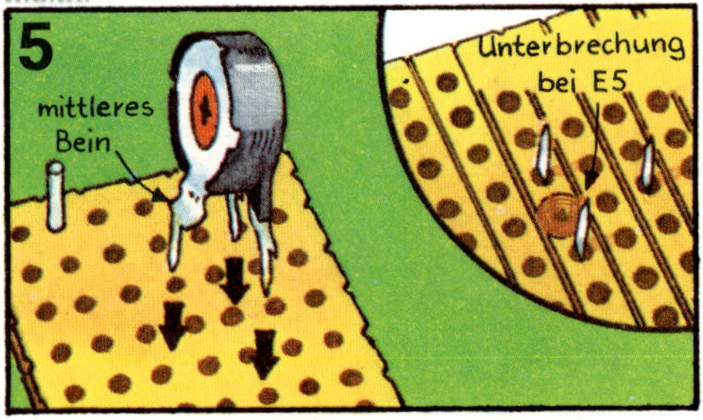

Der Einstell-Widerstand steckt in C5, E4 und E6, das mittlere Bein in C5. Löte ihn auf der Rückseite fest. Bohr eine Unterbrechung bei E5.

Ein kurzer Draht verbindet die Löcher E7 und F7.

Steck die drei Beine des Transistors in die Löcher A8, C8 und E8, so daß die flache Seite des Gehäuses zu dem Einstell-Widerstand zeigt, das mittlere Bein in C8, wie auf dem Bild oben.*

Eine isolierte Drahtbrücke verbindet Loch C9 mit Loch G9.

Bei der Leuchtdiode mußt du genau hinsehen, um die abgeflachte Stelle am Rand des Gehäuses zu finden. Das Bein an dieser Seite kommt in B10, das andere wird in A10 festgelötet.

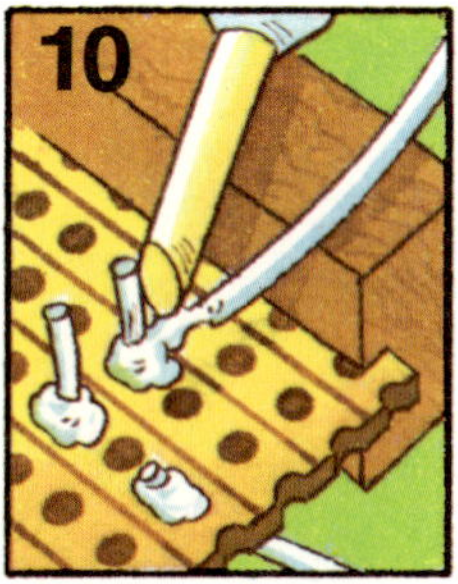

Schneide die überstehenden Enden der Leuchtdiodenbeine ab.

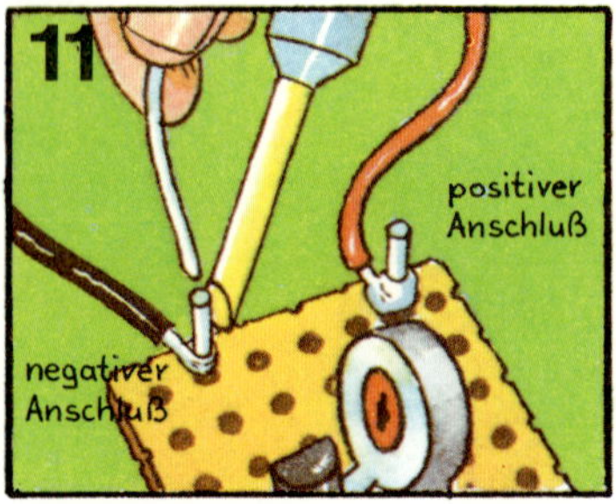

An die Stifte in B1 und F1 lötest du 8 cm lange Anschlußdrähte für die Batterie. B1 ist der negative, F1 der positive Draht.

Bevor du die Batterie anschließt, kontrollier die Lage der Bauteile und ob kein Lötzinn zwischen den Streifen ist.

 **Bei Transistoren mit Metallzunge das Bein bei der Zunge in A8.*

Test

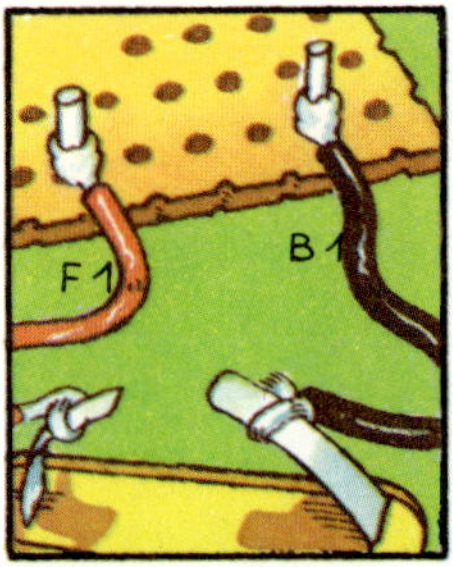

Sobald die Batterie angeschlossen ist (B1 = − und F1 = +) soll die Leuchtdiode angehen.

Sie muß ausgehen, wenn du die Fühler auf ein feuchtes Tuch hältst. Dreh am Einstell-Widerstand, bis sie das tut. Das Einstellen heißt bei Fachleuten „Abgleich".

So funktioniert's

Wasser leitet elektrischen Strom ganz gut. Wenn die Erde feucht ist, kann Strom von einem Fühler zum anderen fließen. Nimmt der Strom diesen Weg, so schaltet der Transistor ab, und die Leuchtdiode geht aus. Durch trockene Erde fließt kein Strom. Stattdessen kommt er über den Einstell-Widerstand in den Transistor, und die Leuchtdiode bleibt an.

Nützliche Krokodile

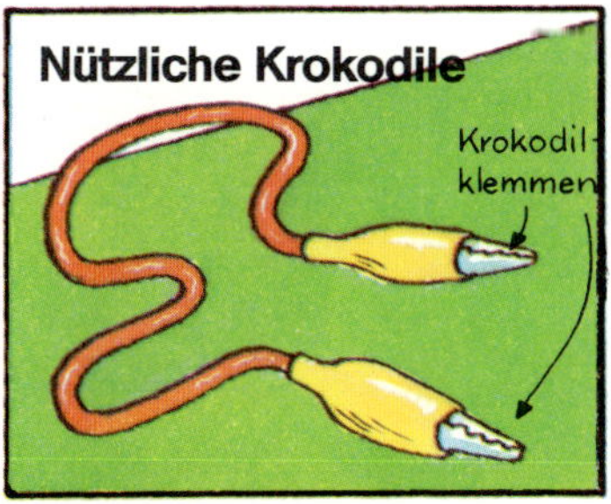

Ein solches Stück Draht mit „Krokodilklemmen" an den Enden ist sehr praktisch, um Batterien anzuschließen.

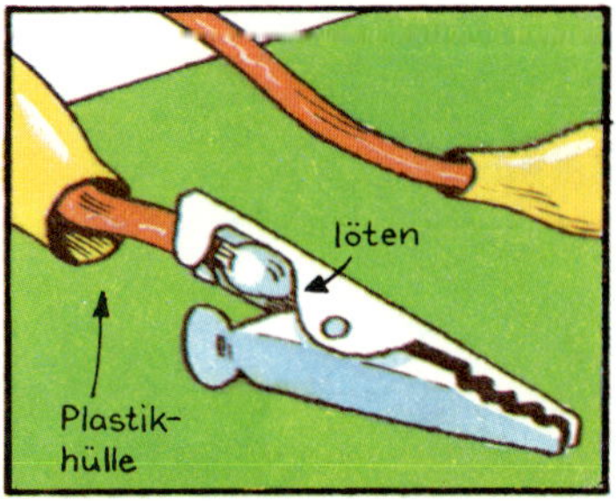

Es gibt sie fertig zu kaufen, oder du besorgst nur die Klemmen und lötest sie selber an Litze.

Alarmanlage

Diesen Apparat kannst du mit deiner Zimmertür oder einem Schrank verbinden. Er schlägt laut und durchdringend Alarm, wenn jemand die Tür öffnet. Die fertige Platine mit allen Bauteilen siehst du auf dem Bild unten.

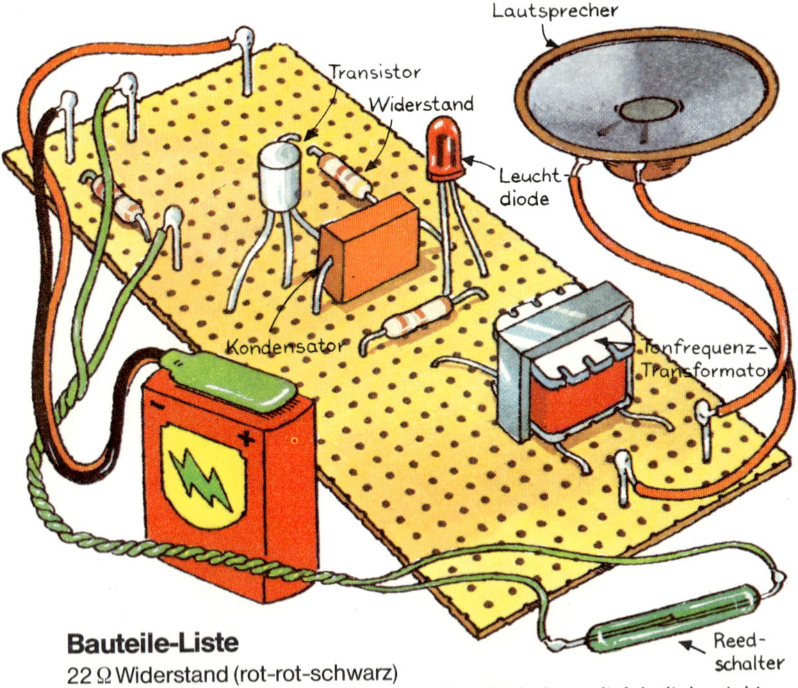

Bauteile-Liste

22 Ω Widerstand (rot-rot-schwarz)
4,7 kΩ Widerstand (gelb-violett-rot)
39 kΩ Widerstand (orange-weiß-orange)
Transistor AC127
Tonfrequenz-Transformator LT700
0,01 μF Kondensator*
8 Ω Miniaturlautsprecher
Leuchtdiode (Farbe egal)
Reedschalter mit Arbeitskontakt und irgendein Magnet
Sechs Stifte
Veroboard 14 Streifen x 30 Löcher
9 Volt-Batterie und Druckknopfanschluß
Draht (genügend für die Verbindung vom Apparat zur Tür)

** Statt einer Zahl kann dein Kondensator Farbstreifen haben: braun-schwarz-orange-rot.*

Bau der Alarmanlage

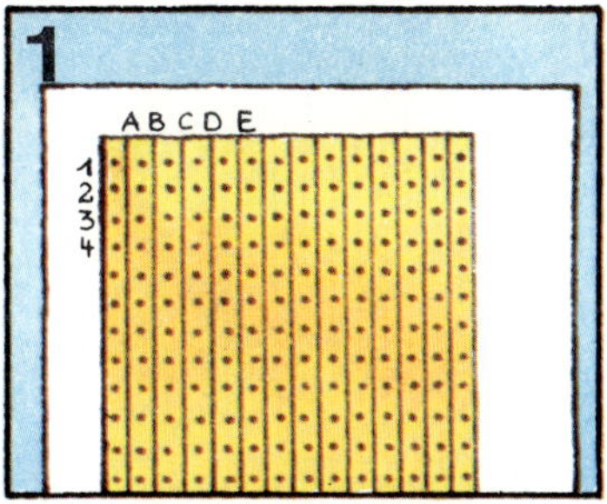

Schneide die Platine auf Größe und zeichne eine Suchhilfe mit senkrechten Streifen. Die Stifte lötest du in B2, E2, K2, B9, H29 und L29. Übrigens, gezählt wird

auf der Oberseite. Der rot-rot-schwarze Widerstand (22 Ω) gehört in die Löcher B3 und B7. Dann bohr Unterbrechungen bei B5, K9, H25 und L25.

Der Transistor kommt in B12, E12 und G12 mit dem Bein beim Farbpunkt oder bei der Metallzunge in G12.

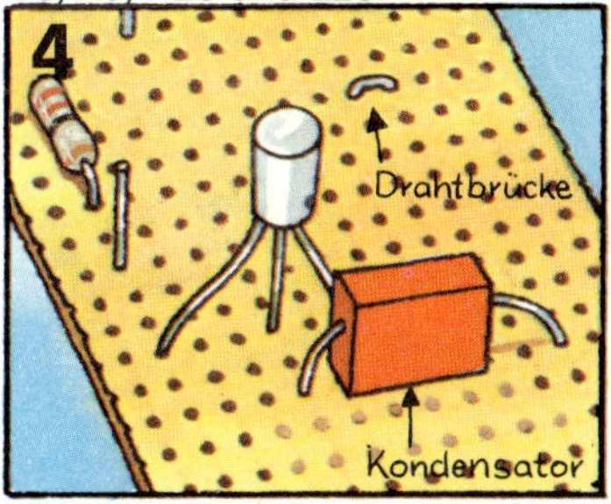

Steck den Kondensator, egal wie herum, in E14 und L14. Dann mach eine kurze Drahtbrücke von J5 nach K5.

Der gelb-violett-rote Widerstand (4,7 kΩ) führt von K6 nach K12, der orange-weiß-orange (39 kΩ) von E17 nach K17.

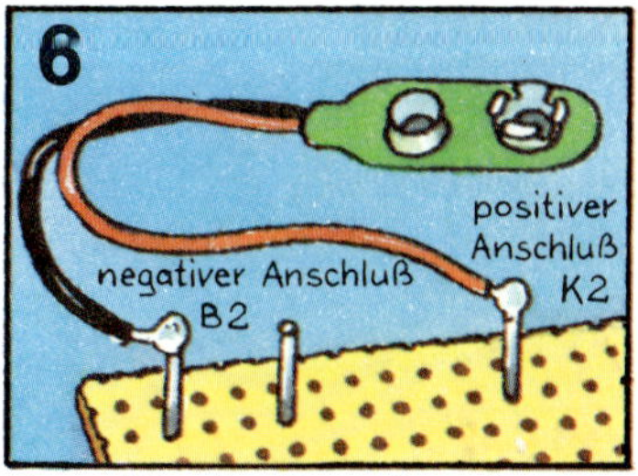

Dann löte den Druckknopfanschluß an die Stifte in B2 (negativ = schwarzer Draht) und K2 (positiv = roter Draht).

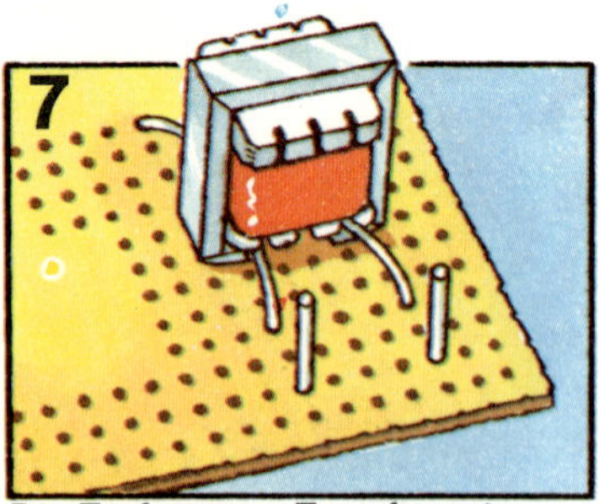

Der Tonfrequenz-Transformator hat zwei dicke Metallbeine. Die brauchst du nicht. Bieg sie unter den Transformator, damit sie nicht stören. Die Drähte lötest du in G19, J19, L19, H27 und L27.

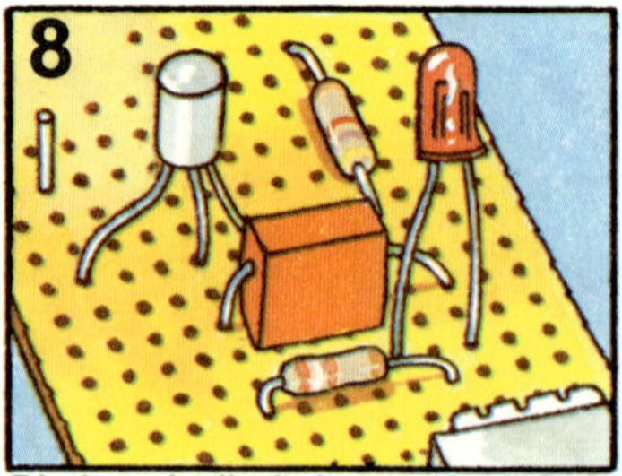

Die Leuchtdiode kommt in J16 und L16, und zwar so herum, daß das Bein auf der abgeflachten Seite (negativ) in J16 steckt.

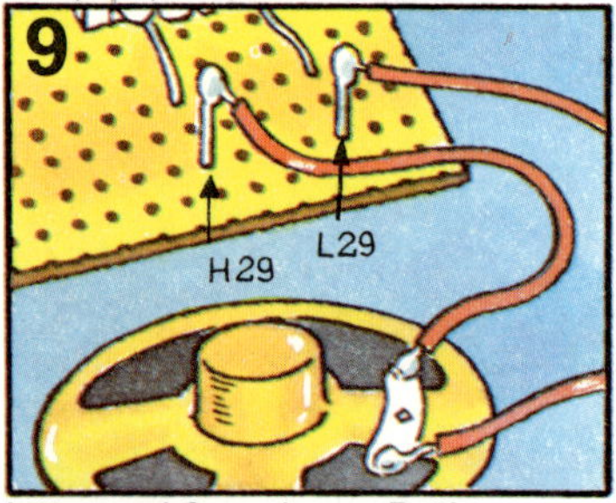

Löte zwei 8 cm lange Drähte an die Stifte in H29 und L29. Die anderen Drahtenden lötest du an die Anschlüsse auf der Rückseite des Lautsprechers.

Nun kommen die langen Drähte von der Tür zum Versteck der Alarmanlage, lang genug, daß du auch die Drähte verstecken kannst.

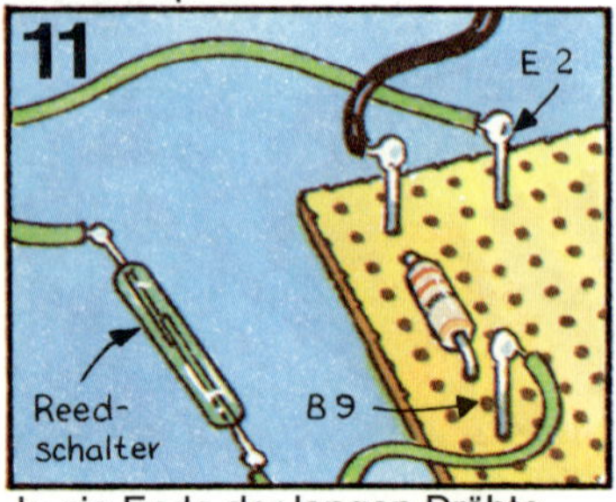

Je ein Ende der langen Drähte lötest du an die Anschlüsse des Reedschalters, die anderen Enden an die Stifte in B9 und E2.

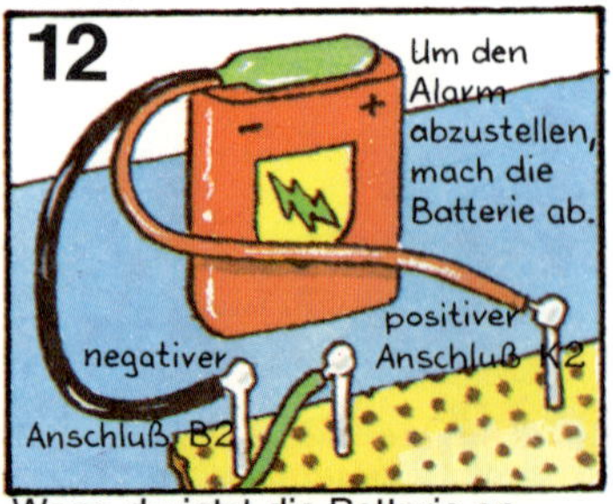

Wenn du jetzt die Batterie anschließt, mach dich auf ein lautes Geräusch gefaßt. K2 ist positiv, B2 negativ.

Aufstellen der Anlage

Mit Klebstreifen befestigst du den Reedschalter am Türrahmen, möglichst nahe bei der Tür. Achtung: Eltern mögen es nicht, wenn die Farbe beschädigt wird.

Den Magnet klebst du gegenüber vom Schalter in etwa 10 mm Entfernung an der Tür fest.

Schließ die Batterie an und öffne die Tür. Macht's Krach? Der Alarm sollte aufhören, wenn du die Tür wieder schließt. Sonst mach die Batterie ab und setz den Magnet etwas näher an den Schalter. Der Alarm wird vom Reedschalter ein- und ausgeschaltet, und der wiederum vom Magnet an der Tür.

** Dies ist ein Stabmagnet. Jede andere Form tut's auch.*

Geschicklichkeitsspiel

Mit diesem Spiel kannst du ausprobieren, wie ruhig deine Hand ist. Dazu führst du eine Drahtöse entlang einer gewellten Drahtschleife, ohne sie zu berühren. Passiert das, gibt's Alarm, und der nächste ist dran.
Der Apparat funktioniert ähnlich wie die Alarmanlage. Ein Bild der fertigen Platine ist auf Seite 165.

Bauteile-Liste

22 Ω Widerstand (rot-rot-schwarz)
4,7 kΩ Widerstand (gelb-violett-rot)
27 kΩ Widerstand (rot-violett-orange)
Transistor BFY50
Tonfrequenz-Transformator LT700
8 Ω Miniaturlautsprecher (Du kannst denselben Lautsprecher für alle Apparate nehmen.)
Leuchtdiode (Farbe egal)
0,22 μF Kondensator
Veroboard 20 Streifen x 27 Löcher; 5 Stifte
9 Volt-Batterie und Druckknopfanschluß

Außerdem brauchst du 1,5 m Draht für die Verbindung zur Drahtöse. Die Öse und die gewellte Drahtschleife werden aus 50 cm blankem Kufperdraht mit etwa 1 mm Dicke gemacht. Den gibt es verzinnt oder versilbert als „Schaltdraht" zu kaufen, oder du ziehst eine Ader aus einem Starkstromkabel heraus.
Der Griff der Öse kriegt einen Isolierschlauch, oder du umwickelst ihn mit Isolierband. Von dem Schlauch brauchst du 13 cm mit 2 mm Innendurchmesser.

Bau des Geschicklichkeitsspiels

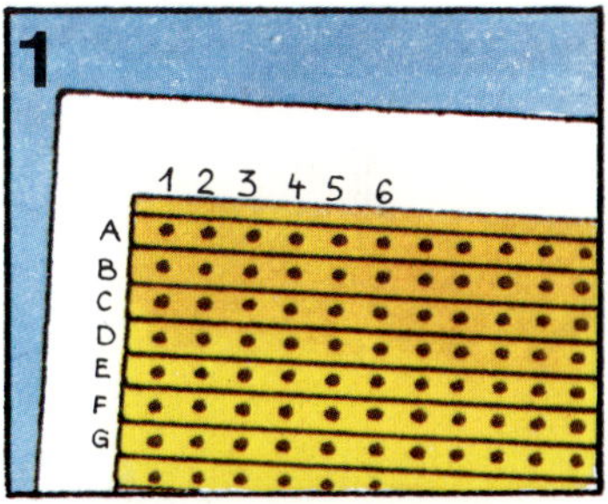

Schneide die Platine auf die richtige Größe und zeichne eine Suchhilfe mit waagrechten Streifen.

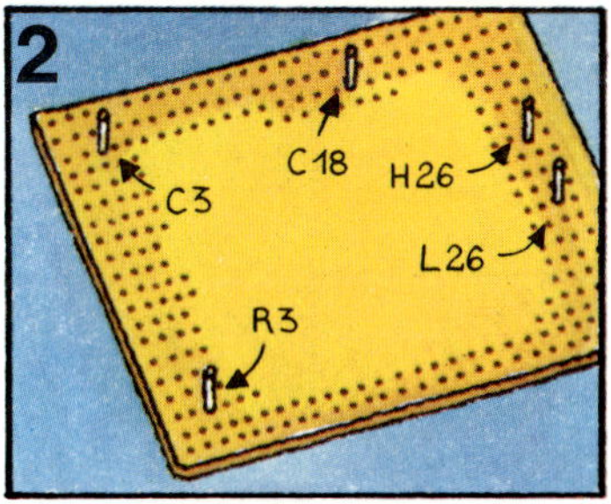

Löte die Stifte in C3, C18, H26, L26 und R3. Vergiß nicht, abgezählt wird auf der Oberseite der Platine.

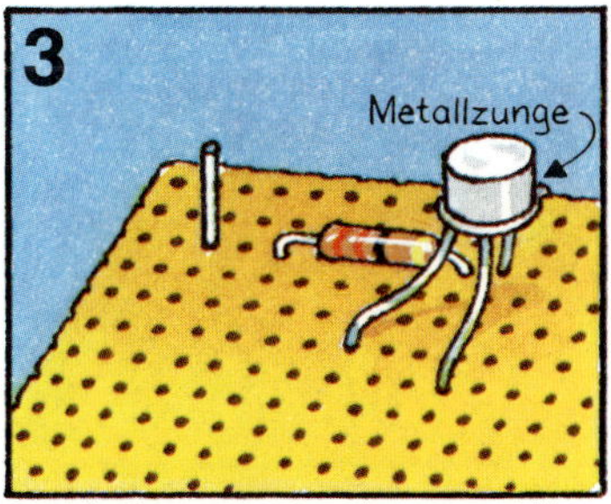

Steck den rot-rot-schwarzen Widerstand (22 Ω) in C5 und C10 und den Transistor in F8, C11 und G11. Das Bein bei der Metallzunge kommt in C11.

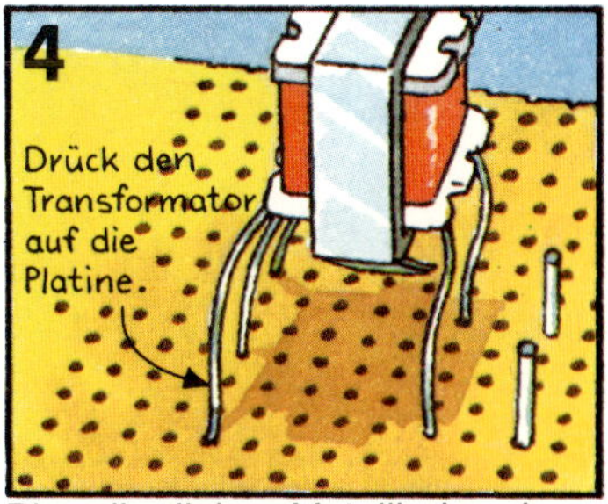

Bieg die dicken Metallbeine des Transformators aus dem Weg und löte seine Drähte in G19, J19, M19, H24 und L24.

Für die Brücken von C14 nach J14 und J15 nach P15 miß dir zwei Drähte ab.

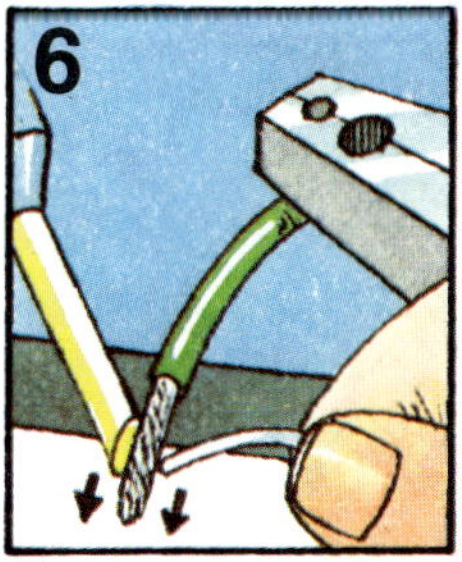

Hast du Litze, so verzinn die Enden, bevor du sie einlötest.*

Löte die Drahtbrücken wie auf dem Bild oben an ihren Platz.

* *Wie man „verzinnt“, steht auf Seite 148.*

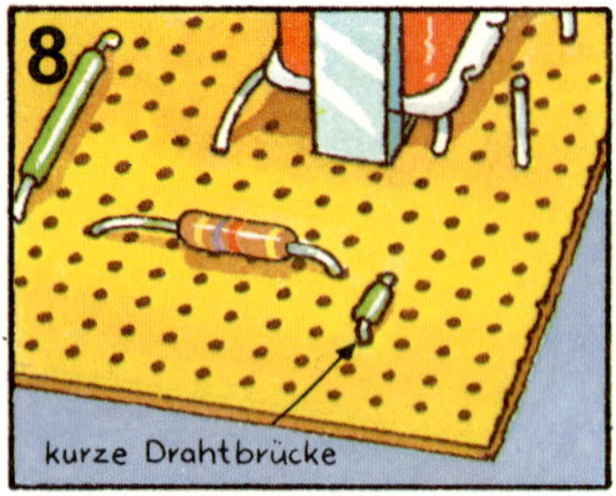

In P17 und P23 wird der gelb-violett-rote Widerstand (4,7 kΩ) gelötet und eine kurze Drahtbrücke von P24 nach R24.

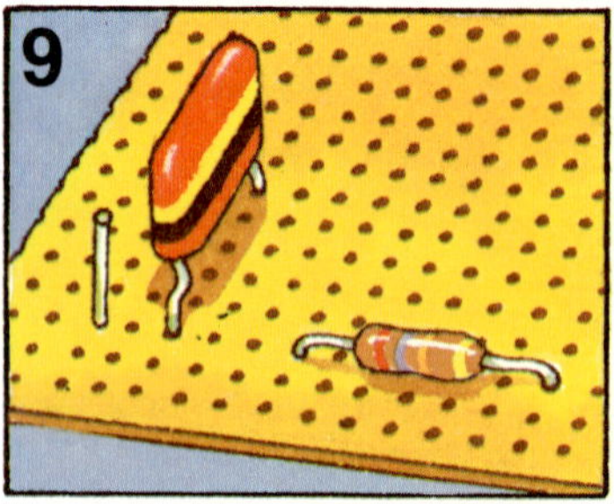

Der Kondensator* kommt in M5 und R5. Es ist egal wie herum. Dann steck den rot-violett-orangen Widerstand (27 kΩ) in R8 und R14.

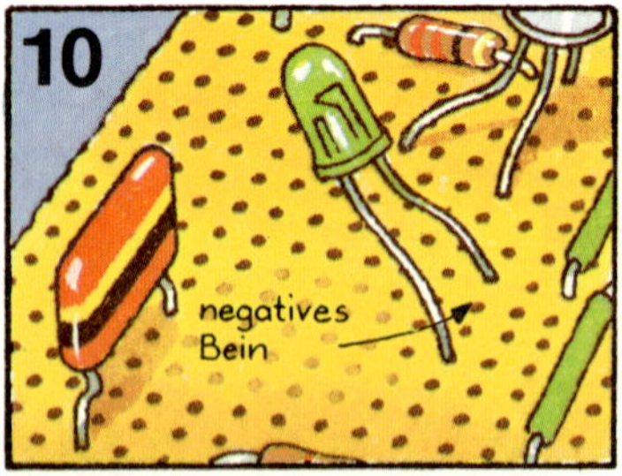

Das negative Bein der Leuchtdiode (das beim abgeflachten Rand) steckst du in J12, das andere in M12. Bohr Unterbrechungen in C7, C12, P20 und R11.

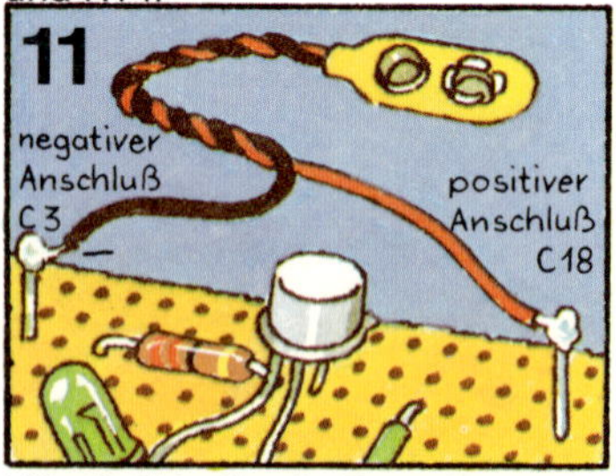

Löte Drähte für die Batterie an die Stifte in C3 und C18. Beim Druckknopfanschluß kommt Schwarz (negativ) an C3 und Rot (positiv) an C18.

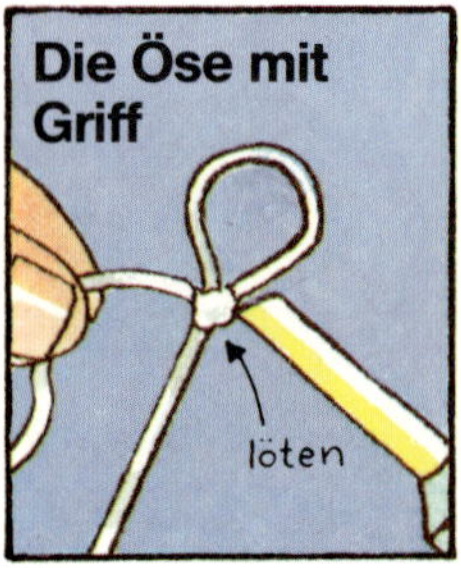

Nimm 10 cm von dem dicken Kupferdraht, bieg eine Öse und löte sie zu.

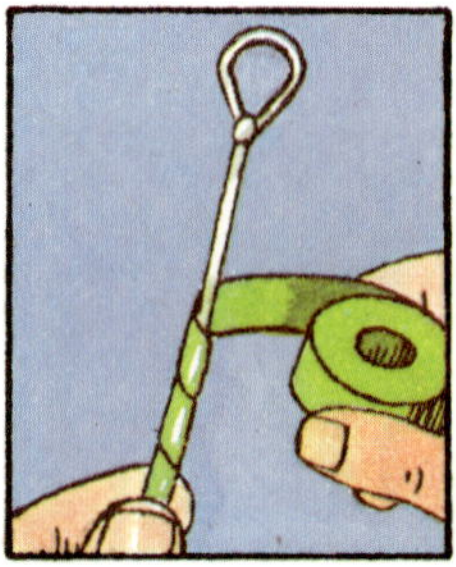

Wickle Isolierband um den Griff oder schieb einen Isolierschlauch darüber.

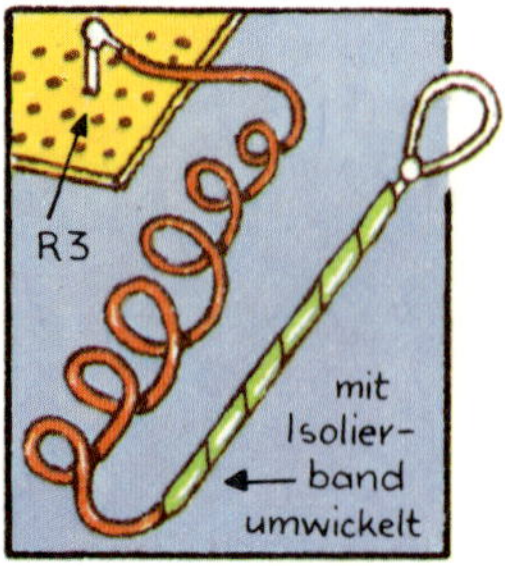

Mit 1 m Draht verbinde das Ende des Griffes mit dem Stift in R3.

** Es macht nichts, wenn dein Kondensator nicht wie dieser aussieht.*

Die gewellte Drahtschleife

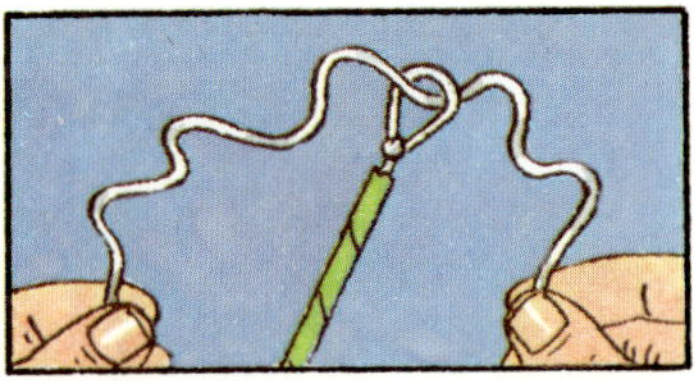

Bieg den Rest des dicken Kupferdrahtes in eine Form wie diese oder nach deinem Geschmack, und fädle die Öse darüber.

1 cm von jedem Ende entfernt werden 2 cm mit Isolierband oder Isolierschlauch umhüllt. Die blanken Enden lötest du in die Löcher F3 und S26.

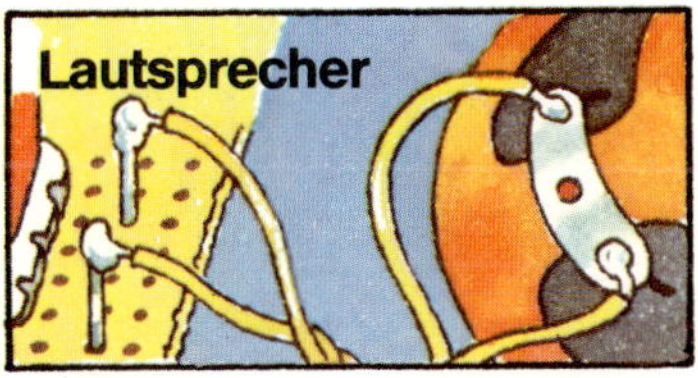

Löte zwei Drähte von den Stiften in H26 und L26 zu den Anschlüssen auf der Rückseite des Lautsprechers.

Wenn es nicht geht, auf Seite 191 sind Tips für die Fehlersuche.

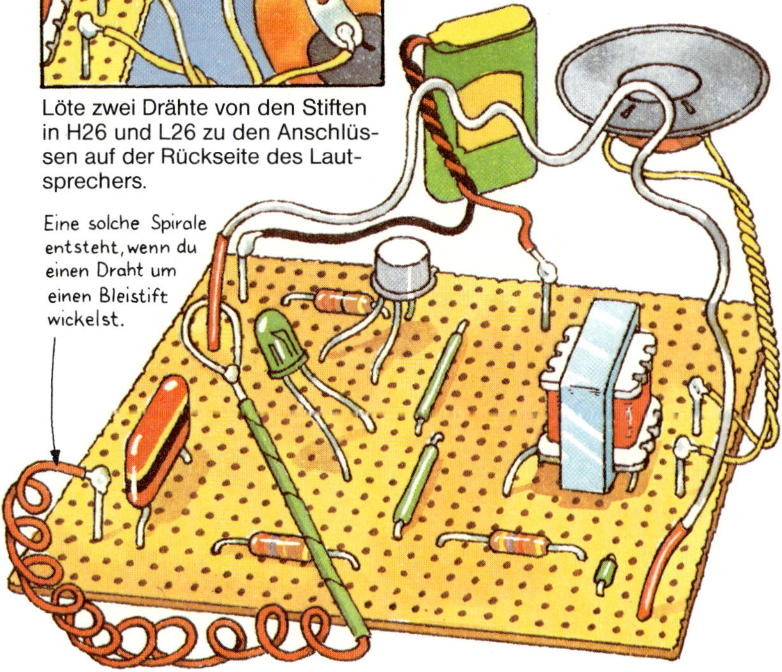

Wenn du noch einmal die richtige Lage der Bauteile geprüft hast, schließ die Batterie an. C18 ist der positive, C3 der negative Anschluß.

Sobald die Öse den blanken Teil der gewellten Drahtschleife berührt, sollte der Apparat Alarm geben.

Mini-Radio

Dieses winzige Radio braucht nicht einmal eine Batterie und, außer der Abstimmspule, nur zwei elektronische Bauteile. Es paßt in eine kleine Plastikschachtel wie auf dem Bild nebenan. Wie du es da hineinkriegst, ist auf Seite 184 beschrieben.

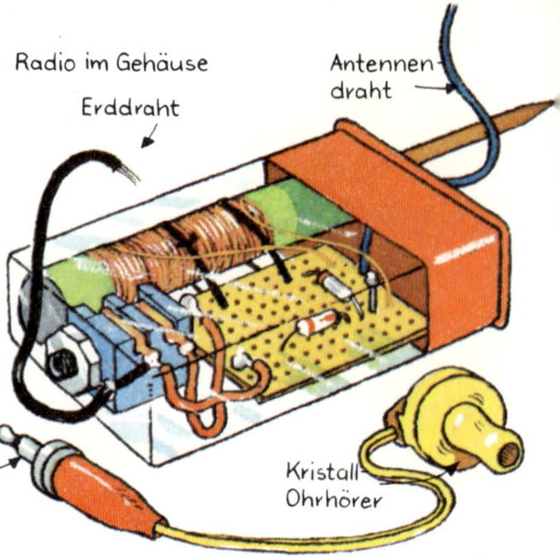

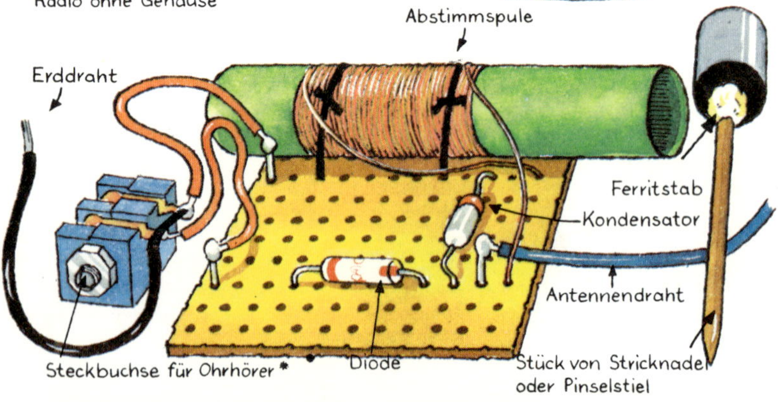

Bauteile-Liste

Diode AA118
220 pF Kondensator
Drei Stifte
Kristall-Ohrhörer mit Stecker
Steckbuchse für den Ohrhörerstecker mit Ausschalter
3 m Draht für den Erd-Anschluß („Erdung")
15 m Draht für die Antenne
Veroboard 9 Streifen x 12 Löcher
Für die Abstimmspule brauchst du einen runden Ferritstab mit 9 mm Dicke, etwa 10 cm lang, und 3 m Kupferdraht (mit Lack isolierter Kupferdraht), 0,5 mm dick.
Alles andere findest du wahrscheinlich zu Hause:
Dickes Papier, 57 mm x 80 mm. Ein Stück von einer Aluminium-Stricknadel oder einen dünnen Pinselstiel. „UHU-Plus" oder einen anderen Zwei-Komponenten-Kleber, Papierkleber, Klebband, Nadel und Faden.

** Wenn du eine andere Steckbuchse hast, siehe Seite 188.*

Bau der Abstimmspule

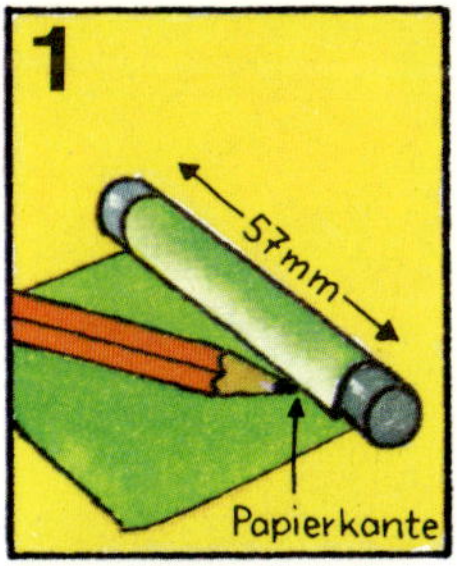

Zuerst brauchst du eine Markierung, wieviel von dem dicken Papier gerade einmal um den Ferritstab herumreicht. Auf den Rest des Papiers kommt Klebstoff. Dann wickelst du das Papier zu einer Röhre um den Stab, so daß er nicht festklebt und leicht hin und her rutscht.

Um die Röhre wickelst du den Kupferlackdraht zu einer Spule. Eine Windung liegt dicht an der nächsten, genau 70 mal. Am Anfang und am Ende der Spule bleiben 8 cm Draht übrig als Anschluß. Die Spule umwickelst du mit Klebeband, damit sie sich nicht wieder auseinander dreht.

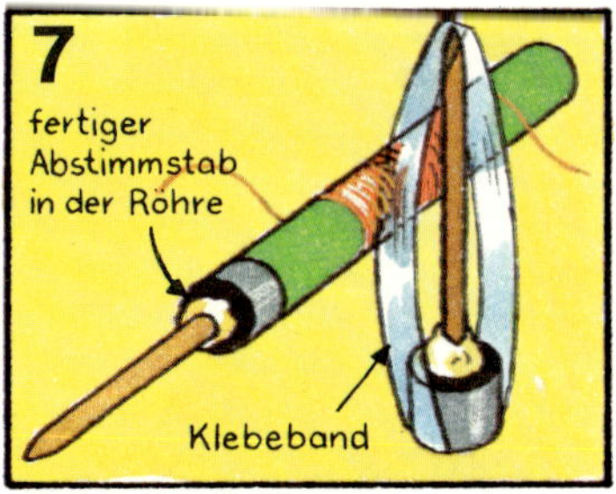

Von dem Ferritstab brauchst du endgültig nur 20 mm. Säg den Stab ringsherum ein. Dann halt ihn mit einem Lappen und brich das Ende über eine Tischkante ab. Ein Stück Pinselstiel oder Stricknadel klebst du ans Ende des kurzen Ferritstabs. Halt das ganze mit Klebeband zusammen, bis der Kleber hart ist.*

** In der Gebrauchsanleitung steht, wie lange das dauert.*

Bau der Schaltung

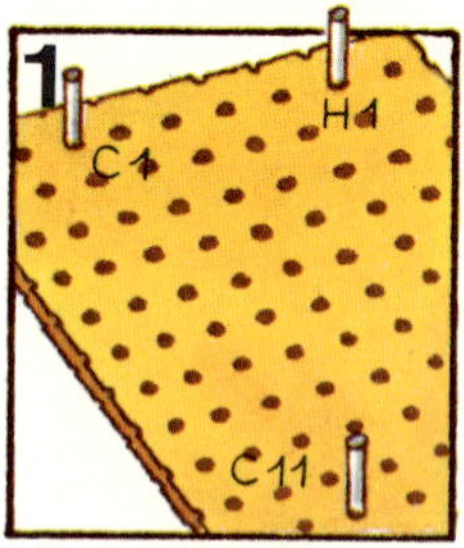

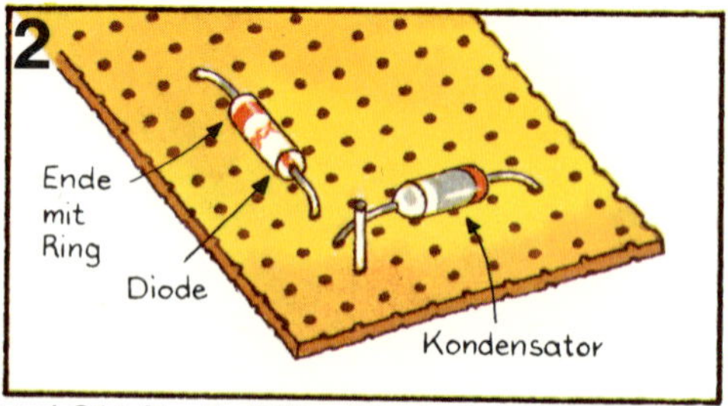

Mit der Suchhilfe (senkrechte Streifen) finde auf der zurechtgeschnittenen Platine die Löcher C1, H1 und C11 für die Stifte. Steck die Diode in C4 und C9. Das Ende mit dem Ring muß bei C4 sein. Der Kondensator kommt in C10 und H10, egal welches Bein in welchem Loch.

Bohr eine Unterbrechung bei Loch C6.

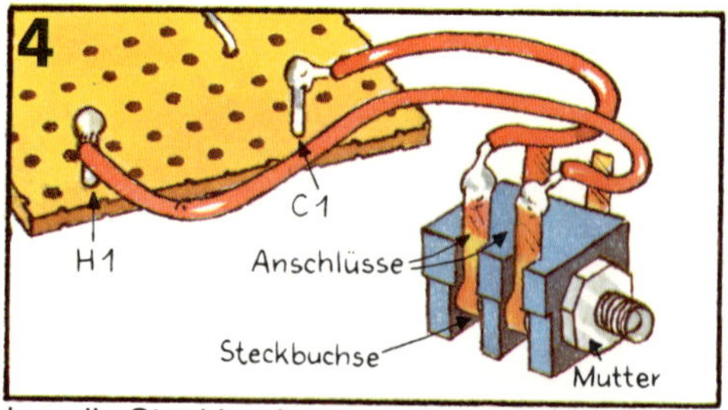

Leg die Steckbuchse* vor dich hin wie auf dem Bild oben. An die beiden Anschlüsse, die links und näher bei dir sind, lötest du zwei 5 cm lange Drähte. Sie kommen mit den anderen Enden an die Stifte in C1 und H1.

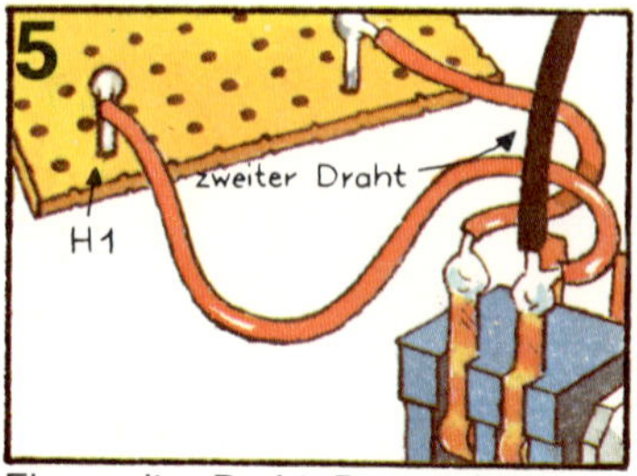

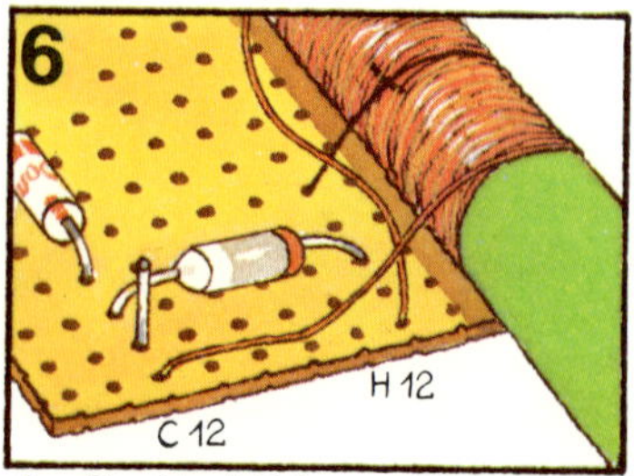

Ein zweiter Draht, 5 cm, wird an den Anschluß gelötet, der mit dem Stift in H1 verbunden ist. Dann kratz mit einem Messer die Lackisolierung von den Enden der Spulendrähte, und löte sie in die Löcher C12 und H12. Mit Nadel und Faden bindest du die Röhre auf der Platine fest. Sie steht an beiden Enden über.

Wenn du eine andere Steckbuchse hast, siehe Seite 188.

Antennenbau

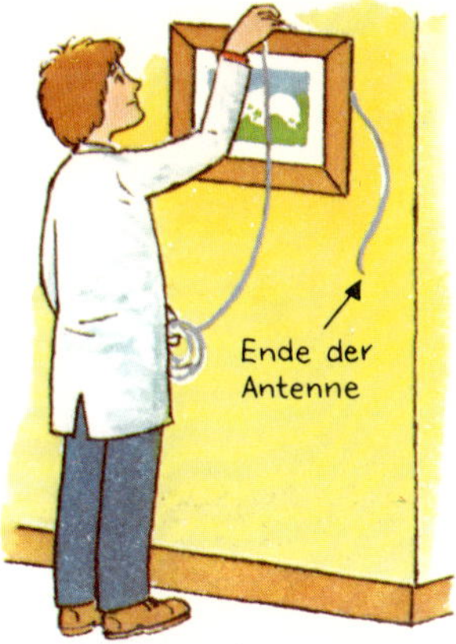

Die Antenne ist ein langer Draht, der die Radiowellen auffängt. Je besser die Antenne ist, desto besser wird dein Radio empfangen.

Für die Antenne lötest du ein Ende des 15 m langen Drahtes an den Stift in C11, und legst den Rest des Drahtes möglichst lang und gerade aus.* Eine hoch hängende Antenne ist besser als eine auf dem Boden. Um den besten Platz zu finden, mußt du etwas herumprobieren, nachdem du dein Radio eingestellt hast (siehe nächste Seite).

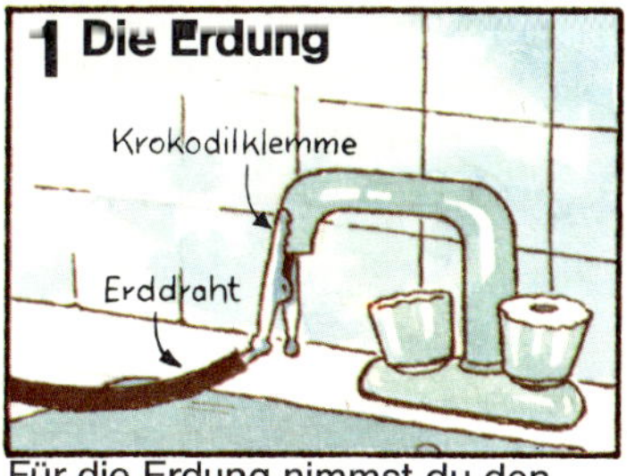

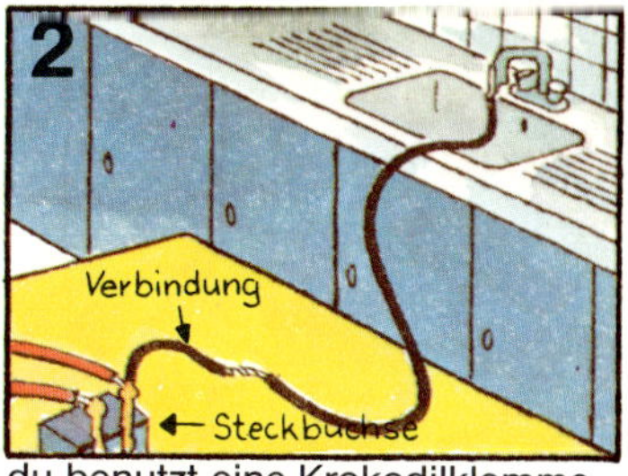

Für die Erdung nimmst du den 3 m langen Draht. Du wickelst ein längeres Drahtstück ohne Isolierung um einen Wasserhahn, oder du benutzt eine Krokodilklemme. Das andere Ende des Erdungsdrahtes kommt an den freien Draht an der Steckbuchse.

* *Vielleicht brauchst du einen längeren Antennendraht, wenn in deiner Wohnung der Radioempfang schlecht ist.*

Einstellen des Radios

Antenne* und Erdung sind angeschlossen: Fertig zum Empfang!

Stöpsel den Ohrhörer ein und schieb den Ferritstab in die Röhre. Mit dem Höhrer im Ohr solltest du einige Stationen empfangen, wenn du den Stab in der Röhre verschiebst. Hörst du nur ein oder zwei Stationen, probier einen anderen Platz für die Antenne aus. Wenn das Radio überhaupt nichts von sich gibt, liegt es vielleicht an einem losen Bauteil, oder der Erdkontakt ist schlecht. Wackle auch mal am Stecker des Ohrhörers in der Steckbuchse.

Weitere Schaltungen für das Radio

Auf den nächsten Seiten steht, wie du einen Verstärker und einen Lautsprecherteil für das Radio bauen kannst.

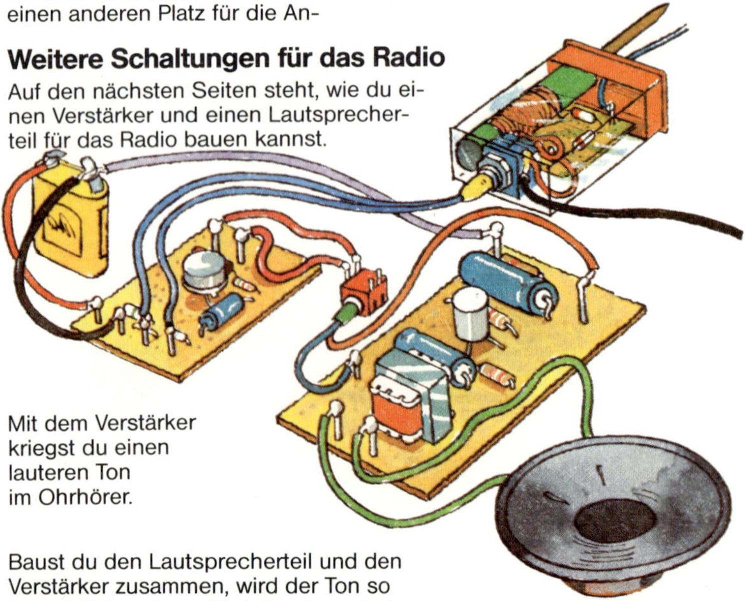

Mit dem Verstärker kriegst du einen lauteren Ton im Ohrhörer.

Baust du den Lautsprecherteil und den Verstärker zusammen, wird der Ton so laut, daß du keinen Ohrhörer brauchst.

Ist die Antenne im Freien, benutz dein Radio nie bei Gewitter!

Verstärker für das Radio

Der Verstärker macht die Töne des Radios lauter. Das ist gut bei Stationen, die im Ohrhörer sehr leise sind.

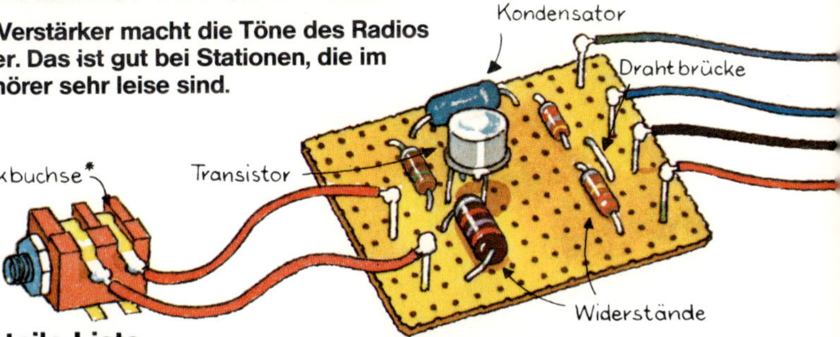

Bauteile-Liste

1,5 kΩ Widerstand (braun-grün-rot)
2,7 kΩ Widerstand (rot-violett-rot)
4,7 kΩ Widerstand (gelb-violett-rot)
330 kΩ Widerstand (orange-orange-gelb)
2,2 μF Elektrolyt-Kondensator
Transistor BFY52
Steckbuchse mit Ausschalter und Stecker
Sechs Stifte und etwas Draht
Veroboard 11 Streifen x 14 Löcher
4,5 Volt-Batterie

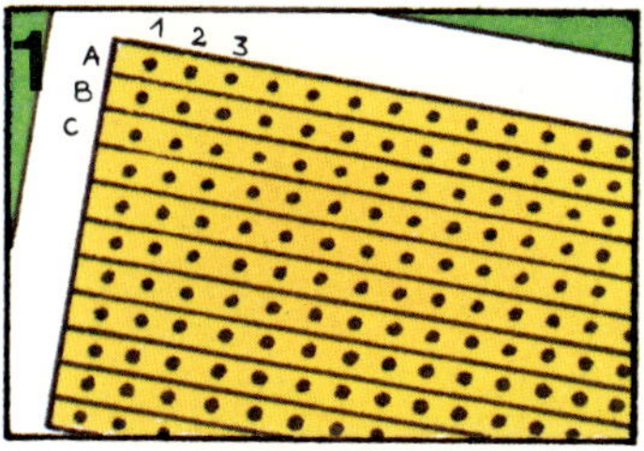

Schneide die Platine auf die richtige Größe und zeichne eine Suchhilfe mit waagrechten Streifen.

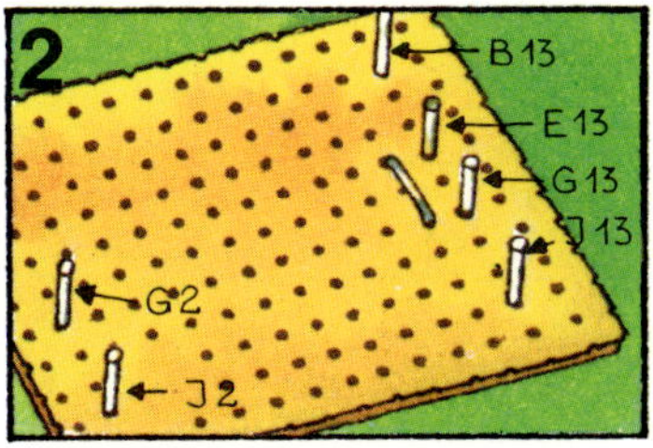

Löte die sechs Stifte in G2, J2, B13, E13, G13 und J13. Eine kurze Drahtbrücke führt von E12 nach G12.

Dann kommen die vier Widerstände:
Braun-grün-rot (1,5 kΩ) in B4 und F4
Rot-violett-rot (2,7 kΩ) in G4 und J4
Gelb-violett-rot (4,7 kΩ) in B11 und E11
Orange-orange-gelb (330 kΩ) in F11 und J11

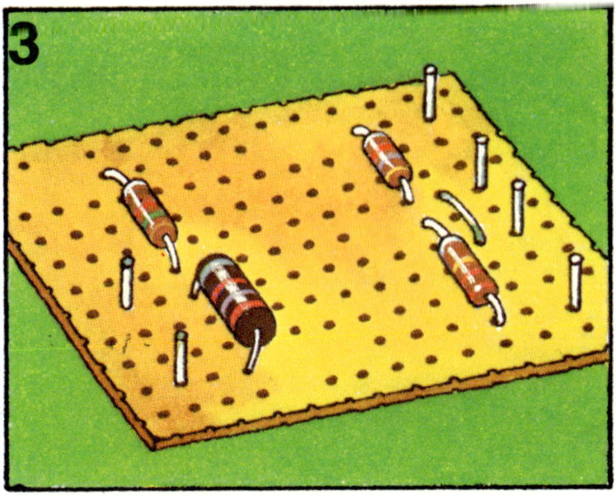

* Wenn du eine andere Steckbuchse hast, siehe Seite 188.

Der Kondensator hat eine Rille und ein + Zeichen an einem Ende. Das Bein an diesem Ende muß in B10, das andere in B5.

Der Transistor sitzt richtig, wenn das Bein bei der Metallzunge in E6 steckt und die anderen beiden in F5 und G6. In B8 und in G9 kommt eine Unterbrechung.

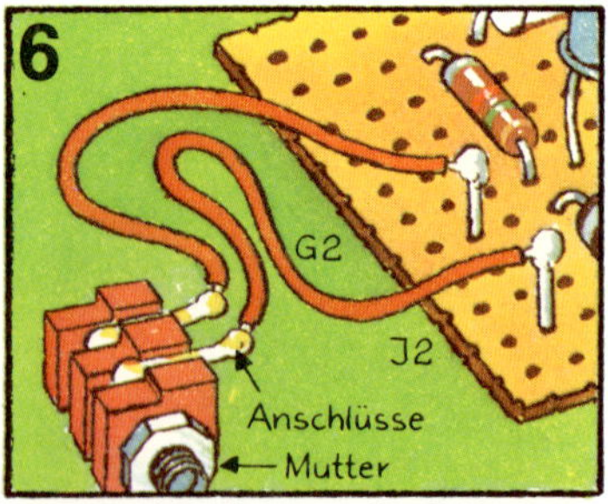

Löte zwei Drähte an die Stifte in G2 und J2 und die anderen Enden an die rechten Anschlüsse der Buchse*, wie auf dem Bild.

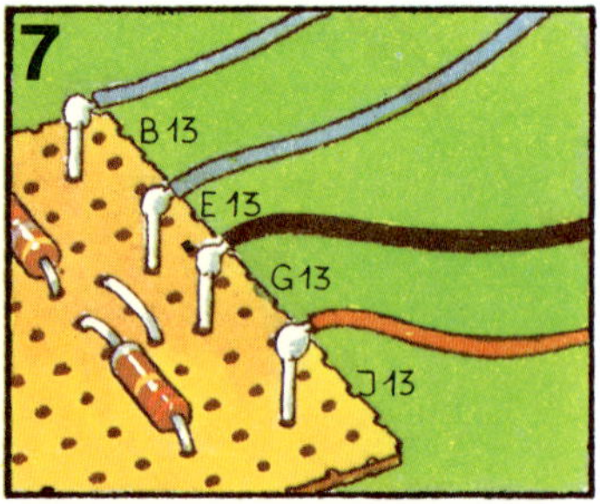

Vier Drähte von etwa 8 cm Länge lötest du an die vier Stifte an der gegenüberliegenden Kante der Platine.

Verbindung von Verstärker und Radio

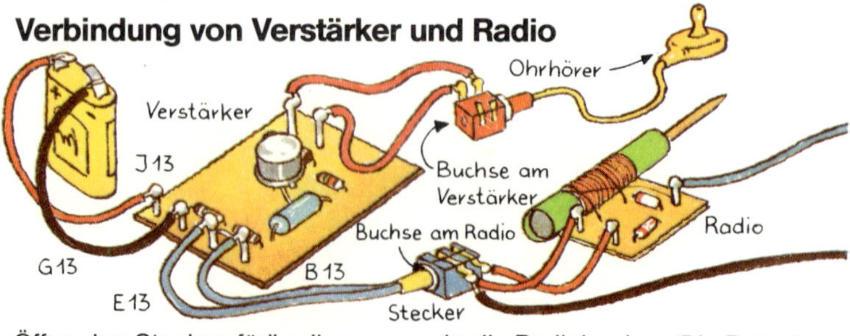

Öffne den Stecker, fädle die Drähte von B13 und E13 durch die Plastikkappe und löte sie an die Steckeranschlüsse. Stöpsle den zugeschraubten Stecker in die Radiobuchse. Die Batterie kommt an G13 (negativ) und J13 (positiv). Schließ den Ohrhörer an die Verstärkerbuchse. Na, ist das laut?

Wenn du eine andere Steckbuchse hast, siehe Seite 188.

Bau des Lautsprecherteils

Hast du diese Schaltung fertig, so kannst du ohne Ohrhörer Radio hören. Dazu mußt du aber den Verstärker von den beiden vorigen Seiten haben. Ohne ihn funktioniert's nicht.
Wenn alle drei Apparate vor dir liegen, gibt es ein ganz schönes Drahtgewirr. Es ist gut, die einzelnen Drähte zu bezeichnen, damit du noch weißt, welcher wohin gehört.

Bauteile-Liste

82 Ω Widerstand
(grau-rot-schwarz)
15 kΩ Widerstand
(braun-grün-orange)
39 kΩ Widerstand
(orange-weiß-orange)
Zwei 47 μF Elektrolyt-Kondensatoren
Transistor AC141
Tonfrequenz-Transformator LT700
8 Ω Miniaturlautsprecher
Stecker für die Verstärkerbuchse
Fünf Stifte, etwas Draht
Veroboard 13 Streifen x 20 Löcher

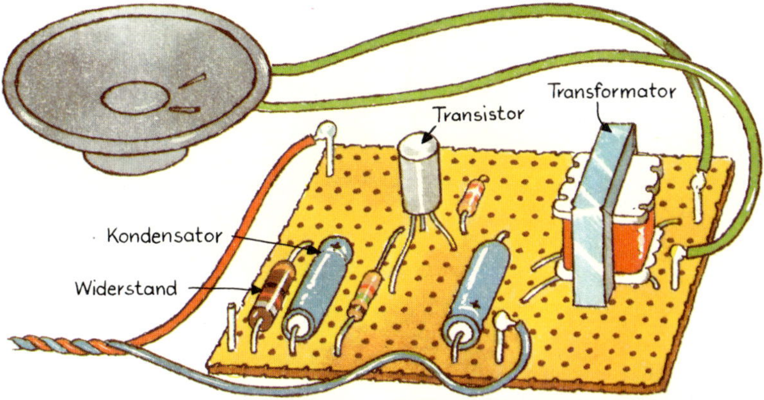

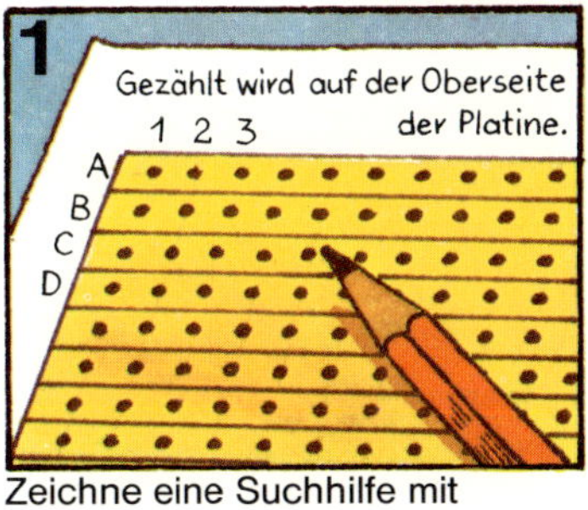

Zeichne eine Suchhilfe mit waagrechten Streifen. Löte fünf Stifte in B1, M1, M13, D20 und H20.

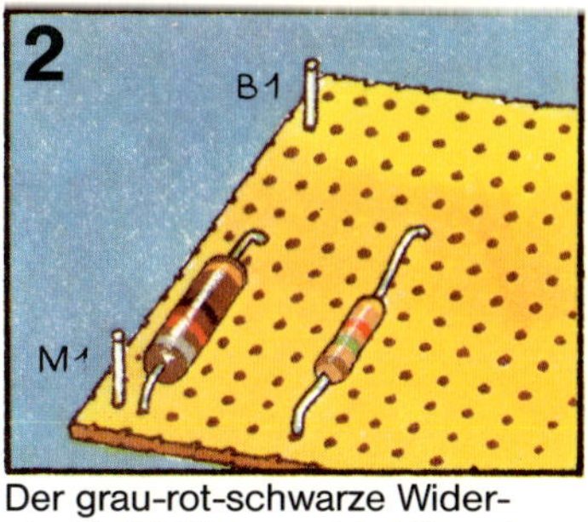

Der grau-rot-schwarze Widerstand (82 Ω) kommt in F2 und M2, der braun-grün-orange (15 kΩ) in E6 und M6.

Beide Kondensatoren haben eine Rille und ein + Zeichen an ihrem positiven Ende. Steck einen in F4 und M4 mit dem positiven Bein in F4.

Das positive Bein des zweiten Kondensators kommt in M11, das andere in E11. Dann steck den orange-weiß-orangen Widerstand (39 kΩ) in B9 und E9. Bohr eine Unterbrechung in M9.

Das mittlere Bein des Transistors kommt in E7, das beim Punkt oder der Metallzunge in I7, und das dritte in F9.

Bieg die dicken Metallbeine des Tonfrequenz-Transformators um, und löte seine Drähte in B13, G13, I13, D19 und H19.

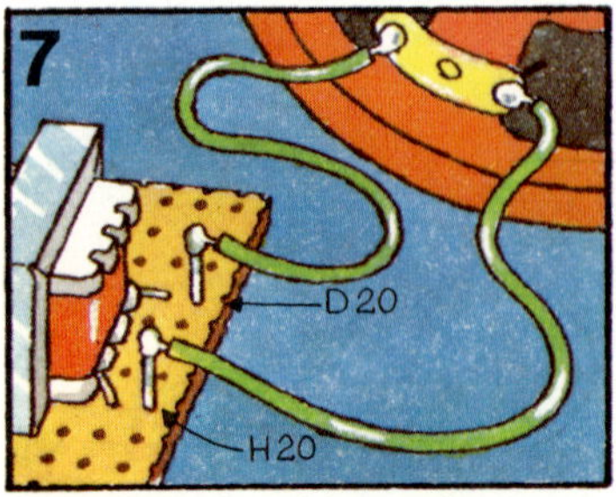

Schließ die Anschlüsse des Lautsprechers mit 8 cm langen Drähten an die Stifte in D20 und H20 an.

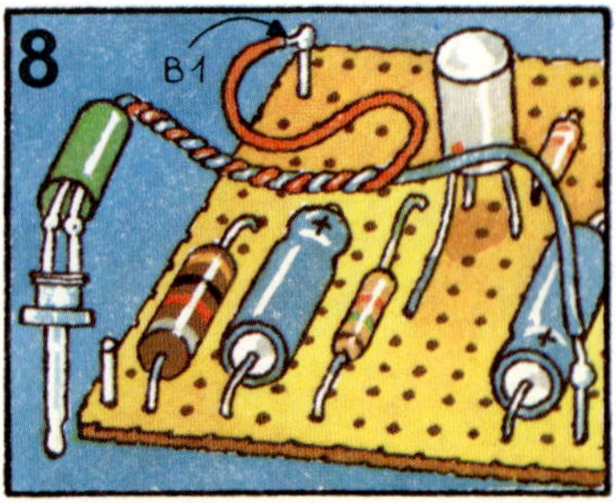

An die Stifte in B1 und M13 löte zwei Drähte. Fädle sie durch die Kappe des Steckers und löte sie an seine Anschlüsse.

Anschluß des Lautsprecherteiles

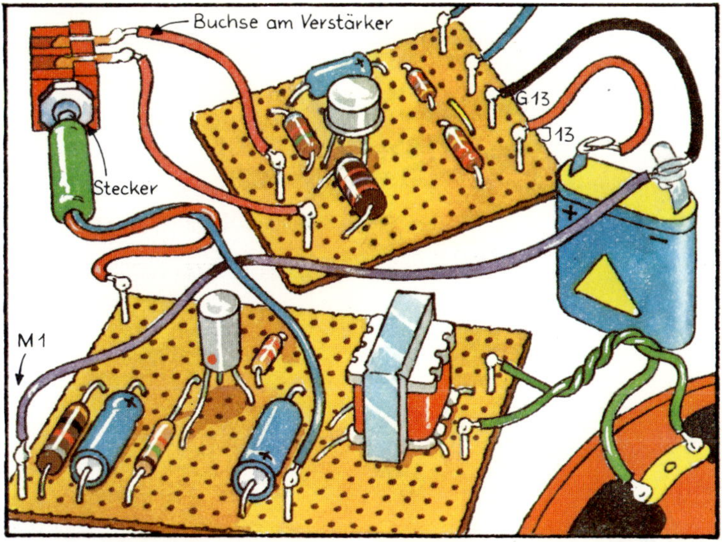

Stöpsle den Stecker von der Lautsprecherplatine in die Buchse des Verstärkers. Schließ die Batterie an den Verstärker an, positiver Anschluß an J13 und negativer Anschluß an G13. Dann verbinde den negativen Batterieanschluß mit dem Stift in M1 auf der Lautsprecherplatine und schließ das Radio an den Verstärker an, wie auf Seite 172 gezeigt.

Wenn der Lautsprecher keinen Ton gibt, tausch auf der Lautsprecherplatine die Drähte an B1 und M1 gegeneinander aus.

Widerstände

Widerstände kommen in allen elektronischen Apparaten vor. Sie verringern den Strom, der durch einen Schaltkreis fließt. Im Innern der Widerstände ist ein Material (meist Kohle), durch das die Elektronen nur schwer hindurch fließen können. Man sagt, die Kohle setzt dem Strom einen Widerstand entgegen. Auf diese Weise macht ein Widerstand den Stromfluß kleiner.

Festwiderstände

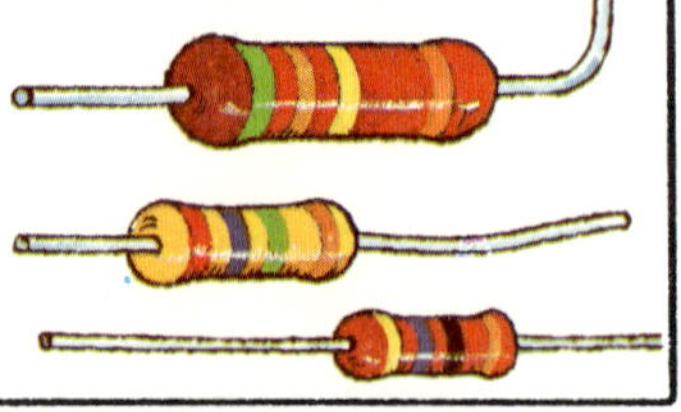

Die Größe des Widerstandes dieser Bauteile ist sehr unterschiedlich. Farbringe auf dem Widerstand zeigen, wie groß er ist. Das nennt sich „Farbcode" und wird auf der nächsten Seite erklärt.

Die Größe dieser Widerstände kannst du mit einer Schraube einstellen. („Trimm-Potentiometer"). Ein lichtempfindlicher

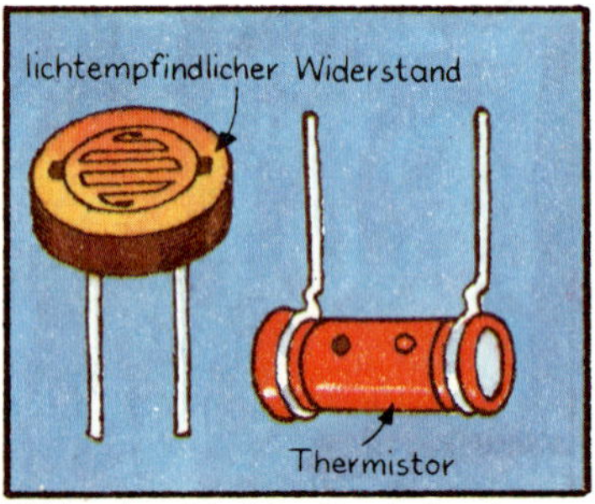

Widerstand hat im Dunkeln einen hohen, bei Licht einen niedrigen Widerstand, der eines Thermistors verändert sich bei Wärme.

Schaltzeichen für Widerstände

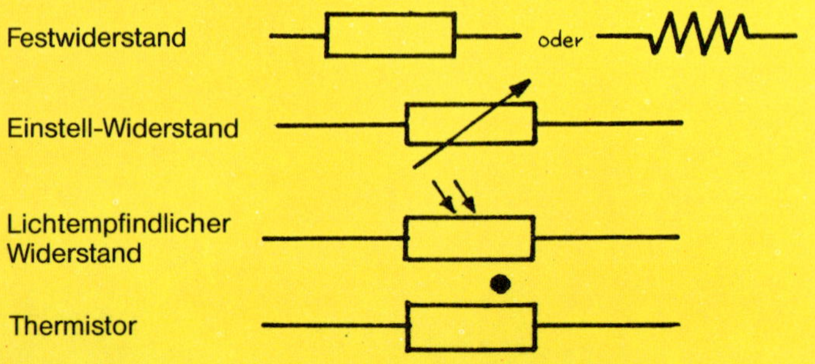

Farbcode von Widerständen

Die drei Farbringe um ein Ende eines Widerstandes zeigen, wie groß er ist. In der Tabelle nebenan steht, was die Farben bedeuten. Jeder Widerstand hat am anderen Ende einen silbernen, goldenen, roten oder braunen Ring. Widerstand wird in Ohm gemessen, und die ersten beiden Ringe geben die ersten beiden Ziffern der Ohmzahl an. Der dritte Ring sagt dir, wie viele Nullen nach den ersten Ziffern kommen. Die Bilder unten zeigen dir, wie du die Ringe lesen mußt.

Farbe	Ziffer oder Anzahl der Nullen
Schwarz	0
Braun	1
Rot	2
Orange	3
Gelb	4
Grün	5
Blau	6
Violett	7
Grau	8
Weiß	9

Lesen der Ringe

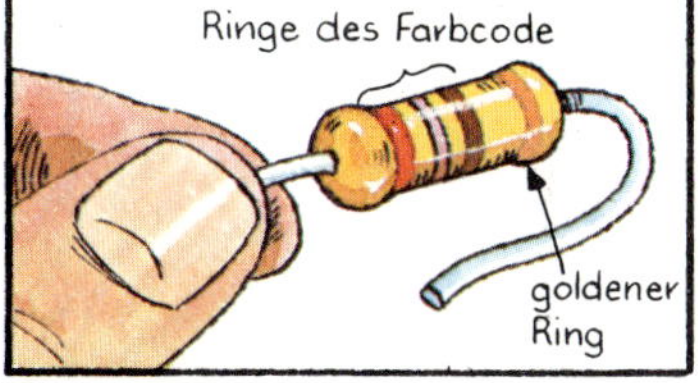

Halt den Widerstand so, daß die drei Ringe links sind und der einzelne Ring rechts. Dann lies die Ringe von links nach rechts.

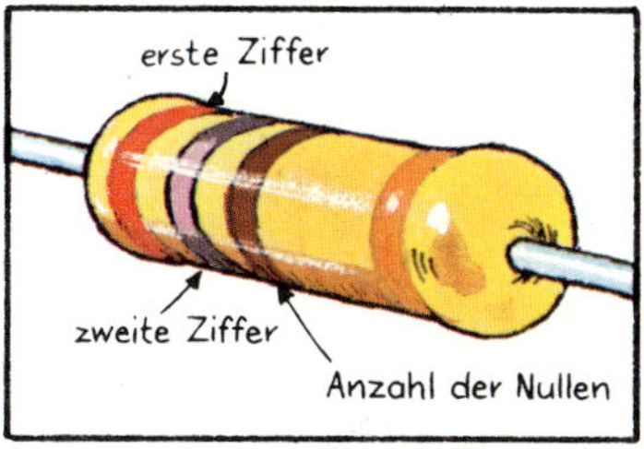

Dies ist ein 270 Ω Widerstand. Der erste Ring (rot) heißt „2", der zweite Ring (violett) heißt „7", und der dritte Ring (braun) bedeutet, daß danach eine Null kommt.

Einstell-Widerstand

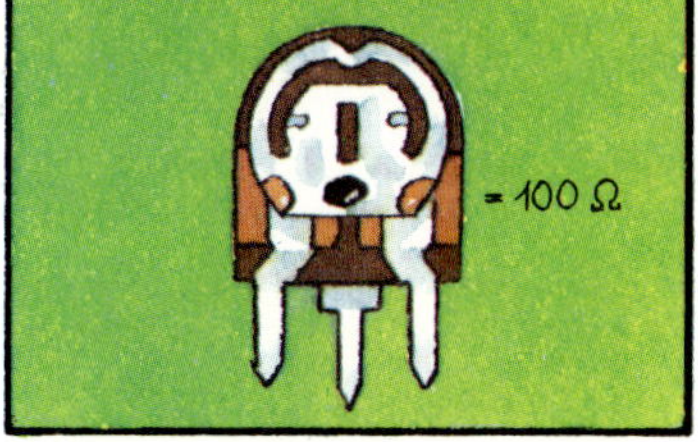

Der größte Widerstand eines Einstell-Widerstandes ist manchmal mit drei Farbpunkten angegeben. Die liest du genauso wie die Ringe eines Festwiderstandes.

Rate mal!

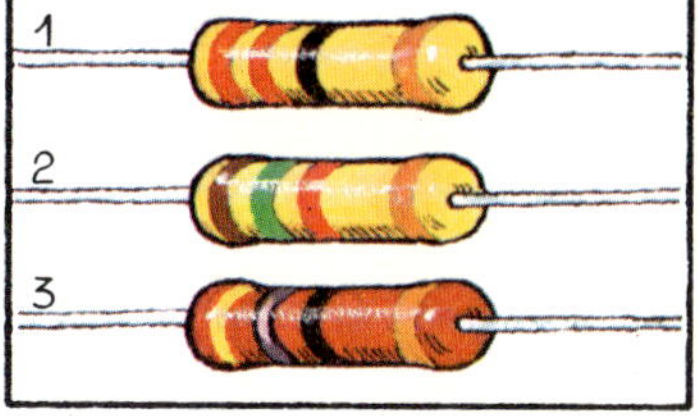

Kannst du herauskriegen, wie groß diese drei Widerstände sind? Die Antwort findest du auf Seite 192.

Versuche mit Widerständen

Diese Versuche kannst du machen, um zu sehen, wie Widerstände den Strom verringern. Du brauchst je einen 10 Ω, 15 Ω, 18 Ω und einen 22 Ω Widerstand, und einen Einstell-Widerstand mit 100 Ω.

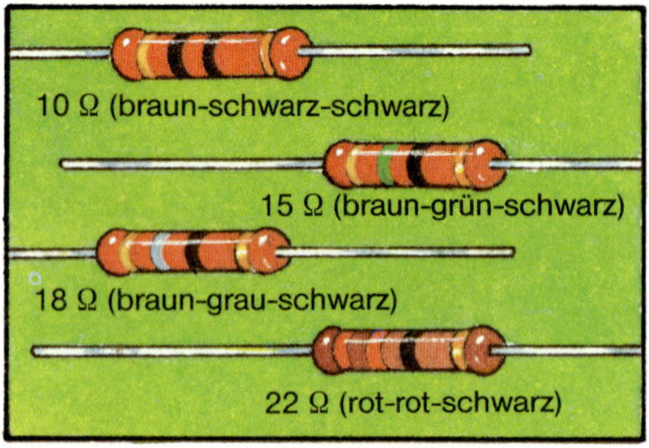

Diese Widerstände brauchst du für den Versuch mit Festwiderständen.

Versuch mit Festwiderständen

Außer den Widerständen brauchst du eine 3,5 Volt-Lampe und eine 4,5 Volt-Batterie. Verbinde alles so wie auf dem Bild. Halt den losen Draht von der Batterie nacheinander an die Widerstände, und achte auf das Licht der Lampe.

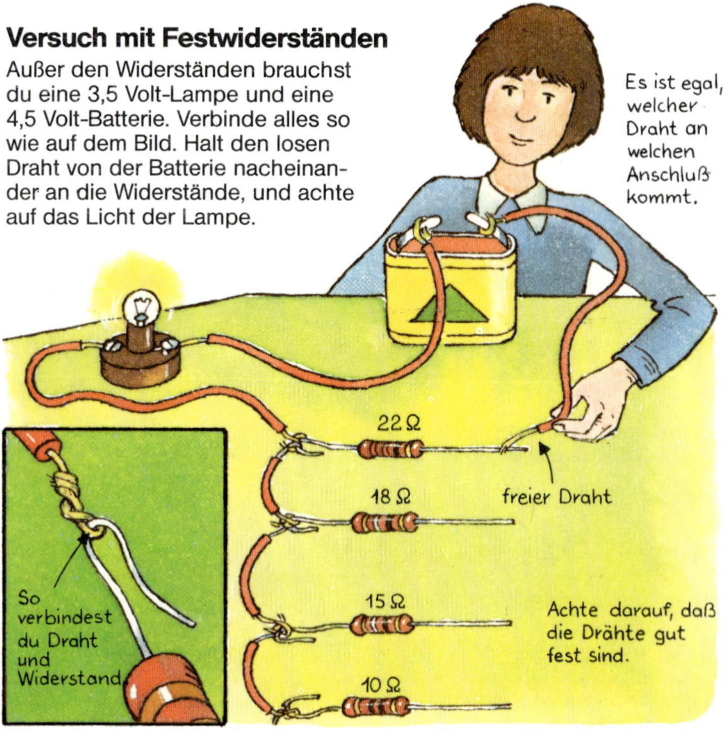

Wenn du einen Widerstand berührst, entsteht ein Stromkreis durch ihn und die Lampe.

Je größer der Widerstand ist, desto kleiner wird der Strom, und die Lampe brennt dunkler.

So machen's die Widerstände

Der Strom in einem Stromkreis ist ein wenig wie Wasser in einem Schlauch. Wenn du auf den Schlauch trittst, fließt vor und hinter deinem Fuß weniger Wasser hindurch. Ein Widerstand macht das gleiche wie die enge Stelle im Schlauch unter deinem Fuß. Er verringert den Stromfluß im ganzen Stromkreis.

Schaltkreise mit Widerständen

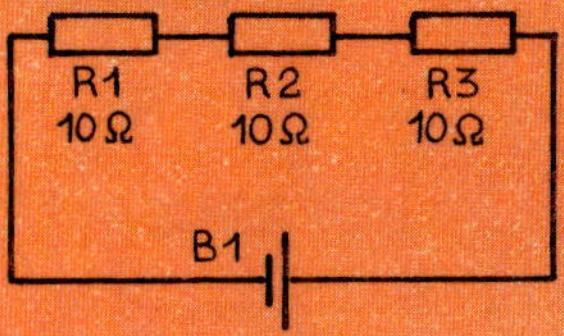

Drei 10 Ω Widerstände, wie oben in einer Reihenschaltung verbunden, haben insgesamt einen Widerstand von 30 Ω.

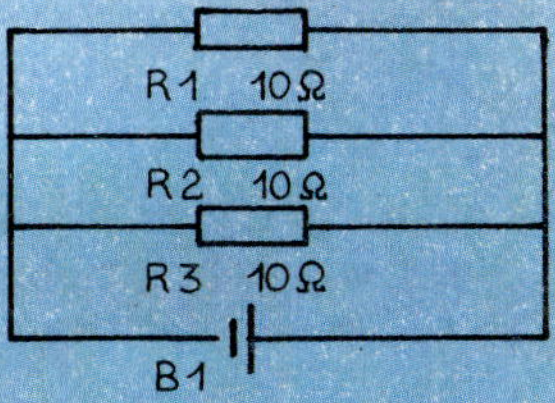

In einer Parallelschaltung wird der Gesamtwiderstand kleiner. Für den Strom sehen die Widerstände aus wie ein einziger mit 3,3 Ω.

Versuch mit Einstell-Widerstand

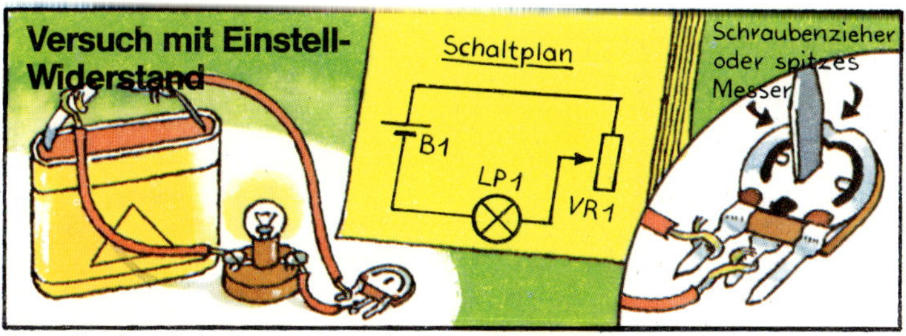

Bau dir eine Schaltung wie auf dem Bild, mit einer 4,5 Volt-Batterie, einer 6 Volt-Lampe und einem Einstell-Widerstand von 100 Ω. Ein Draht kommt an das mittlere Bein des Widerstandes, der andere an ein äußeres. An der Helligkeit der Lampe siehst du, daß sich beim Drehen am Widerstand der Strom ändert.

Wie Dioden funktionieren

Mit ein paar Versuchen kannst du sehen, was Dioden tun. Du brauchst eine 4,5 Volt-Batterie, eine 6 Volt-Lampe und eine Diode 1N4002. Für den Versuch mit der Leuchtdiode brauchst du eine 1,5 Volt-Batterie und natürlich die Leuchtdiode.

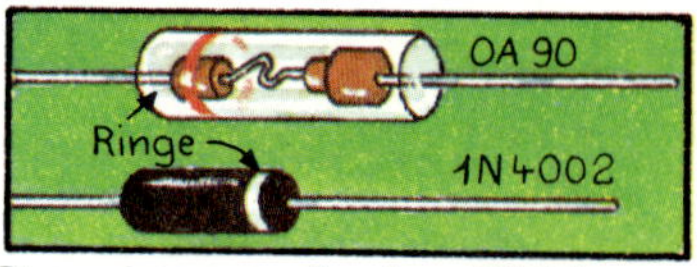

Strom kann nur in einer Richtung durch Dioden fließen. Sie haben immer einen Ring oder einen Pfeil aufgedruckt, der die Richtung angibt.

Versuche mit Dioden

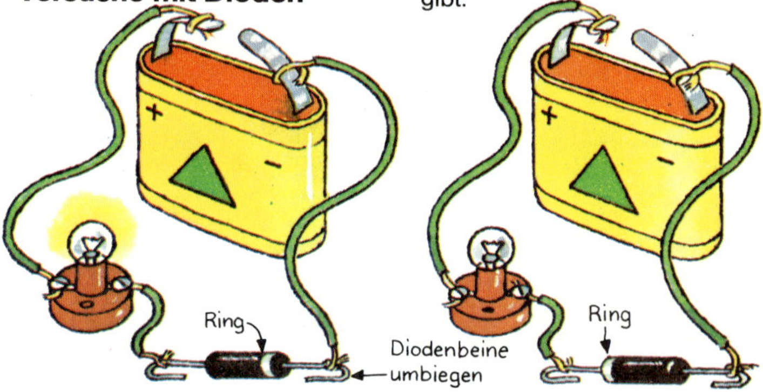

Bau zuerst den linken Schaltkreis. Der negative Batterienanschluß führt an das Diodenbein mit dem Ring. Brennt die Lampe? (Das sollte sie.) Dann dreh die Diode um. Das Bein mit dem Ring ist über die Lampe mit dem positiven Batterieanschluß verbunden.

Diesmal brennt die Lampe nicht. Die Elektronen können nur vom Ende mit dem Ring her durch die Diode fließen. Das Bein mit dem Ring muß am negativen Batterieanschluß sein. Da kommen die Elektronen her. (Sie fließen gegen die Pfeilrichtung.)

Schaltzeichen

Der Pfeil zeigt auf das Ende mit dem Ring.

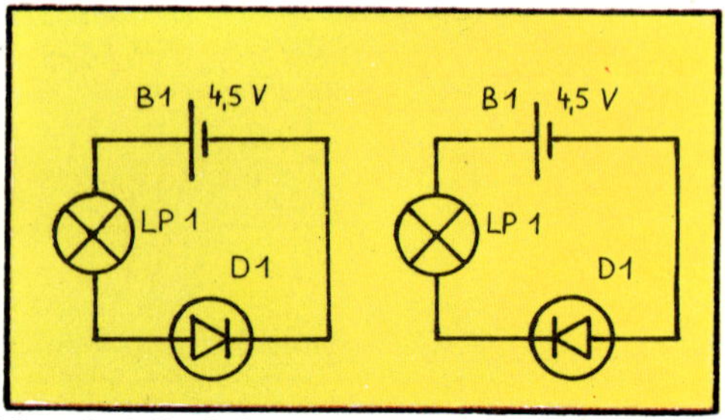

Hier sind die Schaltpläne für die beiden Versuchsschaltungen oben. Wenn der Pfeil auf den negativen Batterieanschluß zeigt, läßt die Diode den Strom fließen.

Leuchtdioden

Leuchtdioden (kurz LED) sind besondere Dioden, die wie kleine Glühbirnen leuchten. In Taschenrechnern werden sie oft für die leuchtenden Zahlen benutzt. Auch durch sie fließt Strom nur in einer Richtung. Wie du die Richtung findest, wird auf dieser Seite erklärt.

Welches ist das negative Bein?

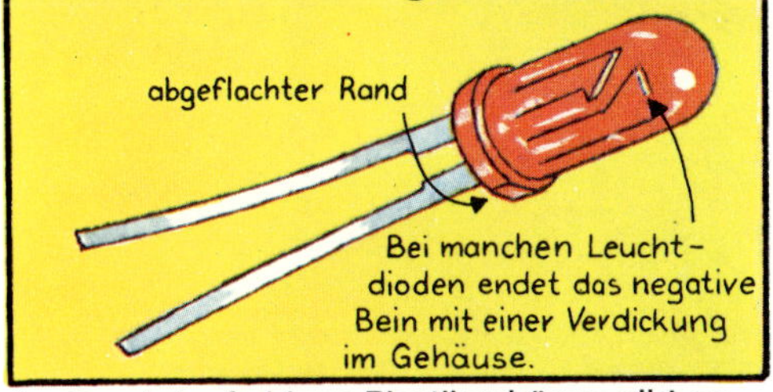

Am Rand der farbigen Plastikgehäuse gibt es meistens eine abgeflachte Stelle. Sie ist oft nicht leicht zu sehen. Das Bein auf dieser Seite ist das negative. Findest du keine flache Stelle, so mach den Versuch unten.

Schaltzeichen

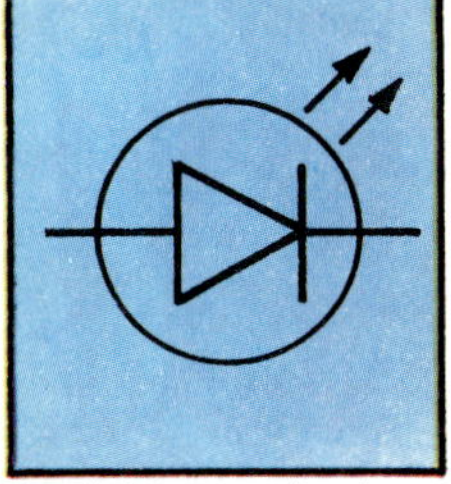

Es sieht aus wie das einer Diode mit zwei oder drei kleinen Pfeilen.

LED-Versuch

Verbinde die LED mit der Batterie wie auf dem Bild. Der Draht vom negativen Bein soll zum platten Ende der Batterie führen. Leuchtet die Diode?

Dann war's wirklich das negative Bein. Jetzt dreh die Diode um. Sie leuchtet nicht, weil das negative Bein am positiven Batterieanschluß ist.

Wie Transistoren funktionieren

Transistoren sind sehr vielseitige Bauteile. Sie können den Stromfluß stärker und schwächer machen oder, wie ein Schalter, ganz aus- und einschalten. Transistorradios sind nach ihnen genannt, und kein Taschenrechner könnte ohne sie auskommen.
Hier ist ein Schaltkreis, der dir zeigt, wie ein Transistor funktioniert. Du brauchst dazu eine 4,5 Volt-Batterie, zwei 3,5 Volt-Lampen und einen Transistor BFY50.

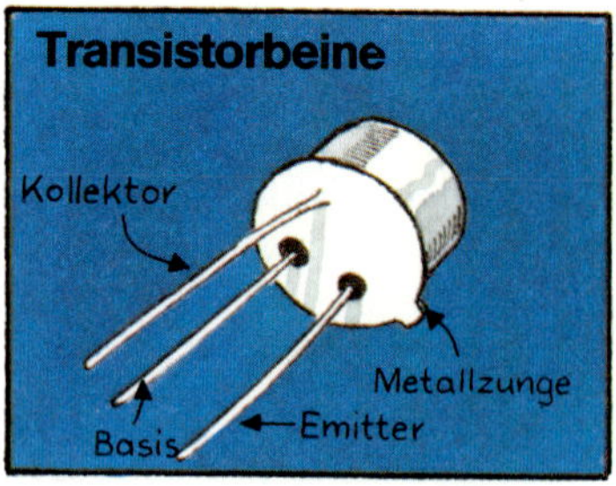

Die drei Beine werden „Kollektor", „Emitter" und „Basis" genannt. Die Basis ist meistens das mittlere Bein. Wie du die beiden anderen auseinander hältst, steht auf der nächsten Seite.

Aufbau des Schaltkreises

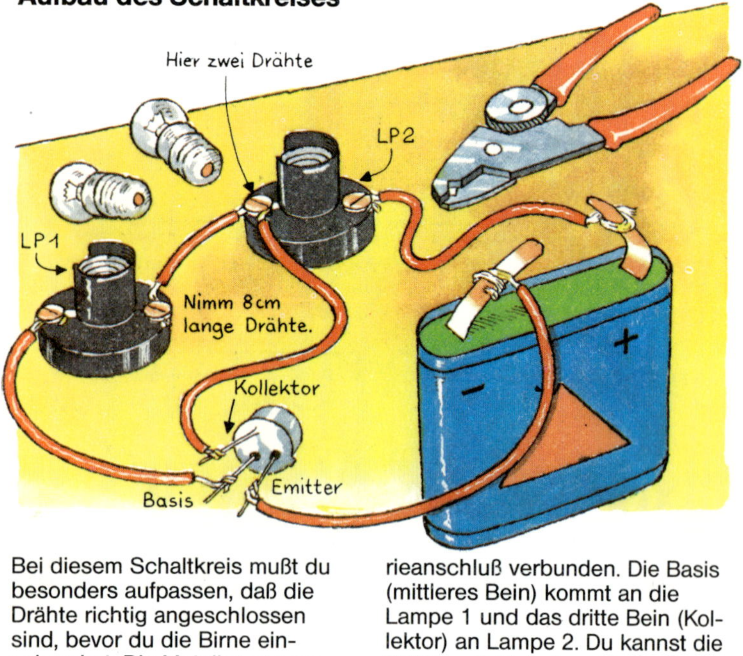

Bei diesem Schaltkreis mußt du besonders aufpassen, daß die Drähte richtig angeschlossen sind, bevor du die Birne einschraubst. Die Metallzunge am BFY50 zeigt dir den Emitter. Er wird mit dem negativen Batterieanschluß verbunden. Die Basis (mittleres Bein) kommt an die Lampe 1 und das dritte Bein (Kollektor) an Lampe 2. Du kannst die Drähte mit Klebeband befestigen, wenn dir der Aufbau zu wackelig ist.

Der Versuch

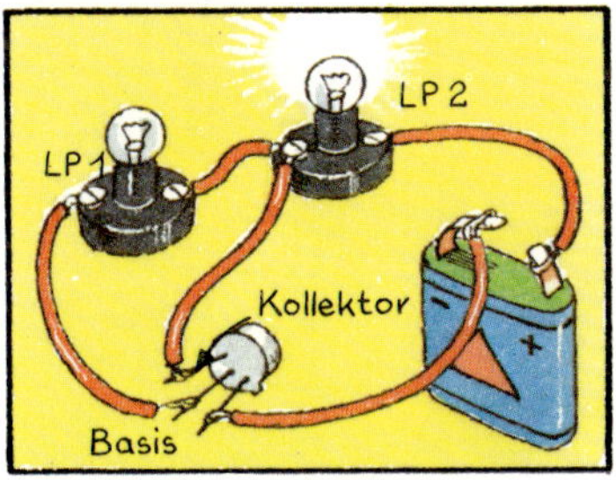

Schraub jetzt die Lampen ein. Lampe 1 brennt nicht, weil der Strom von der Basis des Transistors durch die Lampe sehr klein ist. Der Strom vom Kollektor durch Lampe 2 ist viel größer, sie brennt.

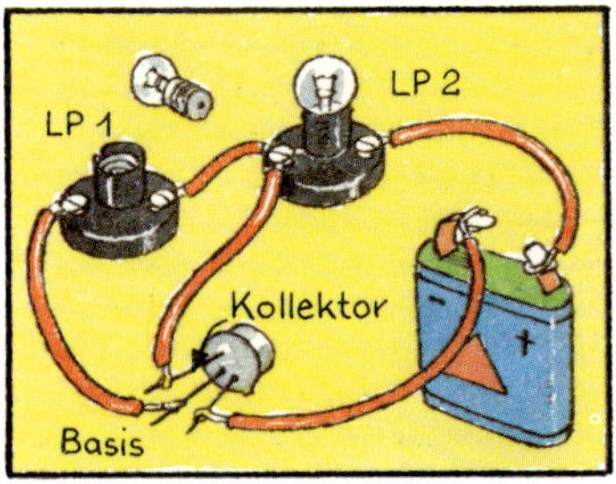

Wenn du nun Lampe 1 herausdrehst, ist der Stromkreis durch den Transistor und Lampe 2 immer noch vorhanden. Trotzdem geht Lampe 2 aus. Der Transistor schaltet den Kollektorstrom ab, weil kein Strom mehr durch die Basis fließt.

Erkennen der Transistorbeine

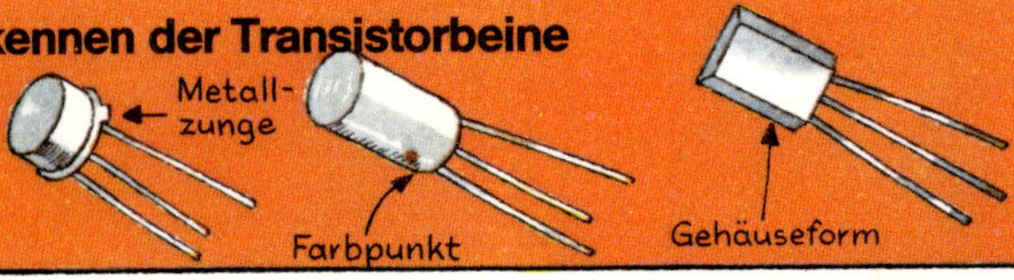

Transistoren haben eine Metallzunge oder einen Punkt auf dem Gehäuse, oder eine besondere Form. Die Leute, bei denen du einen Transistor kaufst, können dir sagen, welches Bein welches ist. Für die Transistoren in diesem Buch steht in den Bauanleitungen, wo die Beine hinkommen.

Schaltzeichen

Die Transistoren, die in diesem Buch vorkommen, heißen „bipolare Transistoren". Davon gibt es zwei Arten mit etwas verschiedenen Schaltzeichen. Die einen heißen „NPN-Transistoren", die anderen „PNP-Transistoren". Achte auf die Pfeilrichtung.

Am Schaltzeichen sind die Beine des Transistors mit Buchstaben bezeichnet. Der Kollektor eines NPN-Transistors muß positive Spannung kriegen, der Kollektor eines PNP-Transistors negative Spannung.

Gehäuse für die Apparate

Hier sind einige Tips und Ideen für Gehäuse. Du solltest wissen, ob du ein Gehäuse für die Apparate haben willst, bevor du mit dem Bau anfängst. Es kann sein, daß du die Beine einer Leuchtdiode verlängern mußt (siehe Seite 150) oder daß Drähte erst durch das Gehäuse gefädelt werden müssen, ehe du sie anlötest. Du kannst die Gehäuse auch bemalen, aber auf manchen Kunststoffen hält Lack schlecht.

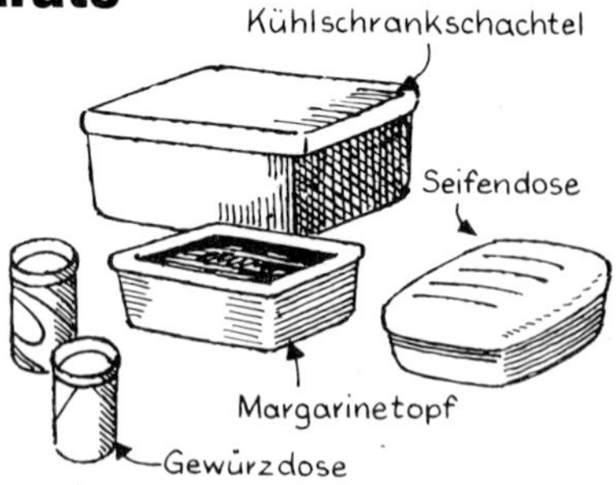

Es gibt eine Menge passender Dosen, die du benutzen kannst. Plastik, Holz oder feste Pappe ist besser als Blech.

Löcher für die Drähte

In Plastik oder Pappe kannst du leicht Löcher machen mit einem Bohrer, den du zwischen den Fingern drehst. Stopf Papier in die Dose, damit sie nicht nachgibt.

Blechgehäuse

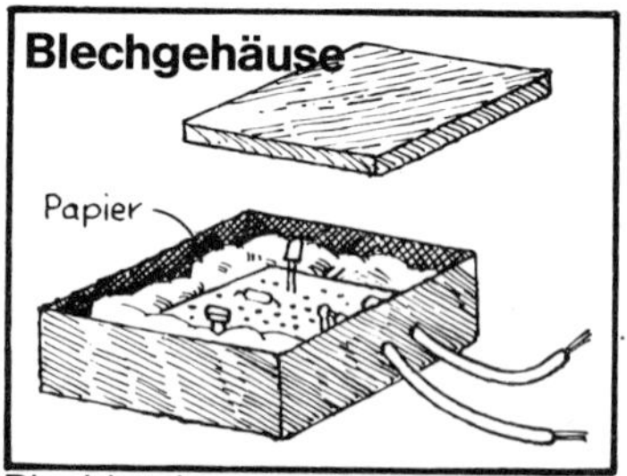

Blechbüchsen mußt du mit zerknülltem Papier auslegen, damit das Blech keine Kurzschlüsse macht. Glätte scharfe Kanten von Löchern mit einer Feile.

Lautsprecher-Befestigung

Der Lautsprecher braucht Schlitze, damit der Ton aus dem Gehäuse heraus kann. Die Schlitze machst du mit einem scharfen

Messer. Der Lautsprecher wird mit seinem Rand hinter die Schlitze geklebt (Kontaktkleber).

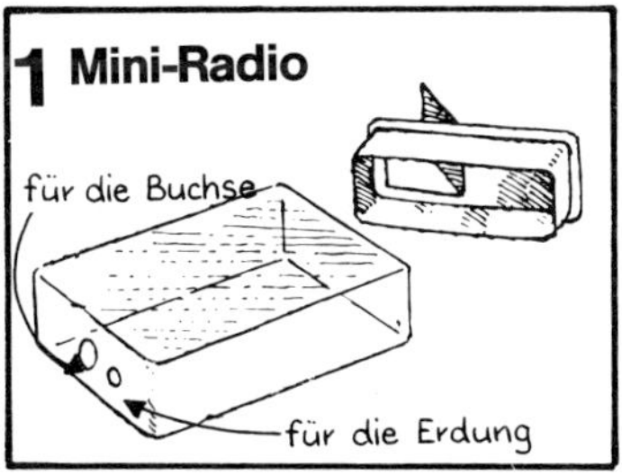

Die Dose für das Radio braucht zwei Löcher im Boden (Buchse und Erdung). Durch den Deckel kommt der Stab für die Einstellung und der Antennendraht.

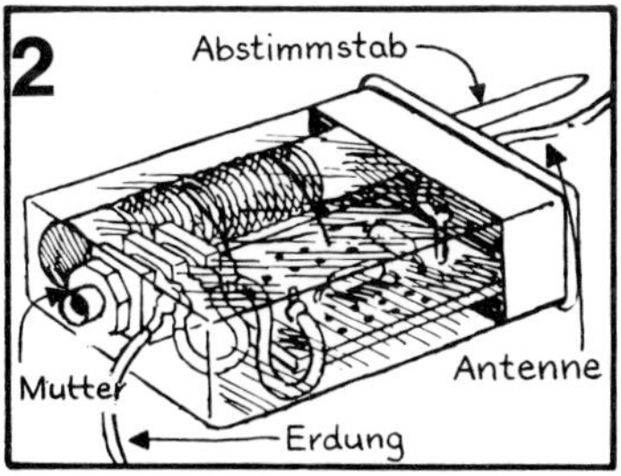

Schraub die Mutter von der Buchse ab, schieb die Platine in die Dose und das Gewinde der Buchse durch ihr Loch. Schraub von außen die Buchse fest.

Die gewellte Drahtschleife und den Anschlußdraht der Öse mußt du durch Löcher im Gehäuse fädeln, bevor du sie anlötest. Der Lautsprecher kriegt Schlitze.

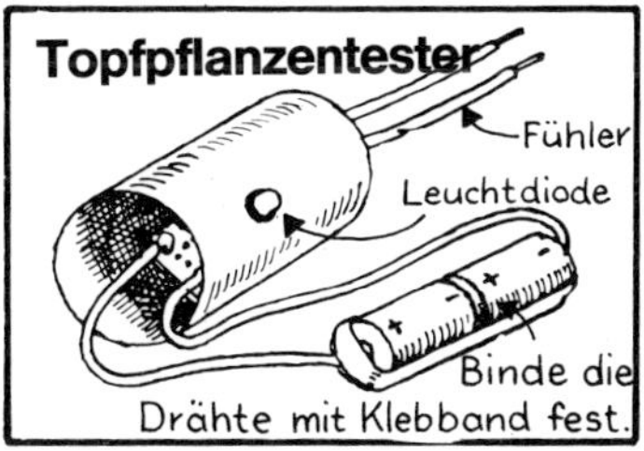

Du kannst zwei kleine 1,5 Volt-Batterien nehmen, damit alles in die Dose paßt. Der positive Anschluß der einen Batterie kommt an den negativen der anderen.

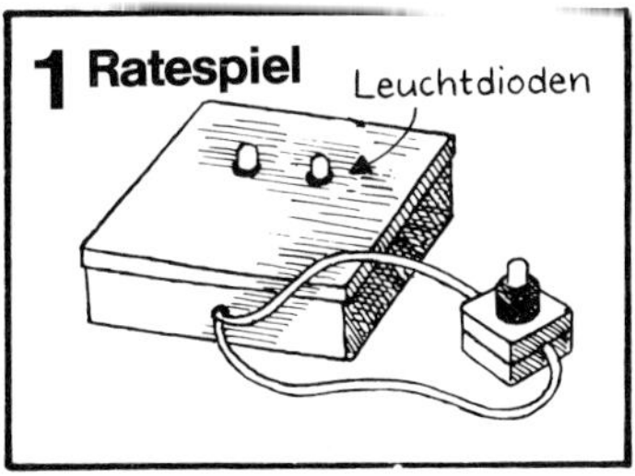

Du brauchst drei Löcher, zwei für die Leuchtdioden und eines für die Drähte des Schalters. Wenn die Dose fest genug ist (z. B. eine Seifenschachtel), kannst du den

Schalter am Deckel anbringen. Der Schalter hat eine Schraubkappe, mit der er in seinem Loch befestigt wird.

Schaltpläne der Apparate

Hier findest du die Schaltpläne für alle Apparate. Die Pläne zeigen, wie die Bauteile miteinander verbunden sind. Jedes Bauteil ist mit Buchstabe und Zahl bezeichnet, und daneben steht, was für ein Transistor es ist, oder wie groß der Widerstand sein soll. Auf den Platinen sind die Bauteile anders angeordnet als in den Plänen. Sie zeigen nur, wie der Strom fließt.

Neue Schaltzeichen

Lautsprecher

Kristall-Ohrhörer

Tonfrequenz-Transformator

Schalter

Reedschalter mit Magnet

Kondensator

Elektrolyt-Kondensator

Geschicklichkeitsspiel

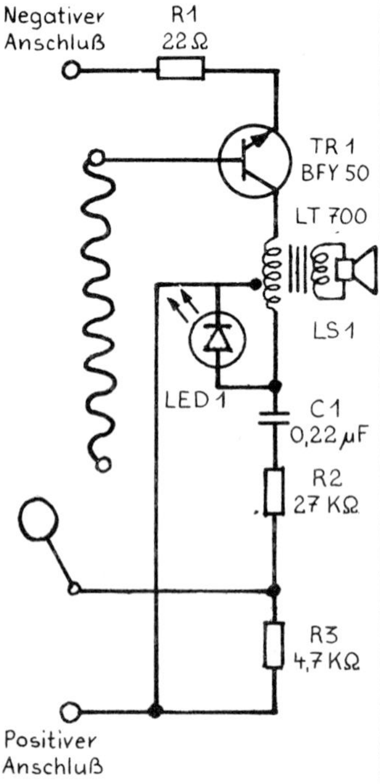

Topfpflanzentester

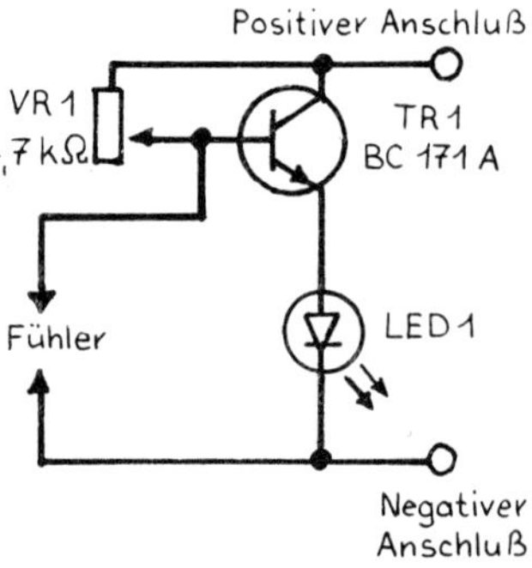

Mini-Radio

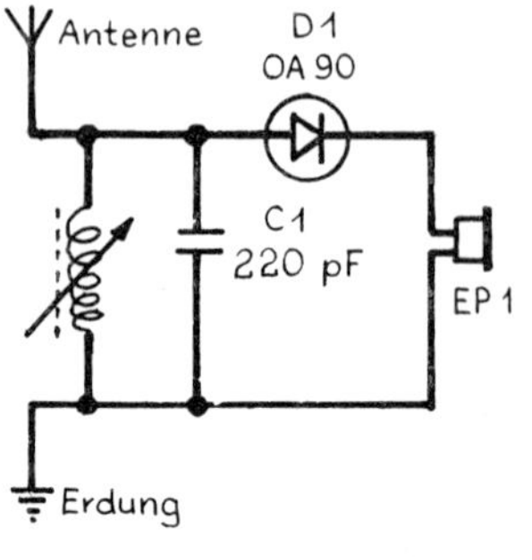

Alarmanlage

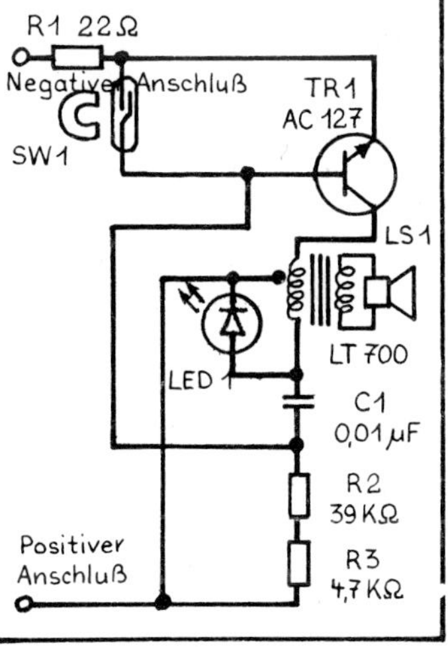

Geschicklichkeitsspiel

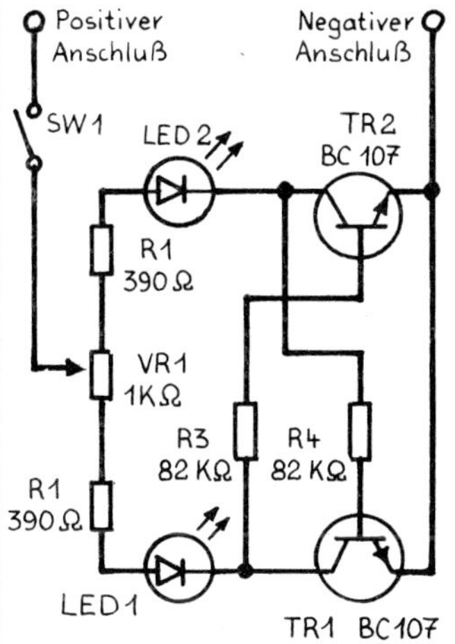

Verstärker für das Radio

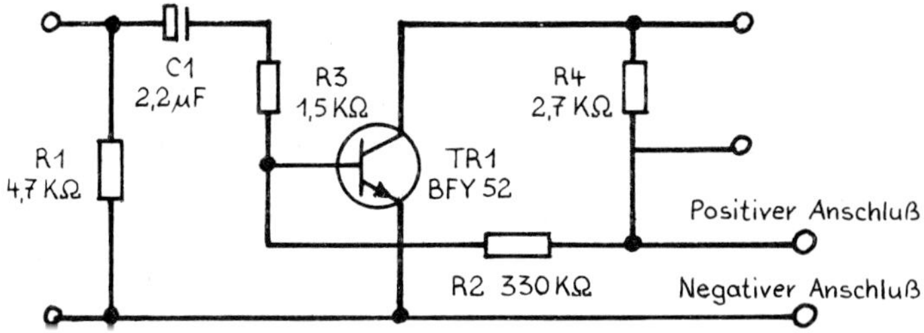

Lautsprecher

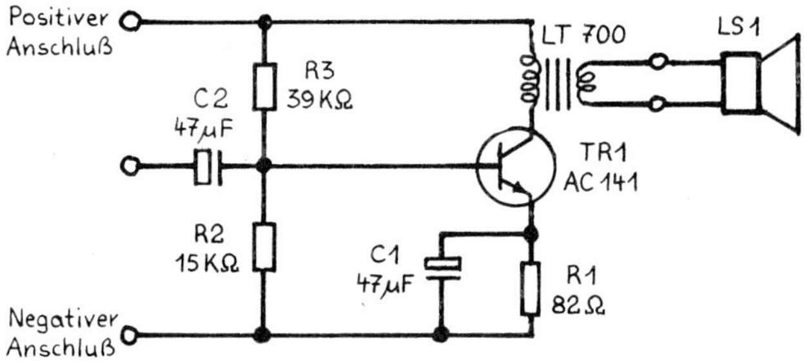

Wie die Bauteile aussehen

Es ist gut möglich, daß die Bauteile, die du gekauft hast, alle durcheinander in derselben Tüte stecken. Bevor du weißt, welches Teil zu welchem Apparat gehört, mußt du sie auseinander sortieren, und das ist ganz schön mühsam.
Leg zuerst alle Widerstände auf einen Haufen, alle Transistoren auf einen anderen usw. Die Bilder unten sollen dir dabei helfen. Vielleicht sehen ein oder zwei Bauteile keinem der Bilder ähnlich. Die tust du erst einmal beiseite, und suchst die Teile für die einzelnen Apparate zusammen. Einige Tips dazu stehen auf der nächsten Seite. Wenn du dann weißt, welche Teile noch fehlen, fällt es dir leichter, die restlichen einzuordnen.

Widerstände
Meistens rot, hellbraun oder grün mit farbigen Ringen.

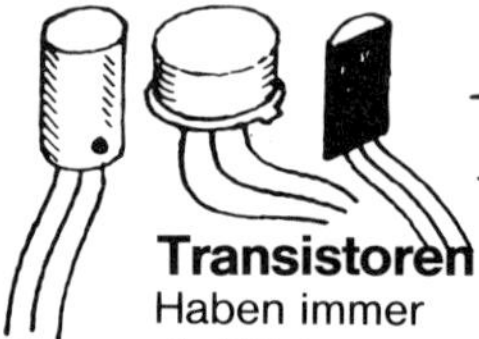

Transistoren
Haben immer drei Beine.

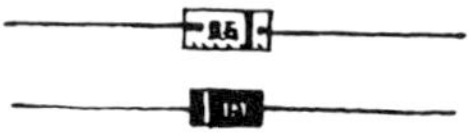

Dioden
Ein bißchen wie kleine Würste mit einem Ring an einem Ende (Der Ring ist manchmal schlecht zu sehen.)

Leuchtdioden

Tonfrequenz-Transformator

Einstell-Widerstände

Reedschalter

Steckbuchsen

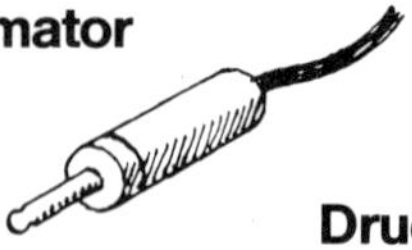

Stecker

Druckknopfanschluß für Batterien

Verzinnter Kupferdraht

Kupferlackdraht

Schraubfassung für Birnen

Kondensatoren –

Gibt es in vielen verschiedenen Formen und Farben. Sie haben immer zwei Beine und oft ihren Wert in Zahlen aufgedruckt.

Wie du die richtigen Bauteile für jeden Apparat findest

Die Bauteile für jeden Apparat stehen in der Bauteileliste am Anfang jeder Bauanleitung. Einige Bauteile haben ihre Größe in sehr kleinen Zahlen aufgedruckt. Da ist ein Vergrößerungsglas ganz praktisch. Manchmal ist die Zahl, die dich interessiert, nur eine unter vielen anderen Zahlen, und die Zeichen für Ohm (Ω), Mikrofarad (µF) und Picofarad (pF) sind weggelassen. Dann mußt du sehr genau nachsehen, um die richtige Zahl zu entdecken. Hier sind einige Tips, um dir beim Erkennen der richtigen Bauteile zu helfen.

Widerstände

Vergleich die Farben der Ringe mit denen, die in der Bauteile-Liste für die Widerstände angegeben sind. Wie du die Ringe liest, steht auf Seite 143.

Einstell-Widerstände

Such nach der Ω Angabe. Da steht z. B. 4,7 k, 4k7 oder nur 4,7. Alles bedeutet 4,7 kΩ. Siehst du Farbpunkte, schlag nach auf Seite 177.

Transistoren

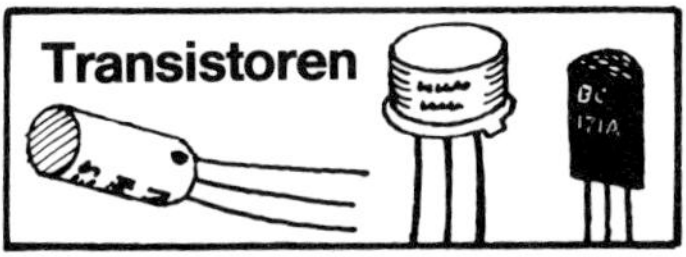

Auf ihr Gehäuse ist die Bezeichnung aufgedruckt. Sei vorsichtig, die Druckfarbe reibt sich leicht ab.

Dioden

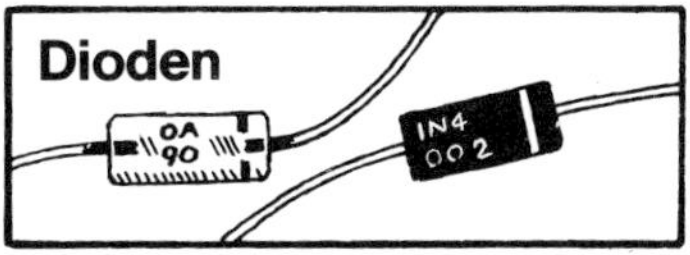

Die Bezeichnung findest du als kleine Buchstaben und Zahlen auf dem Gehäuse.

Kondensatoren

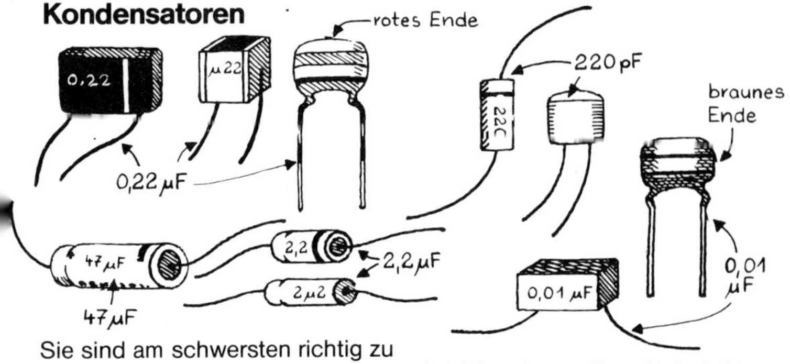

Sie sind am schwersten richtig zu erkennen, weil sie so viele unterschiedliche Formen und Farben haben. Das Bild zeigt einige davon. Deine müssen nicht so aussehen, aber auf den meisten stehen Zahlen, die den Wert angeben. Manche Zahlen sind nicht leicht zu lesen. Zum Beispiel bedeutet 2µ2 2,2 µF, und µ22 heißt 0,22 µF. Wenn einige deiner Kondensatoren Farbstreifen haben, dann hat der mit einem braunen oberen Ende 0,01 µF und der mit einem roten 0,22 µF.

Wo gibt es die Bauteile?

Du kannst die Bauteile in einem Elektronik-Laden kaufen oder dir zuschicken lassen. Adressen von Versandläden findest du in jeder Elektronik-Zeitschrift, oder du fragst bei einer Fernseh-Reparaturwerkstatt.

Liste aller Bauteile

Widerstände
(1/2 – 1/3 Watt ist am besten)

10 Ω*	2,7 kΩ
15 Ω*	4,7 kΩ (drei)
18 Ω*	15 kΩ
22 Ω (drei)*	27 kΩ
82 Ω	39 kΩ (zwei)
390 Ω (zwei)*	82 kΩ (zwei)
1,5 kΩ	330 kΩ

Einstell-Widerstände
(aufrecht stehend)
100 Ω* 1 kΩ 4,7 kΩ

Transistoren
Falls der im Text genannte Transistor nicht mehr erhältlich ist, kannst du auch den zweitgenannten Typ verwenden.
BC107 (zwei)
AC127 oder AC187 K
BFY50 oder BC141 (zwei)*
BC171 A oder BC107 A
BFY52 oder BC140
AC141 oder AC187

Dioden
AA118 1N4002*

Leuchtdioden
5 mm Gehäusedurchmesser, Farbe egal (fünf)*

Kondensatoren
220 pF 0,01 μF 0,22 μF

Elektrolyt-Kondensatoren
2,2 μF / 10 V 4,7 μF / 10 V (zwei)

Tonfrequenz-Transformator
Gegentakt – Ausgangstrafo für Transistoren
LT 700 (drei)

Reedschalter (Arbeitskontakt)
50 cm Kupferdraht, etwa 1 mm dick
3 m Kupferlackdraht, etwa 0,5 mm dick
30 cm Isolierschlauch mit 2 mm Innendurchmesser
Kristall-Ohrhörer mit Stecker
Zwei Steckbuchsen mit Ausschalter
Stecker wie am Ohrhörer
Veroboard-Streifenplatinen, Rastermaß 2,5 mm oder 0,1 Inch, ausreichend für folgende Stücke (Die Zahlen nennen die Anzahl der Streifen x Anzahl der Löcher.):
13 x 15, 7 x 12, 14 x 30, 20 x 27, 9 x 12, 11 x 14, 13 x 20
8 Ω Miniaturlautsprecher (Drei Apparate brauchen einen. Du kannst auch denselben für alle nehmen.)
Drei Druckknopfanschlüsse für 9 Volt-Batterie

Andere Dinge, die du brauchst

(Diese Dinge kannst du in normalen Elektro- oder Eisenwarenläden kaufen.)

Lötkolben 15 – 30 Watt
Radiolot
Sehr kleiner Schraubenzieher
Kleine Zange
Seitenschneider (zum Drahtschneiden)
Abisolierzange (muß nicht sein)
25 m isolierter Draht (18 m sind für's Radio), Klingeldraht oder dünne Litze (Draht aus vielen Kupferdrähtchen) ist am besten, aber dickerer Draht geht auch.
Druckschalter
9 Volt-Batterie 4,5 Volt-Batterie

1,5 Volt-Batterie
Zwei 3,5 Volt-Birnen
Zwei 6 Volt-Birnen
Zwei Schraubfassungen
} nur für die Versuche
für die Birnen
Magnet (egal, welche Form)
Ferritstab
Klebeband oder Isolierband
„UHU-Plus" oder anderer Zweikomponentenkleber
Papierkleber
Büroklammern (für die Stifte – siehe Seite 149)

** Von den Teilen mit einem Sternchen brauchst du je eines für die Versuche.*

Wo steckt der Fehler?

Falls einer deiner Apparate nicht funktioniert, prüf ihn nach dieser Liste. Hier sind mögliche Fehler aufgezählt, damit du herausfinden kannst, was falsch ist. Die Liste fängt mit den häufigsten Fehlern an. Es ist normal, wenn du die Platine mehrmals prüfen mußt, bevor du den Fehler findest.

1. Sieh ganz genau nach, ob alle Bauteile, Stifte und Drahtbrücken in den richtigen Löchern stecken.

2. Transistoren, Dioden und Elektrolytkondensatoren müssen richtig herum eingebaut sein. Sitzt ein Teil verkehrt herum, ist es vielleicht kaputtgegangen. Setz ein neues Teil der gleichen Art ein, wenn es nichts hilft, das alte richtig einzulöten.

3. Sind die Drähte für die Batterie richtig mit dem positiven und dem negativen Anschluß verbunden? Wenn nicht, tausch sie um. Geht's jetzt? Ist der Strom einmal verkehrt herum durch die Schaltung geflossen, können Transistoren, Dioden, Leuchtdioden und Elektrolyt-Kondensatoren zerstört worden sein. Löte neue ein.

4. Drähte oder Beine der Bauteile dürfen sich auf der Oberseite der Platine nicht berühren.

5. Hast du alle Unterbrechungen in die Kupferstreifen gebohrt?

6. Überflüssiges Lötzinn zwischen den Kupferstreifen macht Kurzschlüsse. Wo du so etwas findest, fahr mit der Spitze des Lötkolbens in der Lücke zwischen den Streifen entlang.

7. Sieh dir die Lötstellen an. Alle sollen fest und glänzend sein. Wenn nicht, löte sie nach.

8. Überzeug dich, daß die Kupferstreifen noch fest auf der Platine kleben. Lose oder gerissene Stellen kannst du mit einem Stück

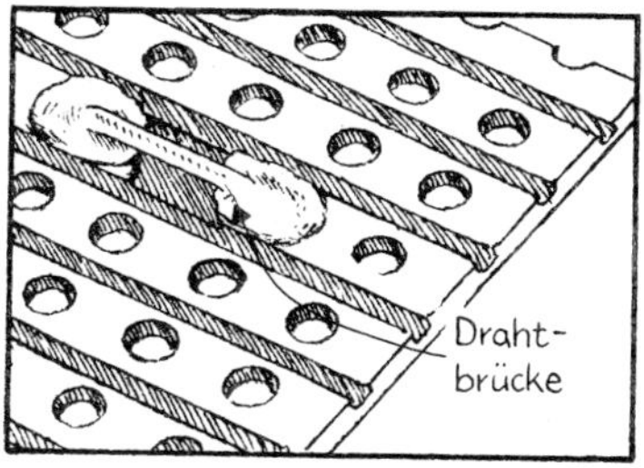

Draht überbrücken, wie unten auf dem Bild.

9. Wenn der Apparat immer noch nicht geht, können die Transistoren kaputt sein. Tausch sie gegen neue der gleichen Art aus.

10. Bist du die ganze Liste durch, hast alle Fehler beseitigt, und das Ding will überhaupt nicht funktionieren, dann laß es über Nacht liegen. Versuch es am nächsten Tag noch einmal in Ruhe – vielleicht hast du doch etwas übersehen.

Register

Abgleich 157
Abstimmspule 167
Alarmanlage 158–161, 187
Ampère 139
Antenne 169, 170
Atome 134

Basis 182, 183
Batterie 133, 135–138, 140, 141, 150, 157, 190
Bauteile 132, 140, 142–145, 186, 188–190
Bipolarer Transistor 183

Diode 132, 142, 150 180, 181, 188–190
Diodenbein 142, 150, 180, 181

Einstellwiderstand 142, 176, 177, 179, 188–190
Elektrischer Leiter 135, 136, 138, 146, 157
Elektrolyt-Kondensator 143, 150, 186, 190
Elektronen 134–126, 138, 139, 142, 143, 176, 180
Emitter 182, 183
Erde 157
Erdung 169, 170

Farbcode 142, 177, 189
Fehlerkontrolle 191
Festwiderstand 176–178

Gehäuse 150, 184, 185
Glühfaden 139

Kohle 176
Kollektor 182, 183
Kondensator 132, 143, 186, 188–190
Krokodilklemme 157, 169

Lautsprecher 143, 165, 173–175, 184, 186, 187, 190
LED/Leuchtdiode 132, 142, 150, 181, 188, 190
Lichtempfindlicher Widerstand 176
Lochbrett siehe Platine oder Veroboard
Löten 146–150

Metall 135, 136
Mikrofarad 143, 189

Negative Ladung 134, 135
NPN-Transistor 183

Ohm 139, 142, 151, 177, 189
Ohrhörer 143, 170, 171, 173, 186, 190

Parallelschaltung 141, 179
Picofarad 143, 189
Platine 144, 145, 149, 150, 186, 190
Platinenhalter 149
PNP-Transistor 183
Positive Ladung 134, 135, 138
Potentiometer 176

Radio 166, 169–173, 182, 185–187
Reedschalter 161, 186, 188, 190
Reihenschaltung 140, 141, 179

Schalter 143, 182, 186, 188, 190
Schaltkreis 132, 176, 179, 180, 182
Schaltplan 140, 141, 179, 180, 186, 187
Schaltzeichen 176, 180, 181, 183, 186
Spannung 136, 139, 183
Stromkreis 138–141, 143, 178, 179

Taschenrechner 182
Thermistor 176
Tonfrequenz-Transformator 143, 186, 188, 190
Transistor 132, 143, 150, 183, 188–190
Transistorbein 143, 182, 183
Trimm-Potentiometer 142, 176

Veränderlicher Widerstand 176
Veroboard 132, 144, 149, 190
Verstärker 170, 172, 173, 187
Verzinnen 148
Volt 136, 139

Wasser 157
Werkzeuge 133, 137, 190
Widerstand 132, 139, 142, 143, 176–179, 186, 188–190

Lösung der Rätselfrage von S. 177:

1. 22 Ω
2. 1500 Ω (meist 1,5 kΩ geschrieben)
3. 47 Ω